Warning

이 책은 특정 상품이나 주식을 소개합니다만
투자 결과는 보증할 수 없습니다.
스스로 판단하고 투자하시기 바랍니다.

잘되면 남 탓, 안되면 내 탓.

인도
투자하자
인도주식투자입문

초판 1쇄 인쇄_2024년 02월 20일
초판 1쇄 발행_2024년 02월 28일
저자_강황맨
편집 · 디자인_디자인하울
펴낸이_강황맨
펴낸곳_Turmeric
출판등록_제2024-000022호
주 소_경기도 파주시 평화로348번길195 1동
전화번호_010-3853-7029
e-메일_infoindia@naver.com

ISBN 979-11-986688-9-9 03320
정가 25,000원

※ 본 도서는 저작권법에 따라 보호되고 있는 저작물이므로 무단 전제와 무단복제를 금합니다.
※ 내용의 일부 혹은 전부를 이용하려면 저작권자와 Turmeric의 서면동의를 사전에 받아야 합니다.

인도
투자하자
인도주식투자입문

한장으로 보는 인도

산업구조

- 1차 12%
- 2차 28%
- 3차 60%

India

 세계 최대 민주주의 국가
 28개 주정부
 인디아루피 (INR)

 20+ 언어
 2,000+ 민족
 20+ 종교

지표	값	순위
인구	14억 2천만명	1위
노동가능인구	9억명	1위
명목 GDP	3.7조USD	5위
인당GDP	2,612USD	145위
내수 시장	2.5조USD	4위

인사말

> "인도 투자하자!
> 14억 인구의 성장에 베팅!
> 누구보다 빠르게! 남들과는 다르게!"

안녕하세요. 인도의 성장을 기대하며, 공부하는 '강황맨'입니다.
인도의 잠재력을 알아보는 지성인과 만나게 되어 기쁩니다. 저는 증권사에 다니던 14년 전, 인도와 연을 맺었습니다. 인도에서 일하게 된 가족 때문입니다. 이후 인도에 살게 되었고, 사업도 하게 되었습니다. 덕분에 발전하는 인도를 직접보고, 경험할 수 있었습니다. 인도 경제와 산업, 기업에도 관심을 갖게 되었구요. 관심이 가는 데로 찾아가며, 공부했습니다. 재미있었습니다. 공부를 할수록 인도투자에 관심이 생겼습니다. 인도가 좋은 투자처라는 확신이 들었습니다.

인도는 서남아시아 패권 국가입니다. 과거, 중국과 더불어 오랜 기간 동안, 가장 큰 경제였습니다. 그러나 18세기 유럽의 약진 이후에는, 식민지로 전락해 어려운 시간을 보냈습니다. 독립 후에도 사회주의 경제를 선택하는 바람에 힘을 쓰지 못했습니다. 가난한 나라가 되었습니다.
 하지만 긴 침묵을 끝내고, 다시 인도의 시대가 오는 것 같습니다. 인도의 국제적인 영향력이 높아지고 있습니다. 인도 출신 리더들이 세계를 이끌고 있습니다. 중국을 대체할 세계의 공장이 되려 합니다. 빠르게 선진 기술을 받아들이고, 과거의 영광을 되찾는 경제 대국을 꿈꿉니다. 꿈은 이루어집니다.

이 책은 인도 투자를 위해 공부한 내용을 정리한 것입니다.
'내가 인도에 투자하는 이유'로 시작합니다. 인도는 발전하려는 열망을 가진 젊은이들로 가득합니다. 땅도 넓고, 자원도 풍부하구요. 성장 가능성을 보면, 인도에 투자하지 않는 게 이상합니다.

인도 주식시장에 대해 알아봅니다. 주식시장은 경제를 이해하기 가장 좋은 곳입니다. 인도의 기업을 소개하고, 주요 산업도 훑어봅니다.

그리고 인도 투자 상품도 소개합니다. 펀드, ETF, 주식을 통해 인도에 투자할 수 있습니다. 각 상품의 특성을 설명하고, 주요 주식도 안내합니다.

투자 전략도 제시했습니다. 위험 부담을 덜고, 꾸준히 투자할 수 있게 하는 방법입니다. 유망 산업과 기업도 꼽아 봤습니다. 절세 방법도 안내 드리고요.

마지막으로 인도 투자 정보를 찾을 수 있는 유용한 사이트를 소개 드립니다. 스스로 투자 정보를 찾아보고, 활용하실 수 있을 겁니다.

'마우로 기엔' 교수가 쓴 '2030 축의 전환'에는 아래 내용이 나옵니다.

『급변하는 세상에서 가장 놀랍고도 상식을 거스르는 특징 중 하나는
'후진국'이 미래를 향한 최고의 전망을 제공한다는 것이다.
선발 주자가 기존 사고방식과 행동에 사로 잡혀 정체될 때
후발 주자는 순간적인 도약으로 오랜 기간 만들어진 발전을 한 번에 뛰어넘을 수 있다.』

이런 일은 역사에 비일비재했습니다. 유럽이 그랬고, 미국이 그랬고, 일본이 그랬고, 우리나라가 그랬고, 중국이 그랬습니다. 다음 타자가 누구인지는 정해진 것 같네요.

이 책이 새로운 투자의 땅으로 인도하길 바랍니다.
그리고 좋은 성과로 함께 웃길 소망합니다.
감사합니다.

2024년 1월 1일
초미남 귀염둥이 *강황맨* 올림

목차

*한 장으로 보는 인도/004
*인사말/006
*Quiz) 당신은 어느 나라에 투자하고 싶나요?/012

1장. 내가 인도에 투자하는 이유

1. 인구 구조/022

2. 인력 Human Power/026

3. 경제 규모/031

|일타강사 강황맨| 인도 소득 분포/032

4. 내수 시장/034

|일타강사 강황맨| 쉽고 재미있는 인도 근대사/038
|일타강사 강황맨| 간단 인도 정치사/050
|일타강사 강황맨| 재미있는 인도 경제사/059
|일타강사 강황맨| 인도의 미래/065

5. 정부 정책/066

6. 자금 유입/070

7. 국제적인 영향력/074

8. 기관 전망/076

9. 과거 성과/078

2장. 인도 주식시장

1. 인도 주식시장 개요/084

   - 두 개의 거래소/084

   - 주가지수/086

   - 투자자 현황/089

   - 가치평가(Valuation)/090

|일타강사 강황맨| 인도 10대 기업 집단/092

|일타강사 강황맨| 인도 재벌의 뿌리/103

2. 주요 기업/114

   - TOP 10 훑어보기/114

   - TOP 100 훑어보기/119

목차

3. 주요 산업/133
   - 은행/134
   - IT서비스/139
   - Reliance Industries(정유/화학/유통/통신)/145
   - FMCG/153
   - 자동차/155
   - 전력 /160
   - 제약 /164

3장. 투자 상품

1. 인도 주식/172
   1) 미국상장 인도 주식/174
   2) 영국상장 인도 주식/175
   3) 주요 인도 주식 30선/179

2. 인도 ETF/240
   1) 한국상장 인도 ETF/241
   2) 미국상장 인도 ETF/242

3. 인도 펀드/248

4장. 투자 전략

1. 주가지수 장기 분할 매수/254
2. 포트폴리오 전략/259
3. 유망 산업·기업/262
4. 절세 전략/269

5장. 참고 자료

1. 인도 주식 정보 찾기/278
2. 인도 ETF 정보 찾기/282
3. 인도 펀드 정보 찾기/286

당신은
어느나라에
투자하고 싶나요?

Quiz

Quiz

우리에게 익숙한 4개 나라의 인구 피라미드입니다.

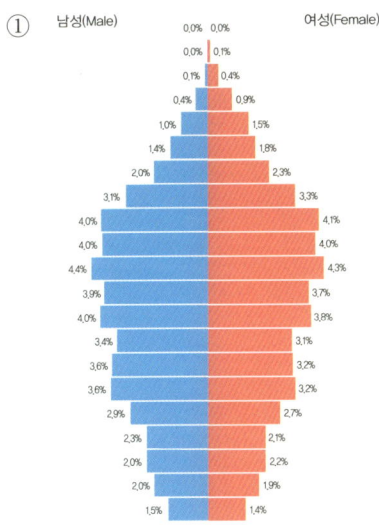
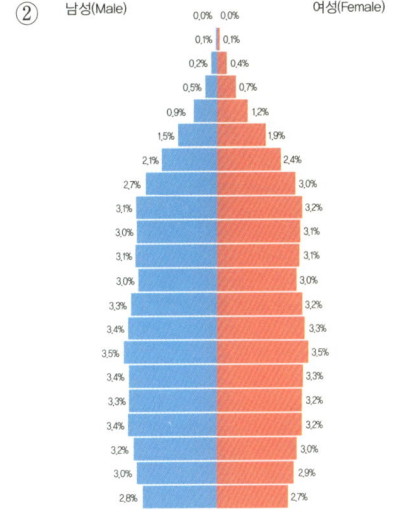
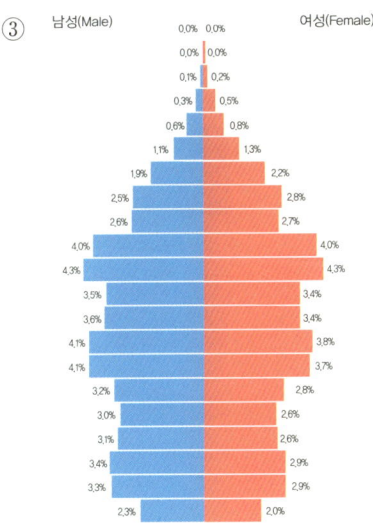
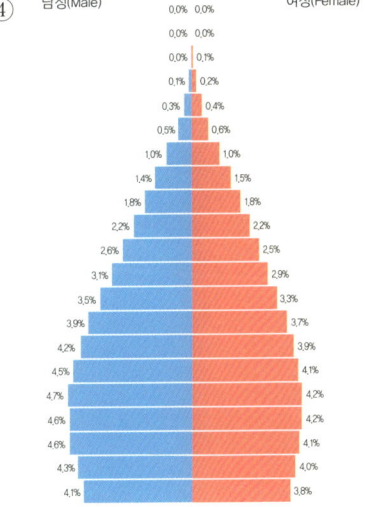

피라미드의 모양을 보고
당신이 투자하고 싶은 나라를 골라보세요.

Quiz

몇 번을 고르셨나요?

앞장에서 본 피라미드에 인구를 반영하였습니다.

① ②

③ 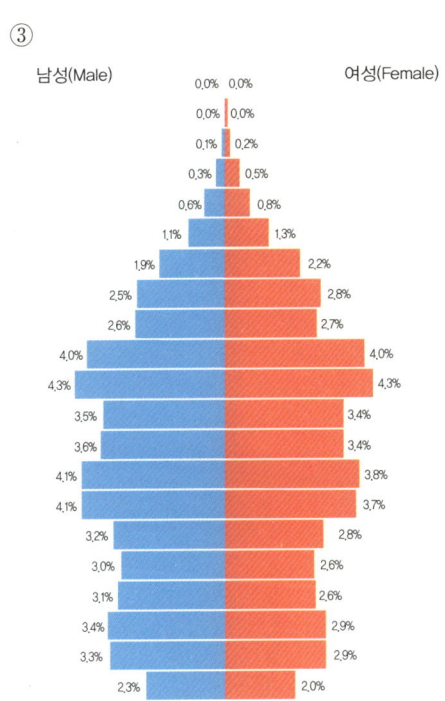 ④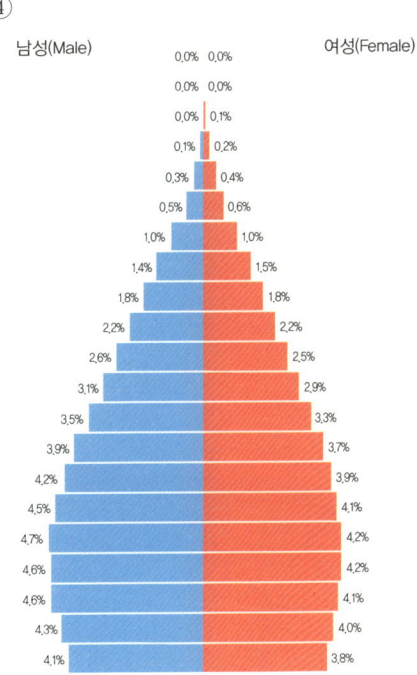

사이즈 차이가 확연히 납니다.
자 어떤 나라에 투자하고 싶나요?
각각 어느 나라인지 아시겠습니까?

Quiz

눈치 채셨겠지만 왼쪽부터 우리나라, 미국, 중국, 그리고 인도입니다.

①

②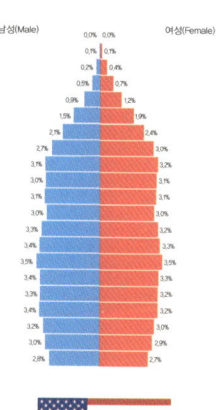

인도 인구 피라미드를 자세히 보면, 하단을 강황색으로 표시해 놓았는데요.
이는 최근 5년간 인도에서 태어난 인구입니다. 얼마나 많은 지 감이 오시나요?

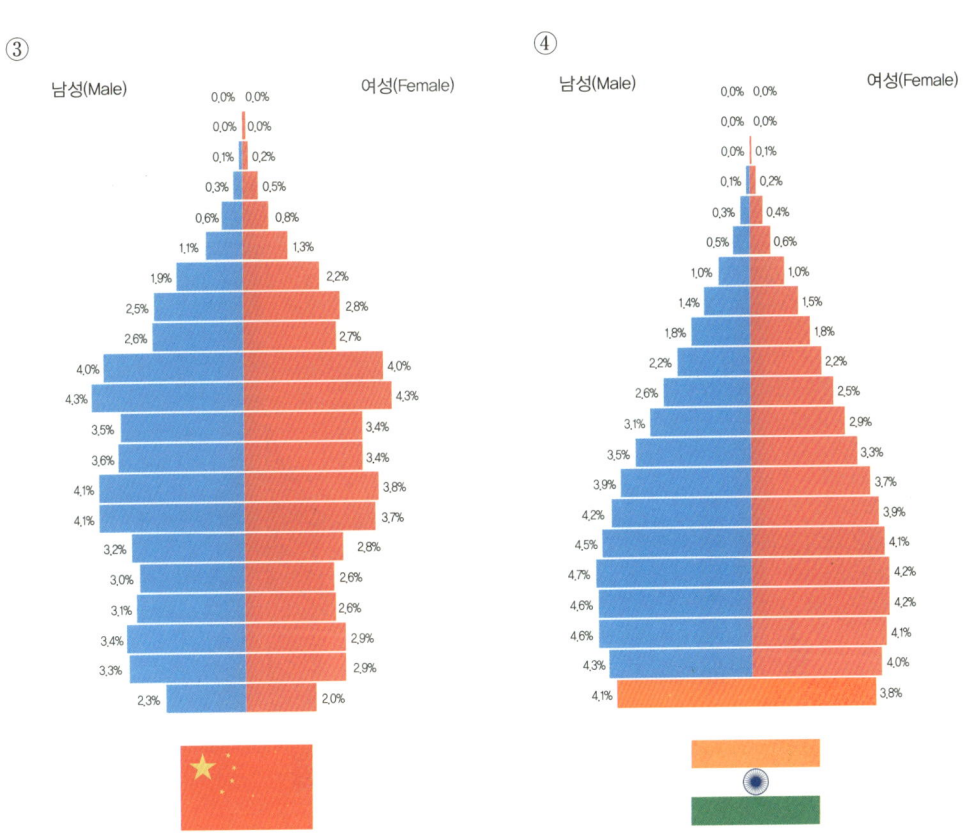

Quiz

좀 더 드라마틱하게 연출하기 위해, 세워서 우리나라 인구피라미드 옆에 놓으면 이렇게 됩니다.

①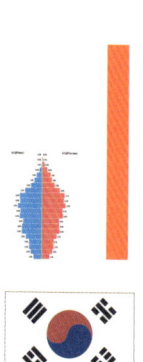

②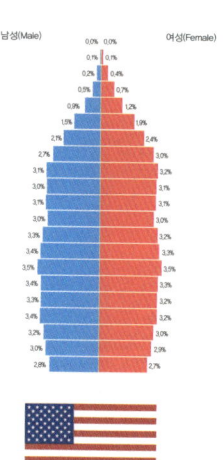

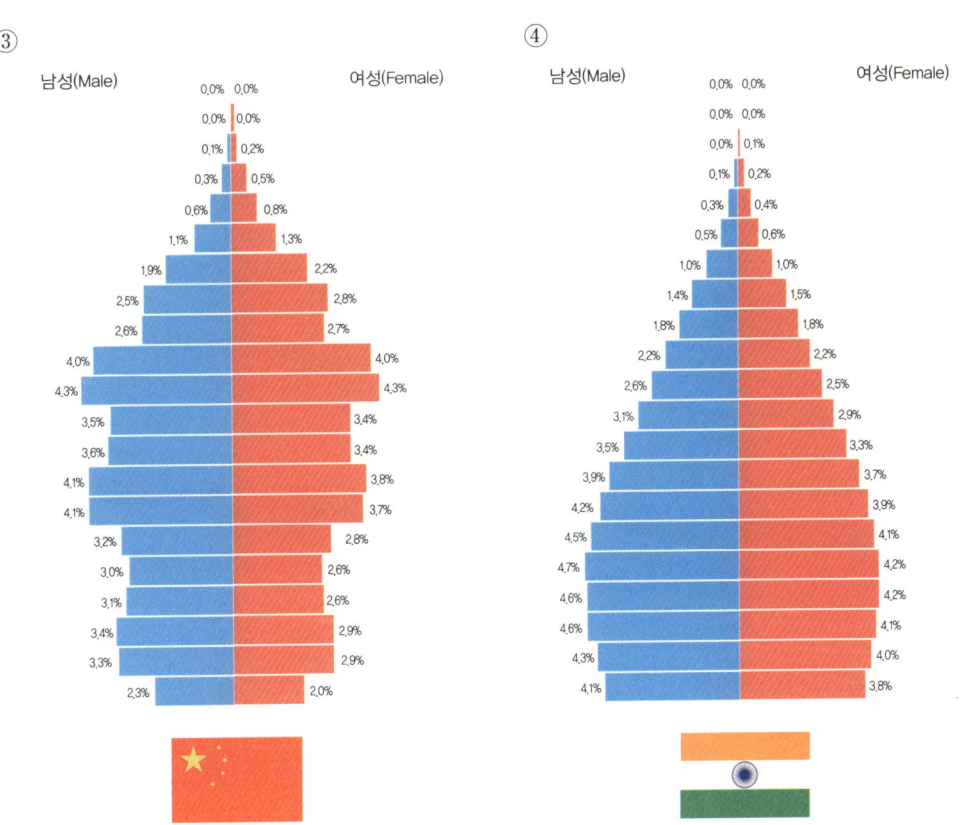

인도에서 최근 5년간 태어난 아기는 1억 1천만명으로 우리나라 전체 인구의 두 배가 넘습니다

1장 내가 인도에 투자하는 이유

1. 인구 구조

2. 인력(Human Power)

3. 경제 규모
[일타강사 강황맨] 인도 소득 분포

4. 내수 시장
[일타강사 강황맨] 쉽고 재미있는 인도 근대사
[일타강사 강황맨] 간단 인도 정치사
[일타강사 강황맨] 재미있는 인도 경제사
[일타강사 강황맨] 인도의 미래

5. 정부 정책

6. 자금 유입

7. 지정학적 영향력

8. 기관 전망

9. 과거 성과

1. 인구 구조

인도에는 14억이 넘는 사람이 살고 있습니다. 전세계 인구의 17%를 차지하지요. 최근 중국 인구를 넘어서 세계 최고 인구를 가진 나라가 되었다는 걸 알고 계실 겁니다.

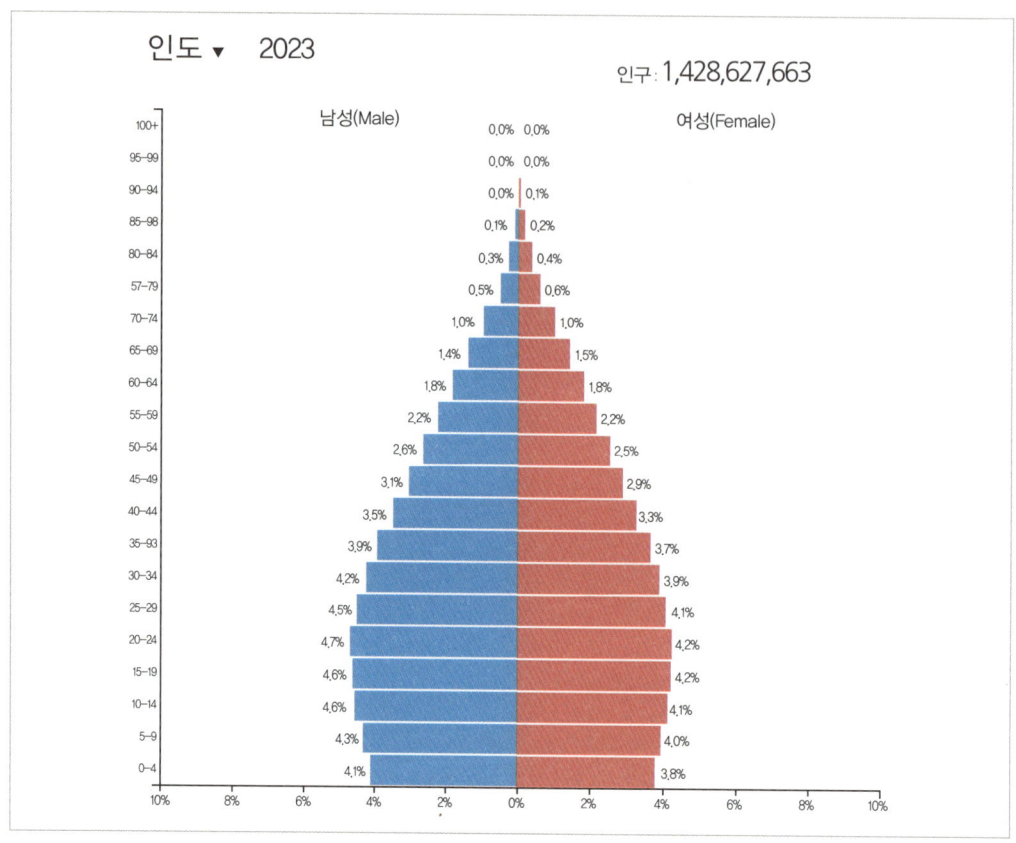

인도 인구 피라미드 2023. Populationpyramid.net

제가 인도에 투자하는 이유는 이 그림 때문입니다. 저는 이거면 충분합니다.

인구 구조는 단기에 바꿀 수 있는 것이 아닙니다. 오랜 기간 만들어지고, 오랜 기간 영향을 미칩니다. 나라의 장기 경제를 전망할 때 이용할 수 있는, 매우 의미 있는 지표입니다.

『경제는 인간 활동의 결과』

이 명제는 제 투자의 기본입니다. 인간의 모든 활동은 경제로 이어집니다. 주거비와 식비는 말할 것도 없고, 아침에 일어나 듣는 음악, 입고 나간 옷들, 이동하기 위해 탄 버스, 지하철비, 유료로 결제한 컨텐츠 이용료 등, 모든 활동이 돈을 움직이고, 경제를 구성합니다. 당신에게 제품이나 서비스를 제공한 누군가는 그것으로 돈을 벌고 있습니다. 당신도 누군가를 위해 제품과 서비스를 제공하고 있을테구요. 경제는 인간 활동의 결과입니다.

저는 커지는 경제에 투자하고 싶습니다. '경제 = 인간 x 활동' 이므로, 경제가 크려면 인구가 늘거나, 인간의 활동이 증가해야 됩니다.

저는 인구가 늘어나는 경제를 좋아합니다. 태어난 생명은 소비합니다. 시장의 크기를 키웁니다. 또 다양한 욕구를 분출하고, 활동하며 돈을 법니다.

활동은 젊을 수록 많습니다. 욕구와 체력이 강할 수록, 더 많은 것을 합니다. 젊음은 혁신을 받아들이는 수용력도 좋지요. 생산성은 젊음과 밀접한 관계가 있습니다. 인도는 인구가 빠르게 늘어나는 젊은 나라입니다.

2023년 인도의 중위 연령은 28.2세입니다.

2023 주요국 중위연령

중위 연령 :
전체 인구를 연령 순서로 나열할 때 한 가운데 있는 사람의 연령

인도는 고령화 세계의 대표적인 젊은 국가입니다. 인도에서 가장 많은 인구를 차지하는 연령대는 10대고, 그 다음이 20대입니다.

전세계가 고령화로 몸살을 앓고 있습니다. 슬프게도 우리나라가 고령화 대표국입니다. 한국의 '생산가능인구'는 약 4천만명이나, 매 해 줄어들고 있습니다.

반면, 인도의 생산가능인구는 9억명입니다. 그리고 매 해 늘어납니다. 생산가능인구는 많을 수록 좋습니다. 부양해야 하는 노약자가 적을 수록, 부양 부담이 줄고, 저축과 소비가 늘어납니다. 돈이 모여야 전자 제품, 자동차, 주택 등의 고가 소비가 가능하지요. 고가 소비가 늘수록 경제 성장이 촉진됩니다. 이처럼 전체 인구 중 생산가능 인구가 늘어나고, 부양률은 낮아져, 경제성장률이 높아지는 현상을 '인구배당효과'라 합니다. 인도는 인구배당효과를 누리게 될 것입니다.

생산가능인구 : 경제 활동을 할 수 있는 연령의 인구. 15세에서 64세

젊기 때문에 출산 가능 인구도 많습니다. 인도의 가임 여성 인구는 전체 인구의 22%인 3억 명입니다. 1,200만 명인 우리나라의 25배입니다. 인도의 출산율은 2명으로, 우리나라 출산율 0.8명의 2배가 넘습니다. 지난 5년간 인도에서 탄생한 아기의 수는 1억 1천만명입니다. 5년 동안, 우리나라 전체 인구의 두 배가 탄생한 겁니다.

한편, 경제력이 가장 높은 나이대는 40대입니다. 40대는 가장 많이 벌고, 가장 많이 씁니다. 2023년 현재 인도의 40대 인구는 1억7천만명입니다. 인도 40대 인구는 향후 30년 동안 증가하여, 2050년에는 2억4천만명을 넘게 됩니다. 이들 중 많은 사람이 중산층으로 성장할 것입니다. OECD는 2024년 이후 인도의 중산층이 폭발적으로 증가해 2048년에는 세계 최대 비중을 차지할 것으로 예상합니다.

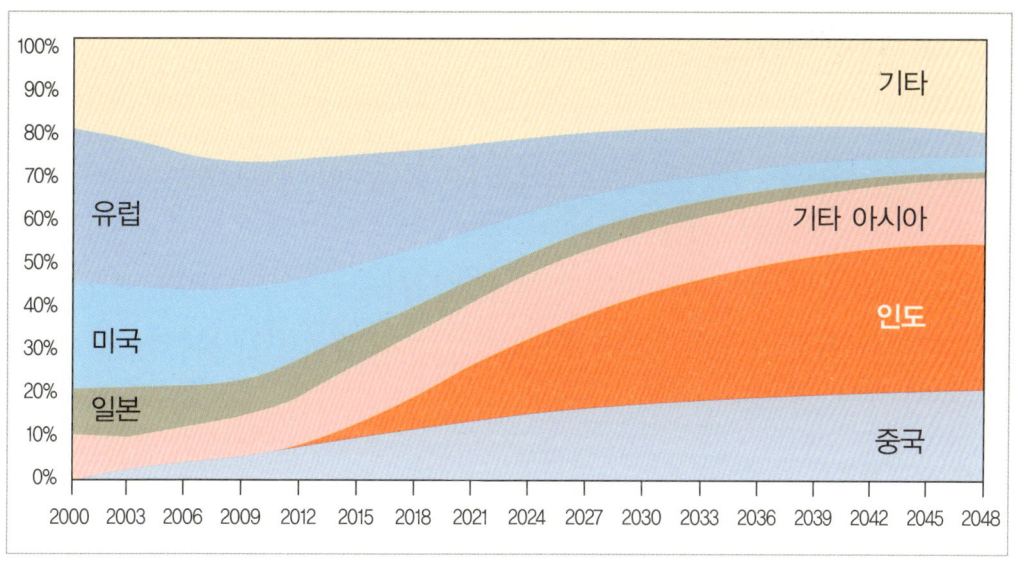

세계 중산층 인구전망. OECD

따라서 앞으로 30년 동안, 인도 경제는 성장할 것이라 확신합니다.

저는 최소 30년 투자할 생각으로 인도 투자를 시작했습니다. 투자 기간 이후에는 인도 증시가 쉼 없이 올랐습니다. 하지만 인도 주가 지수가 오르는 것이 마냥 즐겁지만은 않습니다. 아직 충분히 사지 않았기 때문입니다. 많이 사고 싶습니다. 주가가 빠지면 슬프지 않습니다. 싸게 살 수 있어 더 좋습니다.

2. 인력(Human Power)

인력은 인도의 핵심 경쟁력입니다. 인도는 세계에서 두 번째로 많은, 5억 명의 근로자를 갖고 있습니다. 말씀드린 대로, 인도의 생산가능인구는 전체 인구의 65%인 9억이고, 매해 늘어나고 있습니다. 하지만 일자리가 부족합니다. 무엇이든 공급이 많을수록 가격은 떨어지는 게 일반적입니다. 인구 대비 일자리가 부족한 인도는 세계에 저비용 노동력을 공급하고 있습니다.

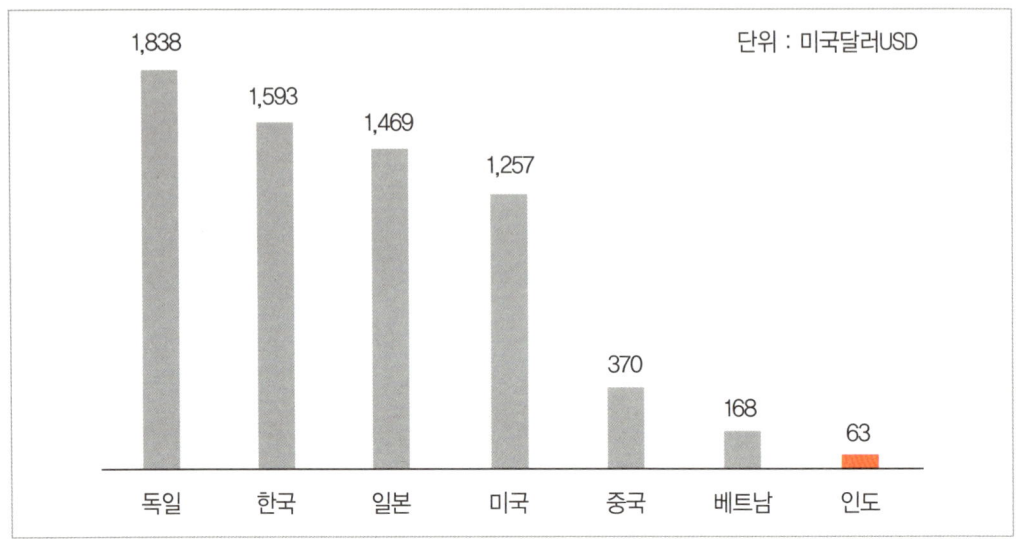

2023 국가별 월 최저임금(wisevoter.com)

인도 월 최저임금은 63달러로, 중국 370달러의 5분의 1도 안 됩니다. 저렴한 인건비를 찾는 기업들에게 인도는 매력적인 곳입니다. 실제 우리나라 현대자동차도 인도에서 자동차를 만들어 해외로 수출하고 있습니다. 인도 산 자동차는 저렴한 인건비 때문에 수익성이 좋습니다.

인도 인력은 저렴하다는 강점만 있는 게 아닙니다. 인도는 우수한 인력을 배출하고 있습니다. 미국 인구 통계조사에 따르면, 미국에서 가계소득이 가장 높은 집단이 바로 인도 출신입니다. 알고 계셨나요?

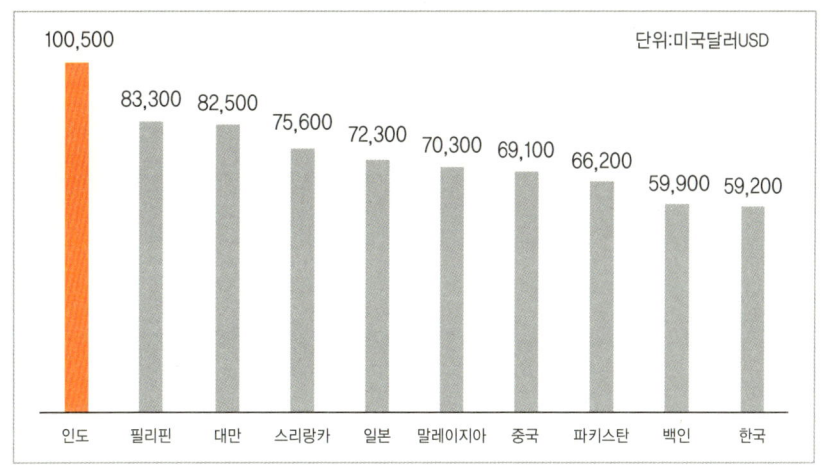

미국 출신별 가계소득 중간값(US Census Bureau 2013 - 2015)

이민자의 나라 미국에서, 인도 출신은 가장 뛰어난 집단으로 평가받습니다. 저는 미국 캘리포니아에서도 살았습니다. 그 곳에서 인도 사람들의 입지는 남다릅니다. 인도 출신은 부자라는 인식이 있어요. 터번을 쓰고, 수염을 기르고 있어, 한눈에 인도 출신인지 알아챌 수 있는 시크교도(Sikhism)가 지나가면, 많은 사람들이 으레 '저 사람은 부자일 것이다' 생각합니다. 인도 출신 엔지니어들과 의사들이 워낙 많기 때문입니다.

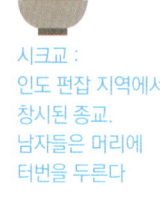

시크교 :
인도 펀잡 지역에서 창시된 종교.
남자들은 머리에 터번을 두른다

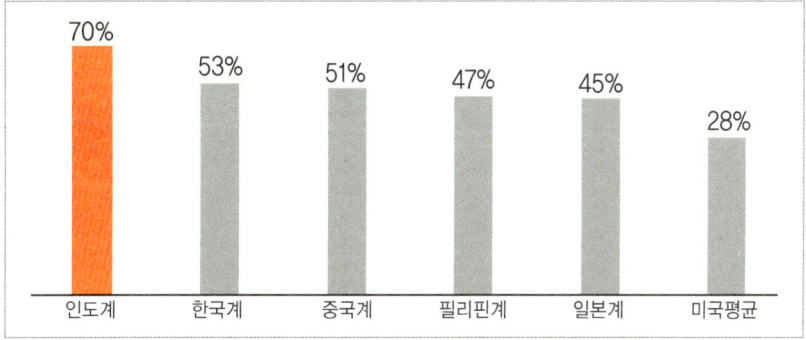

미국 출신별 대졸자 비율(US Census Bureau 2013 - 2015)

이는 높은 교육열 때문에 생긴 결과입니다. '소 팔아 대학 보낸다'는 지난 시절 우리나라처럼, 대출받아 자녀 교육에 올 인(All-in)하는 부모들이 많습니

KBS다큐인사이트
'인도 천재'를
시청하시길
추천드립니다.

다. 인도의 입시 경쟁은 한국보다 치열합니다. 우리가 그랬던 것처럼, 명문 학교 진학은 집안 전체를 일으킬 수 있으니까요.

인도에선 매년 3천5백만명이 대학에 갑니다. 그리고 대학 수요는 더 증가할 겁니다. 때문에 대학 설립도 빠르게 늘고 있습니다. 따라서 인도의 고학력 인구는 지속적으로 늘어날 전망입니다.

특히 이공계 인력이 강합니다. 우리나라와 달리, 인도에선 의대 보다 공대의 인기가 더 좋습니다. 인도 소프트웨어 엔지니어의 경쟁력은 세계 최고지요. 소프트웨어 산업은 인도 국책 산업으로, 매년 40만명의 인도 출신 소프트웨어 엔지니어가 세계로 배출됩니다. 정부는 제한된 예산을 효율적으로 사용하기 위해 이공계 인력 육성에 집중하고 있습니다.

인도 전역의 IIT 캠퍼스

MIT :
Massachusetts
Institute of
Technology
매사추세츠공대

인도 공과 대학 Indian Institute of Technology(IIT)이 그 첨병입니다. 인도 공대가 세계 최고 수준이라고 들어본 적 있을 겁니다. 'IIT 떨어져서 MIT 간다'는 말이 있을 정도입니다.

미국 실리콘밸리 창업자의 15%, IBM 엔지니어의 28%, NASA 직원의 35%, 미국의 의사 15%가 IIT 출신이라 알려져 있습니다. IIT 캠퍼스엔 매년 구글 등, 세계 최고 IT기업들이 리쿠르팅을 옵니다. IIT 출신들의 우수성이 입증되었기 때문인데요. 많은 글로벌 기업들이 IIT 출신들에게 장악되었습니다. 얼마전까지 인도의 최대 수출품은 CEO다'라는 말이 유명했는데, 최근에는 '지구를 장악하는 국가'로 인도를 꼽습니다. 많은 글로벌 기업의 CEO가 인도 출신이기 때문입니다. Microsoft의 '사티아 나델라'와 Google의 '선다르 피차이'가 유명합니다. 시간이 지나면 더 많은 인도 출신 CEO를 볼 수 있을 거라 예상합니다.

인도 출신 주요 CEO

인도 엘리트들이 잘나가는 다른 이유는 영어 때문입니다. 인도는 오랜 기간 영국의 식민 지배를 거치며 영어를 공용어로 사용하고 있습니다.

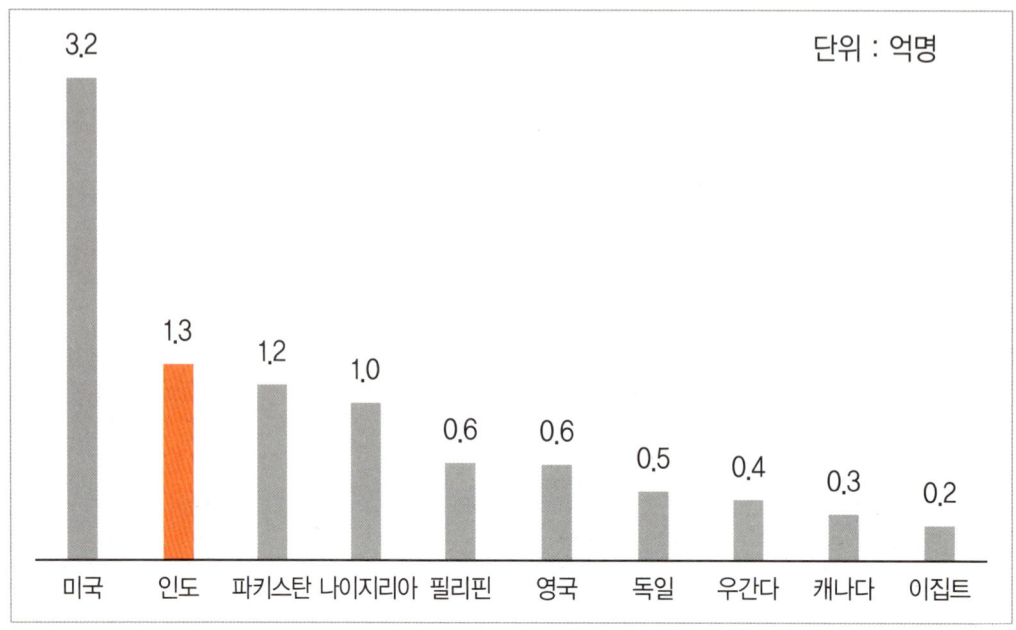

국가별 영어 사용 인구 2022.

인도는 미국 다음으로 영어 사용 인구가 많은 나라로, 1억 3천만명 이상이 사용합니다. 영어 덕분에 인도 인력의 경쟁력은 올라갑니다. 선진국인 미국, 영국의 컨텐츠를 쉽게 배우고 즐깁니다. 문화적 동질성이 확보되기 때문에, 글로벌 비즈니스를 하는데 용이합니다. 인도 인력의 유학이나 해외 진출이 쉽고, 해외 기업 유치에도 유리합니다.

3. 경제 규모

인도는 이미 큰 경제라는 것을 강조하고 싶습니다. 전세계에 자산을 배분하고 싶은 투자자라면, 인도를 빼놓을 수 없습니다. 당연히 글로벌 펀드들은, 한국 보다 인도에 더 큰 비중을 두고 있습니다. 주식 시장 역시 최근 홍콩을 제치고 세계 4위 규모로 등극했습니다.

주식시장 크기:
미국, 중국, 일본, 인도

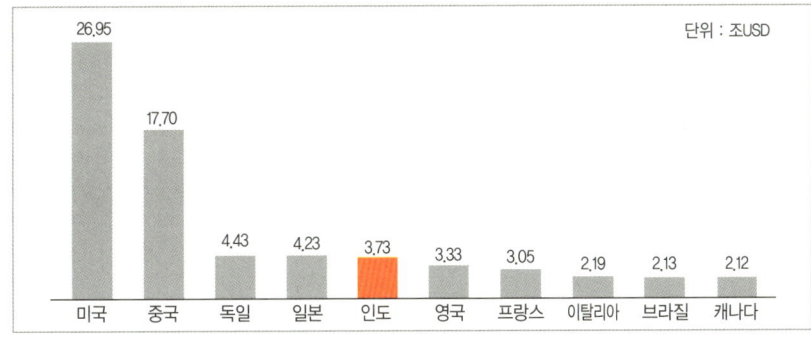
명목 GDP 2023. IMF 전망

2023년 인도의 명목 GDP는 3조7천3백조달러로 세계 5위이며, 현지 물가를 고려한 실질 구매력 평가 기준으로는(GDP PPP) 세계 3위입니다.

한국GDP
1조 7천억 달러, 13위

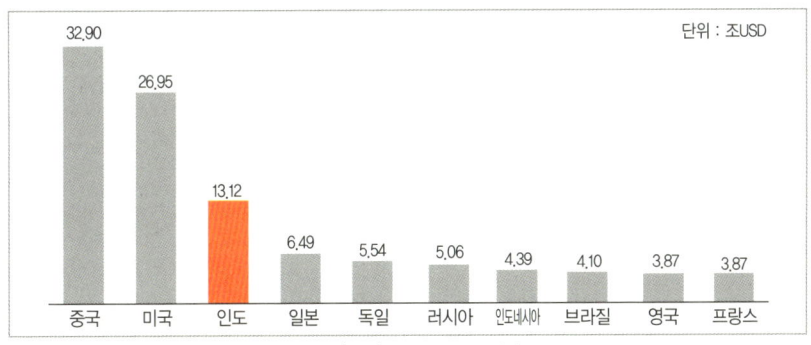
GDP(PPP) 2023. IMF 전망

인도 GDP는 2030년까지 연간 7% 성장으로 세계 3대 경제가 될 전망입니다.

인도 소득 분포

하지만 인구가 많기 때문에 GDP를 인구수로 나눈 인당 GDP는 2,612 달러로 145위에 불과합니다. 국가는 대국이지만, 국민 대다수는 가난을 겪고 있습니다.

인도 국민을 일 소득 기준으로 네 집단으로 나눌 수 있는데

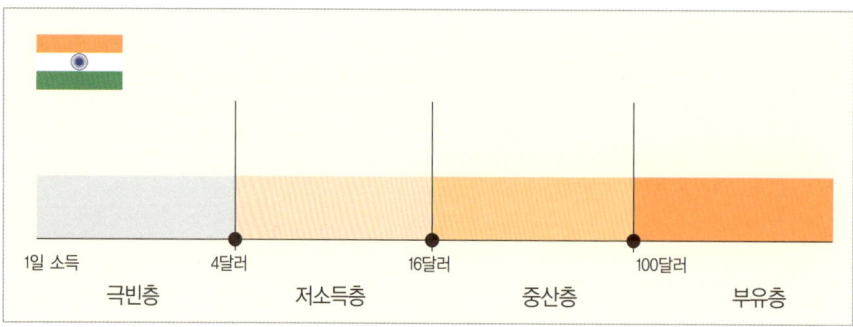

네 단계 소득수준

하루에 버는 돈이 4 USD(미국 달러)가 안되면 극빈층, 16달러가 안되면 저소득층, 16달러 이상 100달러 사이는 중산층, 100달러 이상은 부유층으로 정의합니다. 우리 돈으로 대략 5천원, 2만원, 12만5천원입니다. 이를 월급으로 환산하면 17만원, 68만원, 400만원 정도이고, 연봉으로 환산하면 200만원, 800만원, 4천8백만원 정도됩니다.

'People Research on India's Consumer Economy' 조사에 따르면, 인도에서 빈곤층에 해당하는 인구는 대략 2억명, 저소득층은 7억명, 중산층은 4억명, 그리고 부유층은 5천만명입니다.

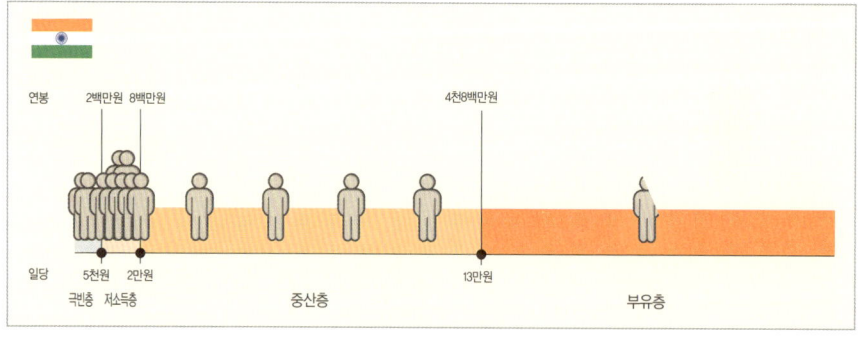

인도 소득수준 별 인구

아직 대부분의 인도 인구는 연 소득 8백만원 이하의 저소득층에 머무르고 있습니다. 하지만 다행인 것은 저소득층의 이하의 인구가 빠른 속도로 줄어들고 있다는 것입니다. 중산층이 빠르게 성장하고 있습니다. 1995년부터 2021년까지 연간 6.3%씩 증가했으며, 현재 전체 인구의 31%를 차지합니다. 2031년에는 38%, 2047년에는 60%가 될 것으로 예상됩니다. 약 20년 후면 10억 이상의 인구가 중산층이 된다는 말입니다. 따라서 많은 경제기관들은 인도의 중산층들이 보여줄 소비 성장을 기대하고 있습니다.

동시에 놓치지 말아야 할 것은, 연 가계소득이 4천8백만원이 넘는 인구가 우리나라 인구와 맞먹는다는 것입니다. 인도의 빈부격차, 부의 편중은 사회문제입니다. 그만큼 부유층의 구매력은 높구요. 현 시점, 많은 럭져리 브랜드들은 중국의 바통을 이어받는 시장으로 인도를 기대하고 있습니다. 한국에서 주재원으로 인도에 온 분들은, 인도 부자의 위용에 기가 눌린 경험이 있을 겁니다. 집 계약할 때, 호텔이나 골프장에 갔을 때, 고급 쇼핑몰에서 인도 부자들을 마주칩니다. 아파트 주차장만 가도 확인할 수 있는데요. 벤츠, 아우디, BMW 세단과 포르쉐를 쉽게 볼 수 있습니다. 찐 부자들은 아파트가 아니라 '팜하우스'에 삽니다. '기안84'가 '태계일주'에서 방문한 농장과 수영장이 딸린 대저택이지요.

인도 Farmhouse 예시

4. 내수 시장

인도 경제는 내수 시장을 기반으로 돌아가고 있습니다.

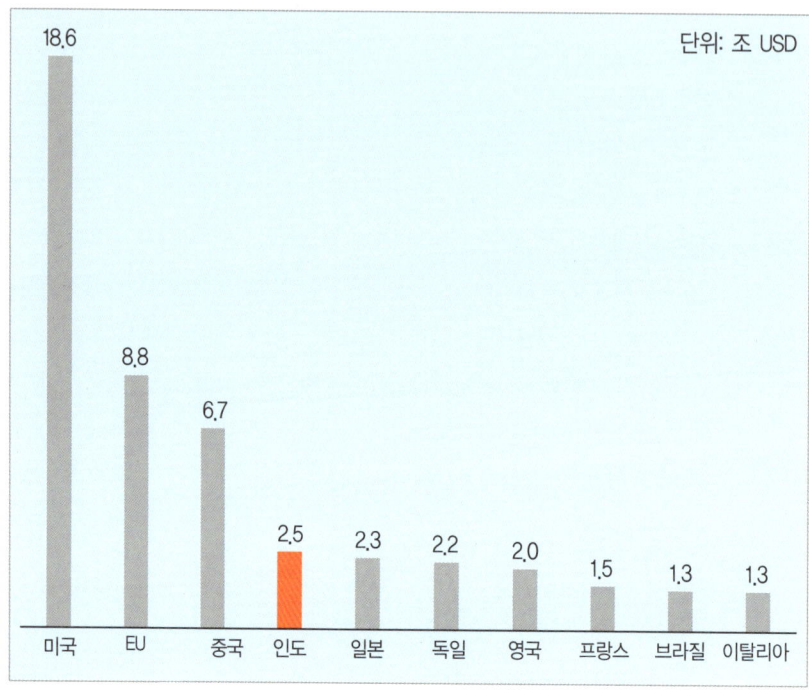

소비 시장 규모. worldbank

우리나라 15위.
0.8조 달러.
GDP 49% 기여

소비 시장 규모

인도 소비 시장은 2조5천억 달러로 EU를 포함해 세계 4번째 규모입니다. 인도 소비시장은 인도 GDP의 62%를 기여합니다. 내수 경제가 큰 덕에, 인도 경제는 국제 경기에 영향을 덜 받습니다. 증시도 마찬가지고요.

인도 내수시장은 높은 성장 잠재력을 갖고 있습니다. 대부분 인구가 저소득층이며, 젊습니다.

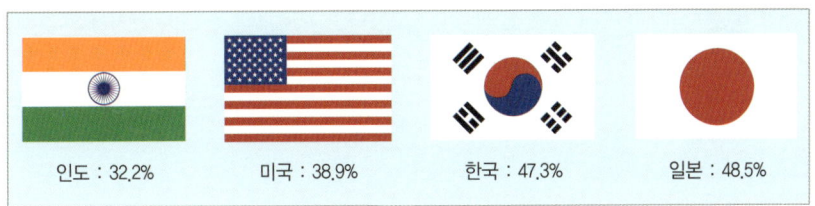

2050년 주요국 부양율 전망. OECD

젊은 인구가 많고, 노인부양률이 낮기 때문에, 소득이 늘어나는 만큼 소비 증가로 이어질 가능성이 큽니다. 인구구조 때문에 우리 젊은이들이 지고 있는 노인부양 부담이 인도에는 없습니다. 모두 자신과 다음 세대를 위해 소비할 것입니다. 이들이 중산층으로 성장하여, 구매력이 증가하는 것은 정해진 미래입니다.

내수 시장의 크기와 성장성 때문에 글로벌 기업들은 인도 시장을 놓칠 수 없습니다. 그들에게 인도는 새로운 성장동력입니다. 아마존, 월마트 등 유통 공룡이 경쟁하고 있고, 현대, 기아차를 포함한 글로벌 자동차 제조사, 삼성, LG 등 전자 제품 제조사들이 치열하게 경쟁하는 시장입니다.

인도는 풍부한 인력을 바탕으로 세계의 공장이 되어, 수출을 늘리고 싶어합니다. 가능한 이야기입니다. 하지만 주식 투자자 입장에서는, 안정적인 내수 시장에서 지배력을 갖고 있는 기업도 매력적으로 보입니다. 내수 시장의 성장성이 충분히 크기 때문이죠.

특히 가공식품, 위생, 화장품, 청소용품 등 필수소비재 산업(FMCG)은 경기 변동에 큰 영향없이 꾸준히 커질 것으로 예상됩니다. 가전 제품, 가구, 자동차 등 내구소비재 역시 중산층이 늘어나며 큰 폭의 성장이 기대됩니다. 정부의 인프라 투자로 도시화가 빠르게 진행되고 있으며, 주택 공급이 늘어나고, 주택담보대출 등의 금융 서비스의 성장도 기대됩니다.

노인부양률 :
생산가능 인구가 부양해야 하는 사회경제적 부담을 나타내는 지표로 노인 인구(65세 이상) 대비 생산가능인구 (15-64세)의 비율

FMCG :
Fast-Moving Consumer Goods. 가공식품, 음료, 세면용품, 화장품, 청소용품, 의약품 등 편의점, 마트 등에서 주로 유통되는 소비재.

또 디지털 환경이 구축되면서 전자상거래가 폭발적으로 늘어나고 있습니다. 전자상거래는 편리함 때문에 소비를 가속화시킵니다.

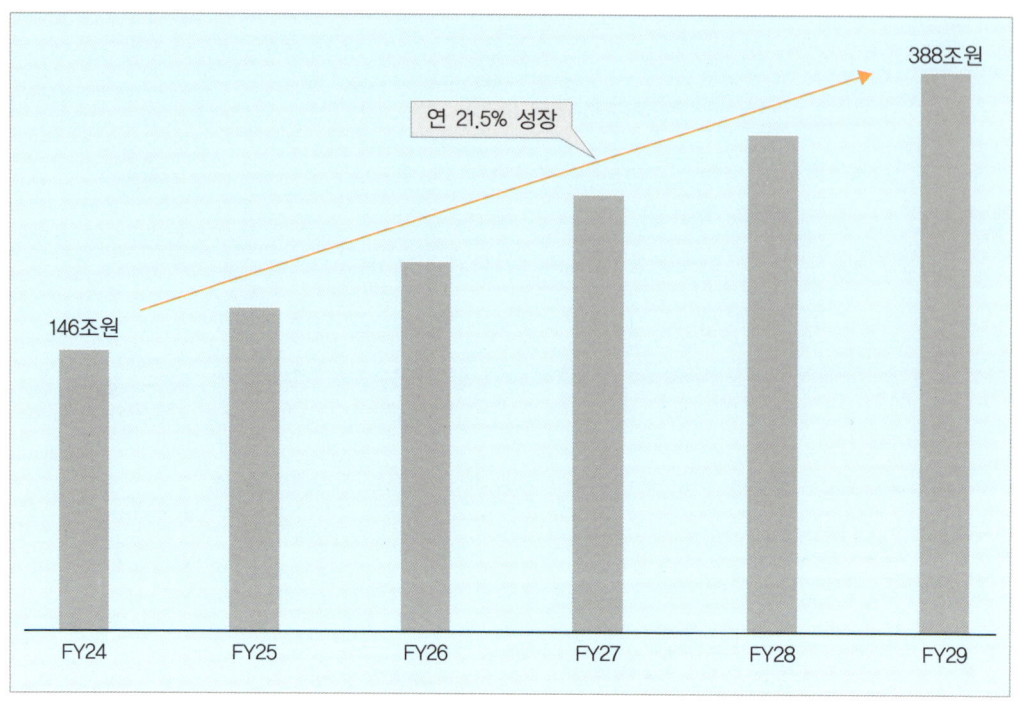

전자 상거래 시장 전망. Mordor Intelligence

컨설팅 회사 Kearney는 인도를 세계에서 두 번째로 매력 있는 소비시장으로 평가했습니다.

2021 세계소매시장발전지수. kearney.com

특히 시장포화도(Market Saturation) 부문에서 높은 점수를 주었는데요. 인도의 시장포화도는 매우 낮습니다. 제품의 수요만큼 공급이 못 따라 간다는 것을 의미하지요. 실제로 인도에 있는 우리나라 주부들이 인도의 공산품 가격은 우리나라 보다 비싸고, 품질은 열악하다 평가합니다. 살 만한 상품이 부족해서, 한국에서 꼭 사와야 하는 품목 리스트가 있을 정도입니다. 결핍은 성장의 동력이므로, 소비시장의 발전 여력이 매우큽니다. 저는 14억 인구의 소비 성장에 베팅합니다.

쉽고 재미있는 인도 근대사

인도 경제를 이해하는데 도움되는 인도 근대사를 훑고 가겠습니다.

인도의 근대사를 세 토막 내봤습니다.

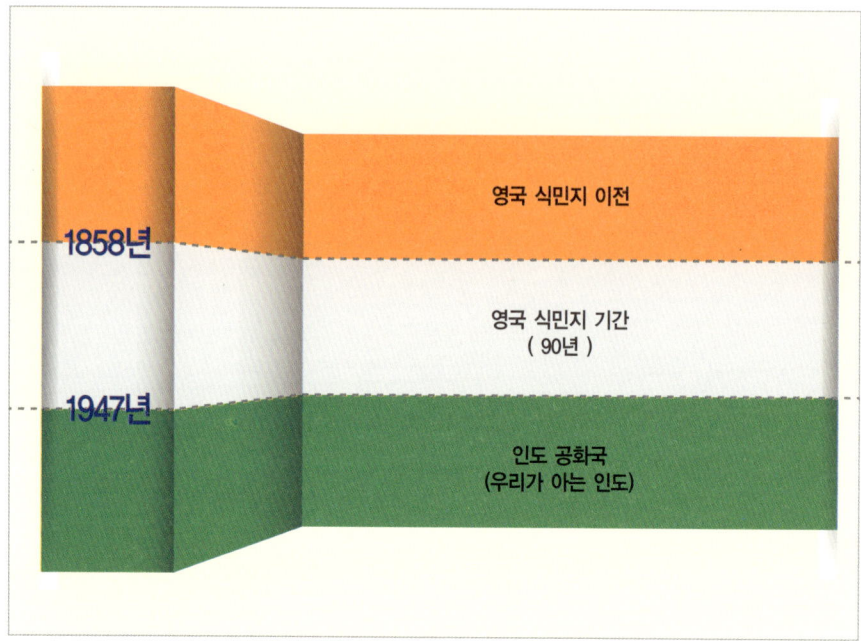

'영국 식민지 이전' 기간은 길다. 근대의 시작을 여러 유럽 열강들이 집적거리기 시작한 1,600년대 초라 할 수도 있기 때문이다. 하지만 1757년 '플라시 전투' 이후 영국이 다른 열강들을 정리하고, 독점적으로 들이대기 시작했기 때문에 그 이후를 이야기하겠다.

이 때 인도대륙은 여러 왕조가 나누어 지배하고 있었다.

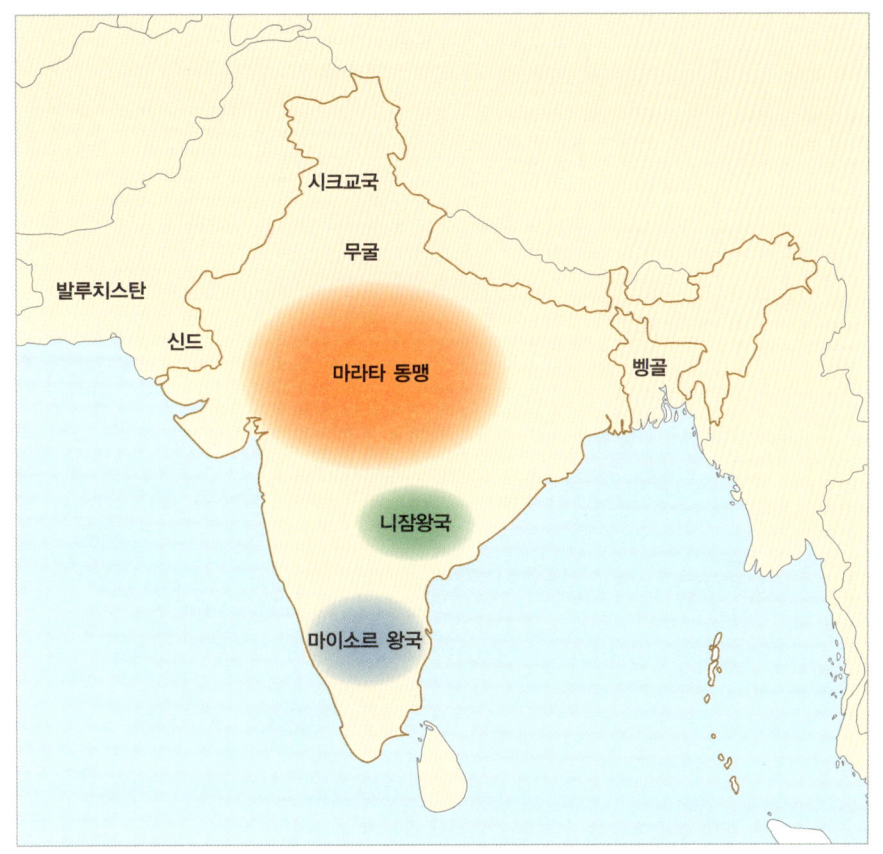

'인도식민지 이전' 인도 대륙

영국의 인도 정복 전엔, 현재의 인도 국토가 한 왕조에 통일된 적이 없다. 영국이 처음으로 인도 대륙을 통일한 것.

우리가 한반도에 있으니까 한반도 역사를 배운다. 신라의 삼국통일, 고려, 조선, 통일 국가에 익숙하니, 다른 나라들도 우리 같아야 되는 줄 안다. 영국이 처음으로 인도 대륙을 통일했다 하면, '아…인도 조상들은 통일 국가도 못 만들고 되게 후졌나보다' 생각할 수 있다.

아니다. 인도는 영토가 한반도의 14배다. 유럽만하다. 인구는 유럽의 두 배다. 인종도 우리처럼 단일 민족이 아니다. 다양한 민족이 다양한 지역에서, 언어, 문화, 역사를 독자적으로 만들어 왔다. 그러니까 현재의 인도도 '문화적으로 다른 여러 나라들이 인도라는 이름으로 뭉쳐 있구나' 생각하면 좋다. 나는 인도를 United States of India, 미합중국과 비슷하다 이해한다.

다양한 언어

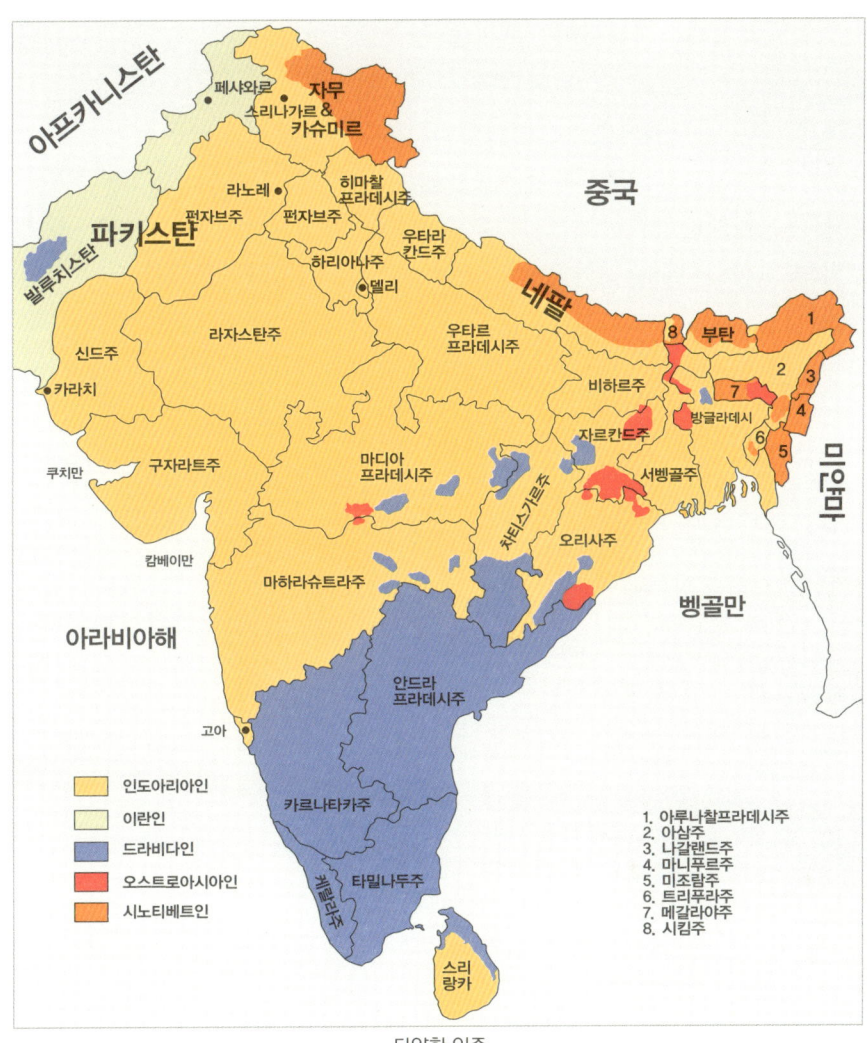

다양한 인종

그러므로 영국이 식민지를 건설하는 기간동안 'United States of India' 차원에서 영국과 붙은 게 아니다. 지역 왕조와 영국의 각개 전투였다. 그리고 원래 적국이었던 인도 왕조끼리 동맹이 어려웠다. 종교도 다르고, 문화도 다른 남이었기 때문이다.

< 땅 따먹는 방법 - 쓰니: 영국 동인도회사 >

1. 배 타고 가서 해안을 훑어봄
2. 싸움 잘하는 애들 데리고 가서 파킹하기 좋은 항구 점령
3. 베이스 캠프 구축
4. 가까운 데부터 말 안 듣는 애들 패고, 말 듣는 애들한테는 자치권 주고 삥 뜯음
5. 4를 반복

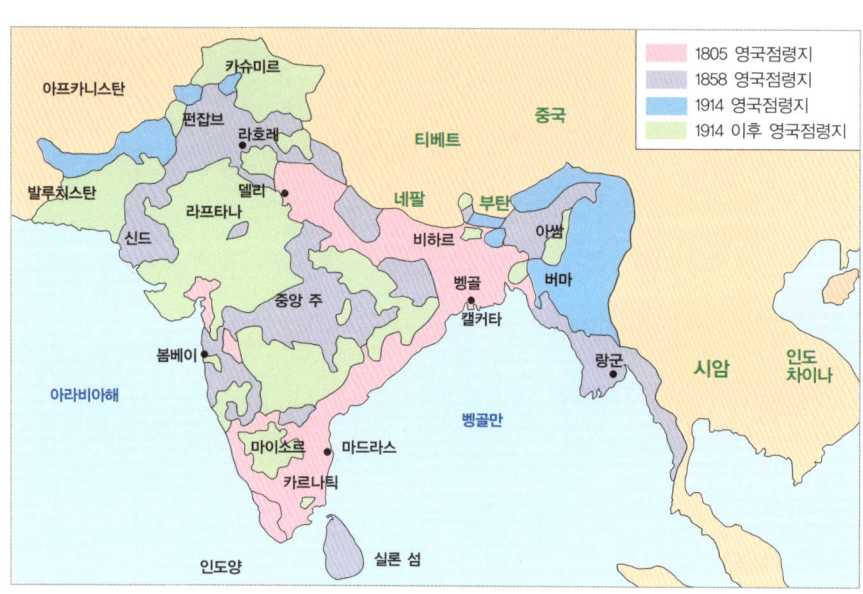

영국의 인도 침략 단계

위 그림을 보면 인도 동쪽 해안에서 시작해, 서서히 안으로 파고 들어갔다는 걸 알 수 있다. 연두색 지역은 위 '땅 따먹는 방법' 4번에 해당한다. 자치권을 보장하고 세를 뜯은 것. 이 방법으로 현재 파키스탄, 인도, 스리랑카, 방글라데시, 미얀마에 이르는 지역을 점령한다.

영국은 커다란 인도를 통제하기 위해서 많은 무력이 필요했고, 인도에서 군인을 자체 조달한다. 아이러니하게도 인도 사람을 용병으로 뽑아서 인도 사람을 다스리는데 썼다. 이 용병들을 '세포이'

라고 불렀다. 세포이들은 직업 군인인 것이다. 허나 영국에서 이들에게 주는 경제적 혜택을 줄이기 시작한다. 그러면서 통제가 어려워지고, 급기야 월급을 제대로 못 주는 고용주를 적으로 돌린다. 이 사건을 세포이 항쟁이라 하는데, 영국은 세포이 항쟁을 진압하며, 동인도 회사를 해체하고 1858년 영국 여왕이 인도를 직접 통치한다고 선언한다. 거대한 인도 땅이 공식적으로 영국 손아귀에 들어간 것이다.

두번째 토막은 1858년 시작한다. 우리나라는 조선 철종 9년. 이 때부터 본격적인 영국의 인도 지배가 시작된 것이다. 인도에선 이 시기를 British Raj(영국의 지배)기간이라 부른다. 영국은 큰 땅, 인도를 효율적으로 지배하기 위해 인도의 신앙과 관습을 존중하고 기존 지배 계층의 기득권을 보장해준다. 토지소유권도 인정한다. 그리고 이 땅을 영국령 인도제국으로 명명한다.

인도 제국 국기

'인도 제국'은 인도, 파키스탄, 방글라데시, 미얀마 전역 아프가니스탄, 네팔, 부탄의 일부와 예멘 남부의 아덴과 페르시아만의 오만, 말레이 반도의 해안까지 이르렀다.

1945년 영국령 인도제국

우리는 조상이 일제 치하 35년을 겪으며 얼마나 많은 수탈을 당했는지 알고 있다. 인도는 그 기간이 훨씬 길었다. 당시 인도는 면직물로 유명했다. 면화 심고, 털뭉탱이 거둬, 물레 돌려 실 뽑고, 베틀로 짜서 만든 '무명' 말이다.

인도 무명은 품질도, 물량도 세계 최고였다. 지금도 그 유명세가 남아 있는데, 마드라스 원단이라고 들어 보셨나? 여름에 입는 시원하고 까슬까슬한 천이다. 마드라스는 첸나이의 옛 이름인데, 무명이 많이 수출되던 항구 이름이 원단의 이름이 된 것이다. 동인도회사가 인도에 들어온 이유가 바로 이 무명 때문이었다. 한동안 인도 면직물은 수출 효자 상품이었다. 허나 영국에서 산업혁명이 일어나고(1760~1840), 방직기가 발명된 이후 사정이 달라진다. 영국 방직 공장에서 생산된 '공산품'에게 가내수공업으로 만든 인도 면직물은 경쟁력을 잃게 된다. 더 이상 수출도 안 되고, 내수 또한 영국 방직물에게 밀린다. 면직물 산업이 후퇴하니, 대안으로 수출용 작물을 키우게 된다.

무명

 영국은 인도에서 기른 작물들을 유럽으로, 중국으로 갖다 판다. 주 품목은 면화, 염료(인디고), 생사, 설탕, 곡물, 황마, 피혁, 차 등이지만, 가장 유명한 품목은 아편이었다. 당시 영국은 중국에서 차를 수입하며 무역 적자를 보고 있었다. 이를 해소하기 위해, 인도에서 아편을 길러 중국에 수출했다. 이 악랄한 전략은 성공했다. 영국은 무역 흑자를 얻고, 결국 아편전쟁이 터져, 청나라는 몰락했다(1840).

이에 편승해 돈을 번 인도 상인들이 있다. 이들은 동인도회사, 영국 정부 그리고 영국 상인들과 네트워크를 구축한다. 영국-인도-중국의 삼각 무역을 통해 자본을 축적한다. 이 때 일부는 현대 재벌로 태동한다. 인도 최고 재벌로 꼽히는 Tata그룹도 그 중 하나다.
영국은 돈 되는 농사를 많이 짓기 위해, 관개 시설을 정비한다. 그리고 물건을 실어 나르기 좋게 도로와 철도, 하천 정비에 투자한다. 가장 효율이 좋았던 것은 철도다. 지금 다니는 철로 중 많은 노선이 이 시기에 건설되었다. 1832년 마드라스(첸나이)부터 깔기 시작해서, 1872년에는 8,000km, 1992년에는 41,000km로 늘어났고, 1947년에는 미국, 캐나다, 러시아 다음으로 철도가 많이 깔린 나라가 되었다. 이 시기 철도 건설이 잘 된 이유는, 수익률 5%를 보장했고, 영국에서 기술자가 오면, 철길 깔 땅은 공짜로 줬기 때문이다. 게다가 인도 건설 인력들에게는 돈을 거의 안 줬다.

1909년 인도 철도망

영국은 근대적 우편 제도와 전화망을 구축한다. 또 행정 시스템이 구축된다. 먼저 세금부터 정비하고, 입법을 통해 사회 안전망을 구축한다. '이제 법치 국가니까, 내 말 안 들으면 공식적으로 팬다'고 할 수 있게 되었다. 인도제국 내부 거래에 붙던 관세를 없애면서, 내수 시장이 성장한다. 상업이 활성화될수록, 넓은 인도 대륙의 다양성들이 (영국이 만든) 인도라는 이름의 커다란 솥 안에서 융합된다. 이렇게 행복한 나날이 이어지는 중.

〈영국이의 일기 1〉

영국이는 식민지 관리를 위해
주재원을 파견해야되요~
근데 그 비용을 줄이고 싶어요
주재원은 돈을 많이 줘야 되거덩…

음….그러니까
영어 잘하는 인도인들을 뽑아서
하급 관리로 싼 값에 쓰는 건 어떨까?

영국은 영어를 인도 공식어로 만든다(1835). 영어 잘하는 인도인을 관직에 임용한다(1844). 곧 영어는 엘리트의 언어가 된다. 영어를 얼마나 잘 하냐에 따라 소득과 계급이 결정된다.
현대 교육시스템은 근대화의 산물이다. 그 전엔 어디나 일반 교육이란 게 없었다. 인도 역시 카스트 최상단 브라만 위주의 엘리트 교육만 있었다. 영국 역시 인도에서 최상단 엘리트 교육에 투자한다. 1957년 봄베이(뭄바이), 켈커타(꼴까따), 마드라스(첸나이)에 영국식 대학교를 설립한다. 영국식 고등교육을 통해 길러진 사람들은 영국 정부와 인도인 사이의 엘리트 계층으로 자리 잡는다. 기존 지배층들의 지위가 유지되었다. 말 잘 알아듣고, 시키는 대로 하는, 영국에 우호적인 엘리트로서.

<영국이의 일기 2>

'아... 내가 호랑이 새끼를 키웠구나...'
영국이는 머리가 아팠어요

공부시켜 놓은 인도 엘리트 애들이
좀 컸다고 바라는 게 많아졌어요...

요새는 하다하다 자기들이 다 알아서 하겠다며
자치권을 달라네요...?
후....

1885년에 만들어진 '인도국민회의'는 영국 정부가 원활한 인도 통치를 위해, 오피니언 리더들의 의견을 청취하기위해 생겼다. 인도 엘리트들의 모임이다. '인도국민회의'의 대표격인 간디도, 네루도, 진나(파키스탄 초대 총독)도 영국 엘리트 교육의 수혜자다. 모두 영국 유학파 변호사 출신이다. 그러나 영국의 의도와 다르게, 이 모임은 인도 독립 운동 기관으로 변모한다.

간디는 '스와데시 운동'을 전개했다(1906). 영국산 쓰지 말고, 국산 쓰자. 당시 인도는 영국 기업의 공산품 시장이었다. 영국에서 만든 물건이 넘쳐나서 인도에 공장을 만들 필요도 없었다.

이 시기에 상업으로 자본을 축적한 상인들이, 공장을 지으며 제조업으로 확장한다. 인도 민족주의가 끓어오르고,

영국 유학시절 젊은 간디
in 비스포크 수트

국산품 애용 운동인 '스와데시'의 덕을 본다. 재벌 중 일부는 '인도국민회의'에 자금을 대며 인도 독립을 도왔다. 정계에 직접 진출한 사례도 있다(비를라 그룹).

영국 배척 --〉 국산 애용 --〉 재벌 수혜 --〉 독립 지원 --〉 정경 유착(?)

영국은 세계 1차 대전에 참전하면서(1914), '인도국민회의'에 전쟁 지원을 요청한다. 전쟁을 도와주면, 전쟁이 끝나고 독립시켜주겠다 약속한다. 지도부의 간디는 이 말을 믿었다. 인도 군대를 유럽전선으로 보내자고 국민들을 설득해, 청년들을 희생시켰다. 하지만 전쟁이 끝났는데도 영국은 약속을 지키지 않았고, 저항하는 인도인을 강압적으로 진압한다.

하지만 갈수록 인도의 독립 요구는 거세진다. 영국은 인도에 군사권과 외교권을 제외한 자치권을 돌려준다(1935). 그리고 세계 2차 대전이 발발하자(1939) 다시 파병을 요청한다. 하지만 이 번에는 거절당한다. 2차 대전이 끝나고 나서야 영국은 '인도제국'을 해체하고, '인도국민회의'에 권력을 넘겨준다(1947). 독립이 되는 과정에서, 이슬람교도는 파키스탄, 실론섬은 스리랑카로 나뉘어지고, 미얀마도 떨어져 나간다. 우리가 아는 지금의 '인도'가 탄생한 것이다.

간단 인도 정치사

인도 정치사를 대략적으로 파악하는 것은 어렵지 않다.

인도국민회의 = 네루-간디
인도인민당 = 모디

이것만 외우면 된다.
외웠으면 아래 표를 보는데, 연도를 보면서 빠르게 색깔만 확인하자

연도	대수	이름	임기시작일	정당
1947			1947.8.15	
1948				
1949				
1950				
1951				
1952	1대	자와할랄 네루		인도 국민회의
1953				
1954				
1955				
1956				
1957				
1958				

연도	대수	이름	임기시작일	정당
1959				
1960				
1961				
1962				
1963				
1964	임시대행	굴자릴랄 난다	1964.5.27	인도 국민회의
1965	2 대	랄 바하 두르 샤스트리	1964.6.9	인도 국민회의
1966	임시대행	굴자릴랄 난다	1966.1.11	인도 국민회의
			1966.1.24	
1967				
1968				
1969	3 대	인디라 간디		인도 국민회의
1970				
1971				
1972				
1973				

연도	대수	이름	임기시작일	정당
1974				
1975				
1976				
1977	4 대	모라르지 데사이	1977.3.24	자나타당
1978				
1979	5 대	추다리 차란 싱	1979.7.28	자나타당
1980			1980.1.14	
1981	(3 대)	인디라 간디		인도 국민회의
1982				
1983				
1984			1984.10.31	
1985				
1986	6 대	라지브 간디		인도 국민회의
1987				
1988				
1989	7 대	비슈와나트 프라탑 싱	1989.12.2	국민전선
1990	8 대	찬드라 셰카르	1990.11.10	사마즈와디 자나타당

연도	대수	이름	임기시작일	정당
1991	9 대	P. V. 나라시마 라오	1991.6.21	인도 국민회의
1992				
1993				
1994				
1995	10 대	아탈 비하리 바즈파이	1996.5.16	인도 인민당
1996	11 대	H.D. 데베 고다	1996.6.1	연합전선
1997	12 대	인데르 쿠마르 구지랄	1997.4.21	연합전선
1998	(10 대)	아탈 비하리 바즈파이	1998.3.19	인도 인민당
1999				
2000				
2001				
2002				
2003				
2004	13 대	만모한 싱	2004.5.22	인도 국민회의
2005				
2006				
2007				

연도	대수	이름	임기시작일	정당
2008				
2009				
2010				
2011				
2012				
2013				
2014	14 대		2014.5.26	
2015				
2016				
2017		나렌드라 모디		인도 인민당
2018				
2019				
2020				
2021				
2022				
2023				

하늘색으로 도배가 되었다가, 최근으로 오면서 노란색이 보인다.

하늘색은 인도국민회의 = INC = India National Congress = 네루-간디

노란색은 인도인민당 = BJP = Bharatiya Janata Party = 모디.
모디는 현직 인도 총리다.

하늘색이 쭉 집권하다가, 1998년 이후로 풍당풍당. 노란색과 경쟁이 붙었다가, 최근에는 노란색이 득세하고 있는 것이다.

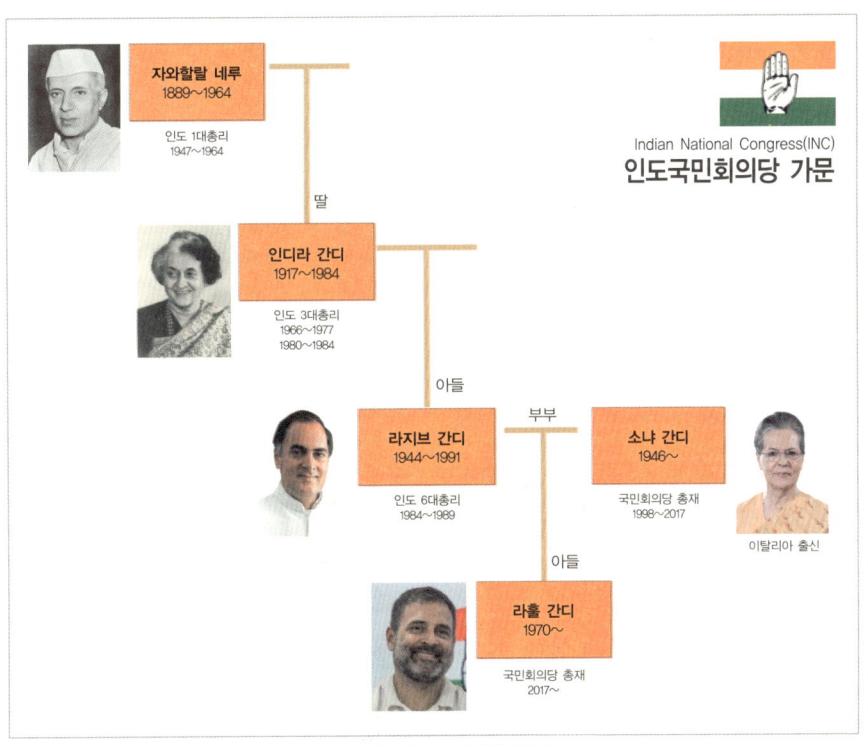

인도국민회의당 오너집안 계보도

영국 식민시절에 독립운동을 이끌던 인도국민회의당은, 1947년 8월 15일에 광복을 맞으면서 (우리 역사와는 달리) 정권을 이양 받는다. 당을 이끌던 '자와할랄 네루'는 인도공화국의 초대 총

1장 | 내가 인도에 투자하는 이유 **055**

리가 된다. 그렇게 시작된 인도국민회의당은 48년을 집권하는데, 인도 건국의 아버지 '자와할랄 네루'가 17년, 그의 딸 '인디라 간디'가 16년, 그녀의 아들 '라지브 간디'가 6년, 도합 39년 동안 권력이 세습된다. 따라서 인도국민회의 이 집안 가업이다. 이 가문을 '네루-간디 패밀리'라고 한다. 간디는 우리 아는 '마하트마 간디'와는 상관없다. '자와할랄 네루'의 딸 인디라가 간디 성을 가진 남편과 결혼하며 '인디라 간디'가 되면서 가문 이름에 간디가 들어간 것이다.

인도 건국의 아버지 네루는, 종교에 관계없이 포용하는 '세속주의'로 인도를 통합하려 애쓴다. 그리고 사회주의 경제정책을 채택하여 국가주도의 경제성장을 추진했다. 하지만 사회주의 경제정책은 실패했다.

아버지 사후(1964) 정권을 상속 받은 '인디라 간디'는 권위주의로 비판 받았고, 본인이 박해한 시크교도에 암살당한다(1984). 어머니의 비극으로 총리에 오른 '라지브 간디'도 테러에 의해 생을 마감한다(1991).

그리고 '인도국민회의'의 반대세력으로 '인도인민당 Bharatiya Janata Party (BJP)'이 부상한다. 95년부터 인도국민회의를 누르기 시작한다.

인도인민당 BJP로고

'인도인민당 BJP'은 갑자기 나타난 정당이 아니다. 위에 표를 다시 보면 하얀색이 보인다. 이 들이 '인도인민당 BJP'의 전신들이다. 단일 정당으로 정권을 잡기가 어려우니 연정으로 승리해 연립정부를 만들었다. 인도는 국토가 넓고, 종교도 많고, 이해관계도 복잡하여 정당이 많다. 선거철이면 정권을 잡기 위해 당끼리 힘을 합치는 것이 일상이다.

'인도인민당 BJP'은 대놓고 힌두교당이다. 스스로를 보수주의자, 힌두교 근본주의라고 표방한다. 그래서 인기가 많다. 인도는 인구의 85% 이상이 힌두교다.

'인도인민당 BJP'에 빼앗긴 정권을 되찾기 위해 인도국가회의INC의 수뇌부는 피살된 '라지브 간디'의 아내인 '소냐 간디'를 끌어들인다. 소냐 간디는 원래 이탈리아 사람이고, 인도로 시집와 귀화했다. '소냐 간디'는 '인도국가회의INC'의 총재로 추대되고(1998), 집권 기간동안 경제 성장이 둔한 탓에 인기 떨어진 '인도인민당 BJP'으로부터 정권을 되찾는다(2004). 이 승리로 '만모한 싱'이 총리가 되어 10년 간 집권하게 된다.

하지만 다시 돌아온 2014년 총선에서는 '인도인민당BJP'이 승리하면서, '나렌드라 모디'가 총리에 오른다.

나렌드라 모디

그리고 2019년 총선에서는 '소냐 간디'의 아들인 '라훌 간디'가 '인도국민회의INC' 대표로 나렌드라 모디와 맞붙었다. 결과는 '인도인민당BJP'의 대승. 모디 정부는 경제를 성장시키는 정부, 친기업 이미지를 갖고 있다. 집권 기간 경제 성장률이 좋았기 때문에 높은 인기를 끌고 있다.

이제 님 머릿속 메모리엔 잘 정돈된 인도 근대사와 정치사가 들어있죠.

Q 그거 왜 있게요?

A 경제사 이해하기 쉬우라고

Q 경제사는 왜 이해해야 함?

A 인도의 산업과 경제를 이해하는 데 도움되라고

재미있는 인도 경제사

간단 명료, 재미나게 인도의 경제사를 훑어드립니다.
1947년 건국 이후 인도 경제를 고등어 자르듯 세 토막 냅시다.

사회주의 계획경제

--------- 1980 ---------

덜 자유주의 시장경제

--------- 1991 ---------

더 자유주의 시장경제

이렇게 토막 낸 순간 우리는 인도 경제사를 단번에 이해할 수 있다.

정부 주도의 계획경제를 선택한
인도 경제는 점점 고립되고 답보한다.

--------- 1980 ---------

규제를 없애고, 시장을 개방하니 경제가 살아난다.

--------- 1991 ---------

기업 주도의 자유주의 시장경제로
인도는 가장 기대되는 경제로 부상한다.

첫번째 구간. 1951~1980년
사회주의 계획경제

이 기간 연평균 GDP 성장률은 3.49%다. 광복과 함께 정권을 잡은 인도 국민회의INC 네루는 인도식 사회주의 계획경제를 표방한다. 당시는 빈부 격차 등, 자본주의의 폐해가 부각되며, 자본주의 경제에 대한 의심이 많았다. 또 소련이 미국과 양강을 이루며 사회주의가 큰 영향력을 발휘하던 시절이다. 사회주의 경제는 정부가 경제를 계획하고 통제하는 것이 좋다는 믿음에서 시작된다. 정부가 막대한 권력을 갖는다. 정권을 잡은 입장에서는 당연히 선택하고픈 체제다.

네루 정부는 중화학공업 등, 기간 산업은 공기업 만들어 직접 운영하고, 외제 수입을 막고, 해당 품목들은 국산화 할 계획을 짠다. 당시 상황을 생각하면 이해할 수 있다. 거대한 인도 내수 시장을 영국 등 서구 제품이 장악하고 있다. 인도에는 공장이 없고, 수입품 의존이 컸다. 기나긴 시간 수탈을 당하다, 이제 독립했으니 영국에 복속된 경제를 자립시켜야 하는 건 당연하다. 계획을 실행한 첫 5년은 괜찮았다(1951~1956). 1950년 인도의 산업별 비중은 1차산업 56%, 2차산업16%, 3차산업 28%의 농업국이었다. 따라서 관개수로 등 농업 인프라구축이 우선이었다. 그 다음 5년은(1956~1961) 전기, 가스, 수도, 은행, 보험사를 설립하는데 주력한다. 사회 인프라를 구축한 것이다.

2022년 인도 부패인식 지수는 41점으로 세계 85위.
(덴마크 90점 1위, 한국 63점 31위)

하지만 사회주의 계획경제의 폐해가 나타나기 시작한다. 민간에서 사업을 하려하면, 정부의 허가가 필요하다. 사업 허가를 받으러 가니, 생산 품목, 설비 규모, 장소까지 하나하나 정부 승인이 필요하다. 공무원의 힘이 강하니, 관료화가 심해지고, 비리가 발생한다. 사업을 하려면, 뇌물이 당연시 되는 것이다. 비즈니스가 클수록 정경 유착이 심해진다.

따라서 1980년 이전은 허가는 곧 특혜다. 사업 허가라는 큰 벽이 신규 경

쟁자들의 진입을 막아주니, 허가만 받으면 땅 짚고 헤엄치기. 실제 많은 재벌 기업들이 이 기간동안 독과점을 유지하며 혜택을 누렸다. 지금도 재벌 그룹 홈페이지에서 자기들이 간디의 제자이며, 독립운동을 지원했다 알리는 글을 볼 수 있다. 물론 그래서 특혜를 많이 받았다는 말은 없다.

공정한 경쟁은 발전을 촉진하고, 그 혜택은 사회 전체로 돌아온다. 경쟁에서 살아남기 위해 노력하다 보니 기술도 발전하고, 가격도 떨어지면서 사회 전체의 부가 늘어나는 것인데, 권력에 줄대는 게 성공의 열쇠인 국가의 경쟁력이 좋을 리 없다.

또, 수입대체가 목표라면 공장을 많이 지어야 한다. 정부가 세금으로 모두 해결할 수 없기 때문에, 민간 투자가 필요하다. 그런데 촘촘한 규제 때문에 공장 설립 자체가 어렵다. 또 수입대체를 강조하다 보니, 생산에 필요한 장비 수입까지 막는다. 다른 경쟁국들은 성장에 포커스를 맞추고, 자본주의의 폐혜가 발생하면, 어떻게든 억누르며 달리는 마당에. 되려 독과점 방지법(1969), 외국환관리법(1973)를 만들면서 기업 활동에 제약만 늘린다. 이 때문에 인도 제조업은 국제 경쟁력을 잃는다. 이 기간 동안, 아예 외국으로 눈을 돌려 해외에서 성공한 기업들도 있다(아르셀로 미탈, 아디티야 비를라 등).

그러다가 본격적인 암흑기가 찾아온다. 1965년~1966년에 걸쳐 큰 가뭄이 왔다. 농업 비중이 높은 인도에서는 가뭄은 심각한 문제다. 인도를 '몬순 경제'라 부르는데, 우기의 강수량에 따라 나라 경제가 좌우되기 때문이다. 가뭄이 와 흉년지고, 먹을 것도 없는 1965년. 파키스탄과 전쟁이 터진다(제2차 인도-파키스탄 전쟁). 또 몇 년 잠잠하다, 1971년. 3차 인도-파키스탄 전쟁이 발발한다. 그리고 전쟁의 아픔이 수습되기 전에 1차 오일 쇼크가 온다(1973). 6년 뒤에는, 2차 오일 쇼크와 가뭄이 패키지로 찾아와 인도 경제에 타격을 준다(1979).

두번째 구간. 1980년~1991년
덜 자유주의 시장경제

1979년의 오일 쇼크와 가뭄은 결정타가 되었다. 사회주의 계획 경제를 고수할 명분이 남지 않았다. '인디라 간디'가 집권한 1980년부터 규제를 완화하고, 점진적으로 경제를 개방한다. '덜 자유주의 시장경제'가 시작된 것. 이때부터 자본재 수입 규제가 완화되어 기계, 장비, 설비 등 자본재 수입이 가능해졌다. 그러자 민간 투자가 증가한다. 기계를 사서 돌리기만 해도 돈 버는 상황이라, 제조업 생산성이 빠르게 올라간다. 국제 유가도 안정되고, 농사도 잘 되면서, 물가도 안정된다. 그렇게 행복한 10년의 골디락스를 보낸다.

골디락스:
Goldilocks.
양호한 상태가
지속되는 경제

하지만 버는 달러는 없는데, 수입으로 나가는 달러가 늘어나, 외환 보유고가 줄어든다. 재정적자도 커져간다. 그러는 찰나 걸프전 발발(1990)로 유가가 치솟고, 수출은 급감하고, 신용이 경색되며, 인도의 해외 투자자들이 급속도로 빠져나간다.

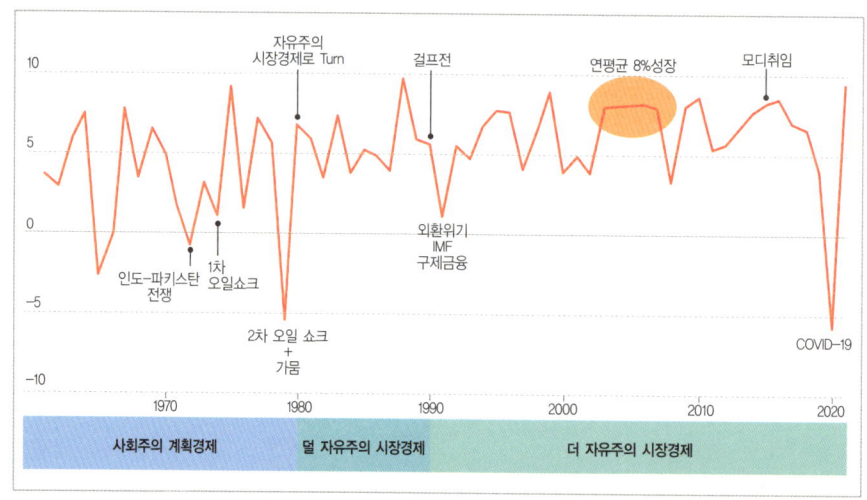

인도 GDP 성장률 추이(일타강사 강황맨 첨삭).

3번째 구간. 1991년~2023년
더 자유주의 시장경제

이 때문에 인도는 외환위기를 맞고, IMF의 구제금융을 받게 된다(1991). 우리 역시 경험한 바, IMF의 구제금융을 받기 위해선, 그들의 요구 조건을 들어줘야 한다. IMF는 공기업을 포함한 산업 전반에 외국 기업이 진출할 수 있는 개방을 요구했다. 이 때부터 기업 활동을 저해하던 많은 규제가 사라지고, 법인세, 관세도 인하된다. 무역도 자유로워진다. 외국인 투자가 들어오고, 대규모 설비 투자가 시작됐다. '릴라이언스 인더스트리' 등 현재 인도를 대표하는 기업들은 이 때 본격적으로 성장했다. 우리 나라 기업의 인도 진출도 본격화되었다. 삼성전자 인도 진출 1995년, LG전자 1997년, 현대차 1998년. 경제 성장률은 점점 높아지고, 2003년~2005년에는 연평균 8%의 놀라운 성장을 기록했다.

2006년 산업별 비중은, 1차산업 23%, 2차산업 27%, 3차산업 50%으로 바뀐다. 3차산업(서비스업)이 크게 발전한 것이다. 특히, 정부가 보유한 은행, 보험사가 크게 성장했고, 민간에서는 투자, 대부업이 성장한다. 그리고 IT강국 인도의 역사가 시작된다. 정부는 저렴한 인건비에 비해 양질의 두뇌들이 풍부한 인도의 경쟁력을 내세워 'IT서비스 산업'을 민다. IT서비스 산업은 법인세, 관세 감면의 특혜를 받으며 성장한다. IT서비스 산업의 급여는 상대적으로 높다. 또 IT서비스 기업에서 나가는 비용의 대부분을 차지한다. 직원 급여를 줄여, 세금을 더 내 느니, 능력 있는 직원들을 챙겨주는 것이 낫다. IT서비스 산업 성장으로 인도 중산층이 두터워지게 된다. 중산층이 성장하며, 냉장고, TV, 에어컨 등 전자제품 수요가 늘고, 자동차 시장이 성장한다. 부동산 역시 그렇다.

2007년부터 인도 국내총생산(GDP)은 우리나라를 추월했다. 현재 인도 GDP는 세계 5위로 꾸준한 성장세를 유지하고 있다.

내돈내산 고등어로 썰어보는 "인도경제사"

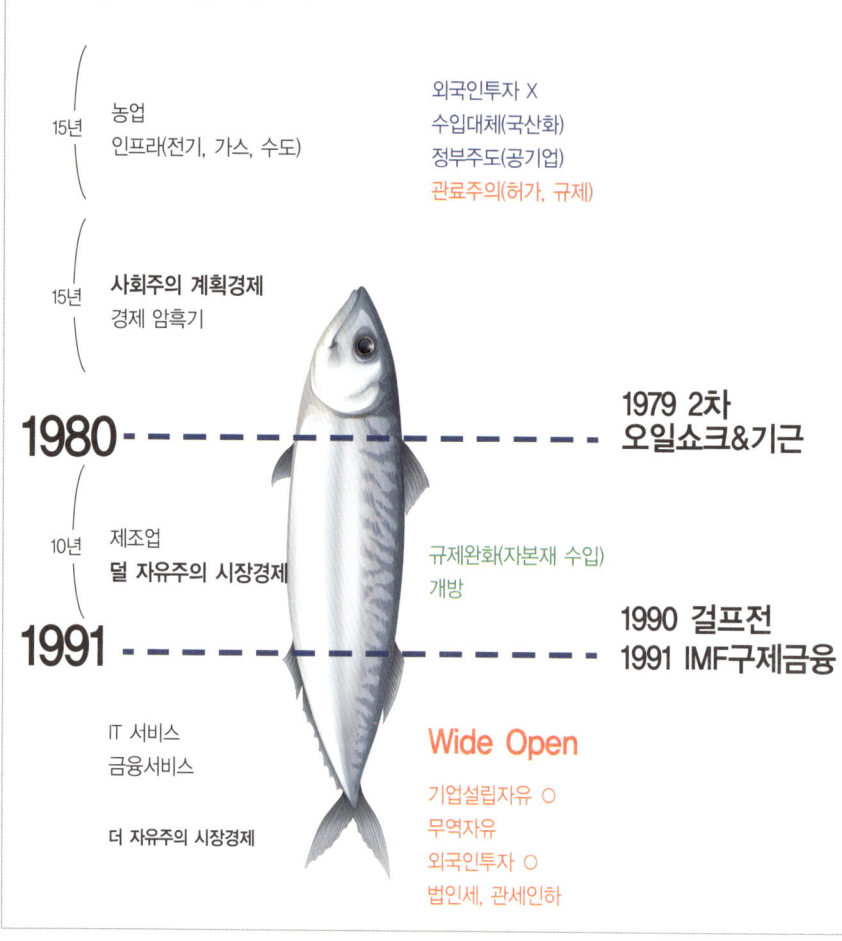

- 15년
  - 농업
  - 인프라(전기, 가스, 수도)
  - 외국인투자 X
  - 수입대체(국산화)
  - 정부주도(공기업)
  - 관료주의(허가, 규제)

- 15년
  - 사회주의 계획경제
  - 경제 암흑기

1980 - - - - - - - - - - 1979 2차 오일쇼크&기근

- 10년
  - 제조업
  - 덜 자유주의 시장경제
  - 규제완화(자본재 수입)
  - 개방

1991 - - - - - - - - - - 1990 걸프전
1991 IMF구제금융

- IT 서비스
- 금융서비스

Wide Open
- 기업설립자유 O
- 무역자유
- 외국인투자 O
- 법인세, 관세인하

더 자유주의 시장경제

인도경제사 요약. 일타강사 강황맨

인도의 미래

Nandan Nilekani 는 인도의 유명한 기업가이자, 관료이자, 정치인이다. 인도를 대표하는 IT서비스 기업 'INFOSYS'의 창립 멤버 중 하나이며, 2002년 부터 2007까지 INFOSYS의 CEO로 일했고, 현재 INFOSYS 비상임회장이다. 회사 밖에선 인도 정부 기술위원회 회장도 했고, 지구 역사상 최대 규모의 공공프로젝트인 Aadhaar 프로젝트를 지휘하여 성공시켰다. 아다하르는 13억명 등록한 생체정보기반의 디지털 주민등록시스템이다. 또한 사회사업가이자, 투자자이기도 하다.

Nandan Nilekani

생체정보기반 주민등록시스템

그는 2009년 TED 강의를 통해 'Ideas for India's Future'라는 제목으로 '인도의 미래'에 대해 논하였다. 강연 내용을 보길 추천한다. 강연 내용은 '충분한 일자리와 인프라(교육, 인프라, 보건, 환경)가 잘 구축된다면, 인도는 젊은 인구 덕에 폭발적으로 성장할 것이다.' 라고 요약할 수 있다. 이 메시지는 인도의 성장을 기대하는 이들에게 정설로 받아들여지고 있다. 이를 추진하는데 가장 큰 역할을 하는 정부 역시 그렇다.

TED강연
'인도의 미래'

5. 정부정책

인도 주요 정책

생산 연계 인센티브: Production Linked Incentive. 인도에서 생산되는 제품 판매 증가분에 대해 4%에서 6%의 인센티브를 주는 정책.

인도 정부는 젊은이들에게 일자리를 제공해야 하는 가장 큰 숙제를 안고 있습니다. 인도는 제조업을 집중 육성하여 글로벌 공급망의 중심이 되려 합니다. 2014년 모디 정부 출범 이후, 인도의 가장 중요한 정책은 'Make in India' 입니다. 인도 내 생산 시설을 많이 만들어, 제조업 중심의 일자리를 공급한다는 내용입니다. 자력만으로 해결하기 힘들기 때문에 외국인 투자가 필요합니다. 관세를 높여 제품 수입을 막고, 법인세 인하, 노동법 완화 등의 유인책으로 외국인직접투자(FDI) 유치에 총력을 기울이고 있습니다. COVID-19 이후엔 '자주 인도(Self-reliant India)'라는 표어 하에 제조업 육성에 더욱 박차를 가하고 있는데요. 중국을 떠나는 기업들을 유치하기 위해 '생산 연계 인센티브(PLI)' 정책을 추가했습니다.

제조업 유치를 위해, 산업 인프라 구축에도 힘쓰고 있습니다. 산업 벨트를 지정해 거점을 만들고, 도로, 항만, 항공, 철로 구축 사업을 진행해오고 있습니다. 2021년부터 각 사업을 통합관리하기 위해 'PM Gati Shakti' 프로젝트를 출범했습니다. 2024 회계연도 정부 예산 지출에서도 인프라 구축이 가장 중요한 부분을 차지하고 있습니다.

연도	정책
2016	화폐 개혁, 부동산 개혁, 기업파산법 개정
2017	세제 개편(GST 도입)
2018	정부 지원 보험 정책
2019	법인세 인하
2020	노동법 개편
2021	생산연계인센티브

모디 정부 집권 이후 주요 친기업 정책

2015년부터 디지털 환경 구축을 위해 시작된 'Digital India' 정책도 성공적입니다. 2009년부터 진행된 디지털 주민등록시스템 'Aadhaar'가 안착되었습니다. 세계 최대로 13억명 이상이 등록되었습니다. 신분 확인이 가능해지면서, 금융 거래의 기초가 마련됩니다. 2014년 'Jan-Dhan Yojana' 정책을 통해 금융소외층에게 은행계좌가 개설되고, 2016년부터는 모바일 인터넷 접속이 쉬워지며 모바일 금융 서비스 환경이 구축됩니다. 정부는 실시간 전자결제 서비스 'UPI (Unified Payments Interface)'를 구축하여 원활한 금융거래를 돕습니다. 디지털 금융거래가 급증하면서, 거래가 투명해지고, 세금 수입이 늘어납니다. 늘어난 세금은 인프라 등 공공투자에 사용되어, 경제를 선순환 시킬 것으로 기대합니다.

청정 에너지 환경을 조성하기 위한 '그린 뉴딜'에도 적극적입니다.

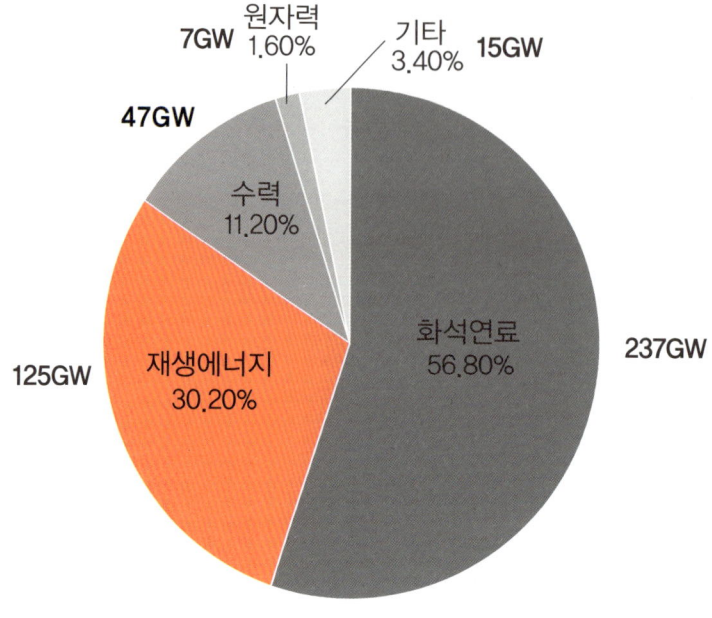

2023 인도 발전원별 비중. 인도전력부

태양광, 풍력의 재생 에너지 투자는 이미 성과를 보이고 있습니다. 2023년, 인도 발전설비의 30%를 재생에너지가 책임지고 있습니다. (2023 우리나라 재생에너지는 10% 수준). 인도의 태양광/풍력 발전단가는 석탄을 사용하는 화력발전소 보다 낮습니다. 사업성이 확보된 거죠. 정부는 2030년까지 재생에너지 발전량을 450GW로 늘린다는 계획입니다. 이 때문에 민간 기업들의 재생에너지 투자 역시 늘어나고 있습니다.

전기차, 배터리, 그린 수소 등의 신사업 역시 마찬가지입니다. 인도 청정 에너지 산업은 장기간 호황일 것입니다.

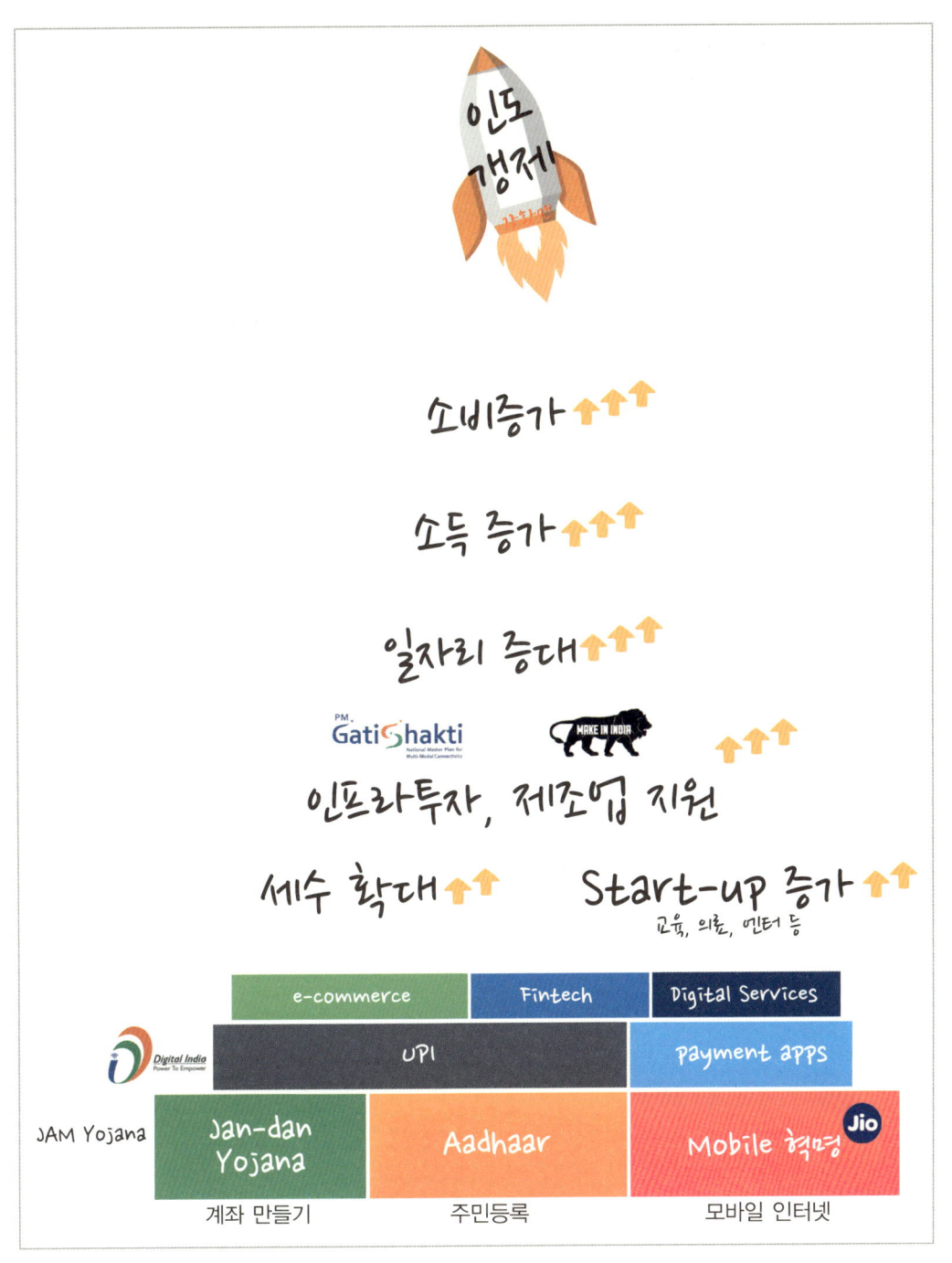

인도 경제 성장 시나리오. 강황맨

6. 자금유입

인도 시장을 긍정적으로 보는 건 저뿐만이 아닙니다.

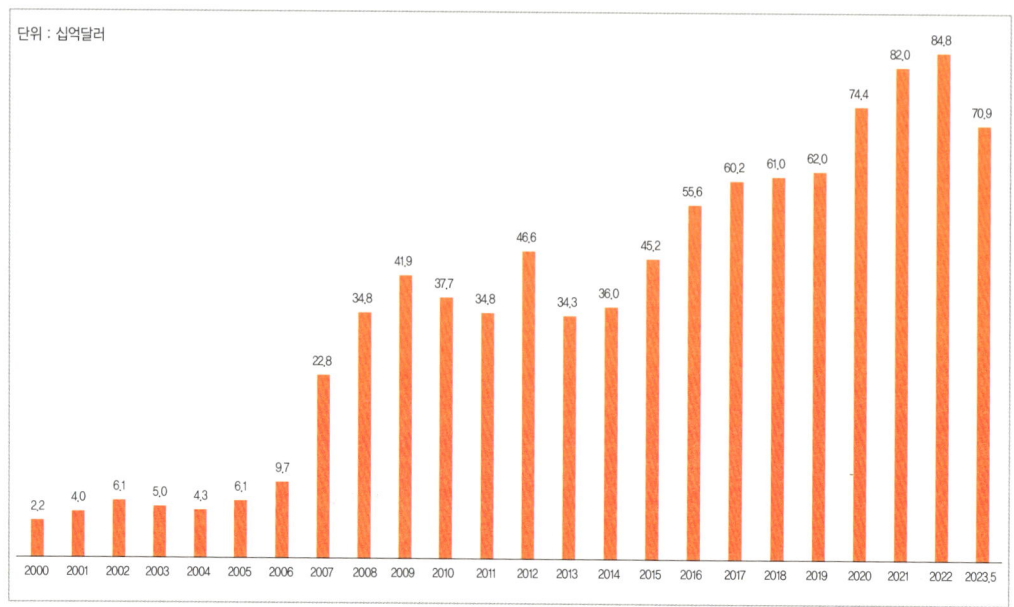

인도 연간 외국인직접투자(FDI) 유입. Reserve Bank of India, CNBC

인도로 향하는 '외국인직접투자(FDI)'는 꾸준히 증가하고 있습니다.

'Amazon'은 2014년과 2016년 각 20억, 30억 달러를 인도에 투자했습니다. 인도 전자상거래 시장을 새로운 성장 동력으로 낙점한 것입니다. 이어 2018년, '월마트'는 160억 달러를 투자해, 아마존과 경쟁하던 토종 전자상거래 기업 'Flipkart'를 인수합니다. 인도 안방에서 미국 유통 공룡 간 전쟁이 시작된 거죠. 2020년에는 '구글'과 '메타(페이스북)'가 인도 통신업 1위 'Jio Platforms'의 지분을 인수합니다. 2023년에는 '애플'의 아이폰을 위탁 제조하는 대만 'Foxconn'이 6억 달러를 들여 인도에 공장을 짓습니다. 미국 '마이크론' 역시 인도에 반도체 공장을 짓구요. 2024년은 '테슬라'의 대규모 투자를 기다리고 있습니다. 인도를 향하는 기업들의 투자는 지속될 것으로 보입니다.

외국인들의 인도 주식 투자(FPI)도 늘어날 것입니다.

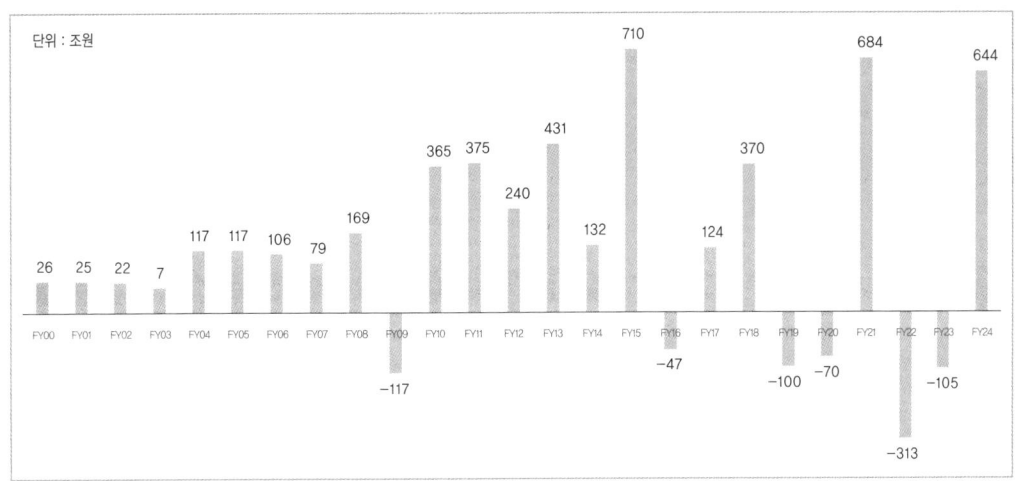

외국인 간접 투자(Foreign portfolio investment. FPI). CDSL

ETF나 펀드를 통한 '외국인 간접 투자(FPI)'가 증가하고 있습니다. COVID-19 팬데믹 때 빠져나간 자금은 2021 회계연도(FY21)에 다시 돌아왔다가, 지난 2년의 하락장 동안 다시 유출되었습니다. 하지만 2023년 들어 외국인간접투자가 강한 반등을 보이고 있습니다. 인도의 성장을 기대하는 많은 해외 투자가 인도 증시를 찾을 거라 예상합니다.

아직 외국인 일반투자자들은 직접 인도 증시에서 주식을 살 수 없습니다. 허나, 중국 증시가 개방된 것처럼, 인도 역시 열릴 수 있습니다. 그렇게 되면 많은 개인 자금이 성장성이 높은 인도 증시를 찾을 것입니다.

한편, 인도 사람들은 원체 금, 부동산과 같은 실물 자산을 좋아합니다. 세금 안 내고 모은 돈이 많고(지하경제가 크고), 금융 서비스에 대한 신뢰가 낮기 때문입니다.

하지만 코로나바이러스 팬데믹 이후 큰 변화가 있었습니다. 팬데믹 기간 중 많은 인도 사람들이 주식 투자에 눈을 떴습니다. 온라인 주식 계좌(Demat Account)개설이 늘어나며, 많은 인도 자금이 주식 시장으로 들어오게 된 겁니다.

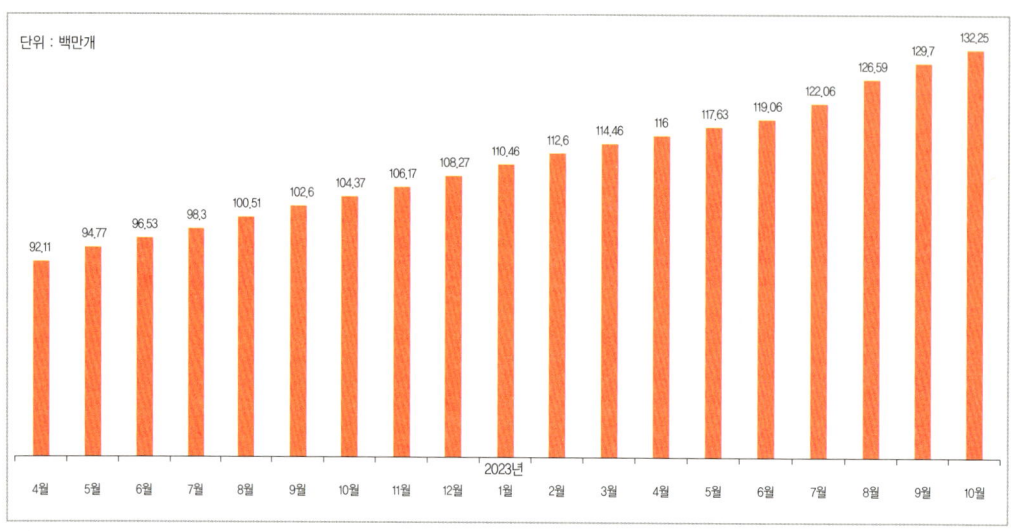

인도 온라인주식계좌 수(Demat Accounts). SEBI, NSDL

해당 기간의 주식 투자 성과가 좋았다는 게 첫번째 이유입니다. 또 인터넷 속도가 빨라지고, 스마트폰 보급이 늘어났으며, 저렴한 데이터 요금 덕분에 모바일 거래가 수월해진 덕도 보았습니다. 여기에 주식투자를 중개하는 핀테크 스타트업 등장으로 중계 수수료가 낮아지고, 투자 정보를 얻기 쉬워졌기 때문입니다.

2023년 10월 기준. 인도 대표 증권거래소인 NSE(National Stock Exchange)를 통해, 인도 주식 시장에 투자하는 투자자가 8천만 명에 이릅니다. NSE에 개설된 1억 6천만개 개정 중 중복된 것을 제외한 숫자입니다. 이를 가구수로 환산하면, 5천만으로, 인도 전체 가구의 17%가 주식에 투자하고 있는 겁니다.

펀드 등 간접 투자 상품도 마찬가지입니다.

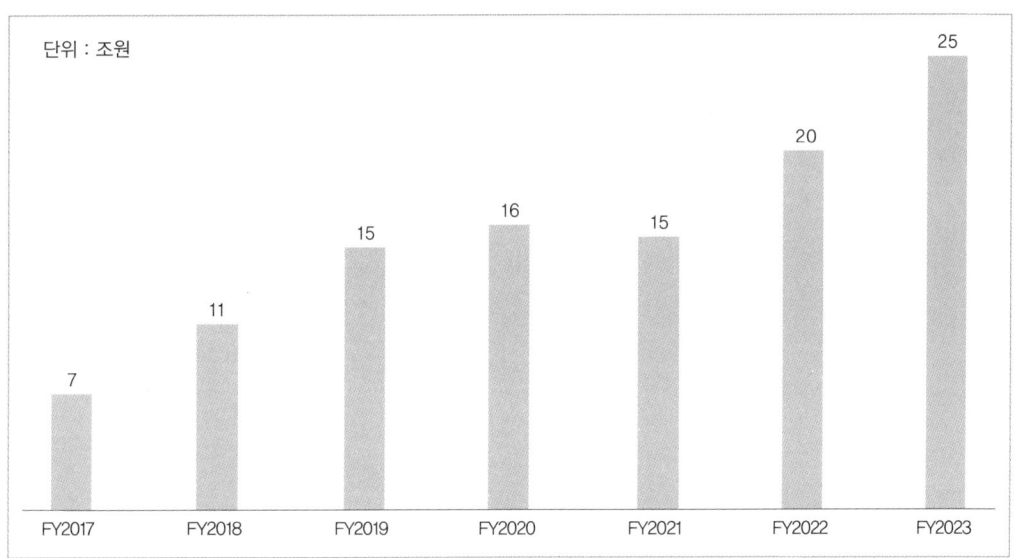

인도 SIP(Systemic Investment Plan) 유입액. IIFA

'적립식 펀드 투자(SIP)'가 꾸준히 증가하며, 인도 증시 상승을 견인하고 있습니다. 이제 인도 증시는 인도 국민이 떠 받칩니다.

7. 국제적인 영향력

인도는 미국 외교 전략의 핵심 국가입니다. 미국과 중국의 패권 다툼이 본격화되며, 인도의 영향력이 커지고 있습니다. 저에겐 보너스입니다. 인도 투자를 시작할 때 고려하지 않았던 요소거든요. 인도는 국제 정치에 적극적으로 참여하여 자국의 이익을 극대화하고 있습니다.

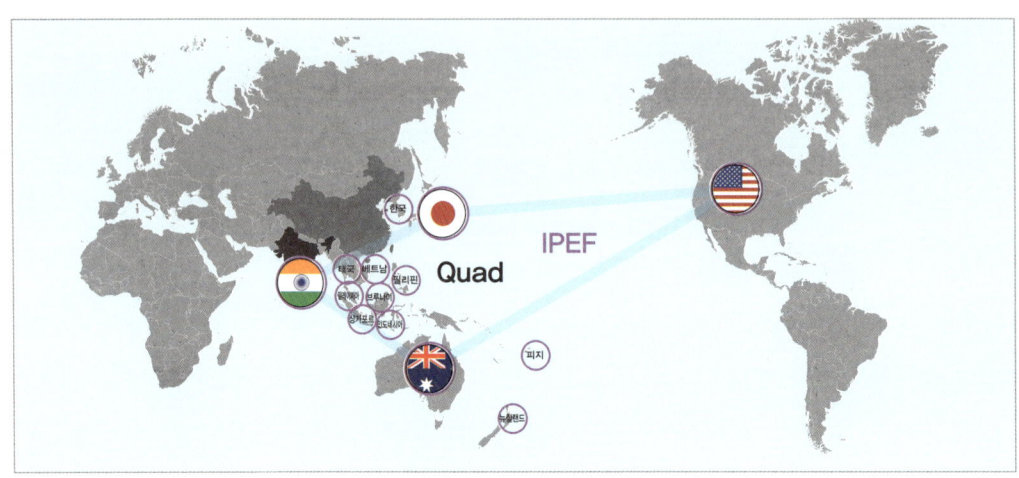

인도-미국의 군사, 경제 동맹

미국은 성장하는 중국을 견제하기 위해 인도의 도움이 필요합니다. 인도는 중국과 국경을 맞대고 있으며, 국경 분쟁으로 무력 충돌이 있을 정도로 사이가 나쁩니다. 인도는 파키스탄, 방글라데시, 네팔, 스리랑카, 미얀마 등 인접국에 큰 영향력을 미치는, 서남아시아 패권국입니다. 중국을 견제할 수 있는 힘을 갖추고 있죠.

원래 미국과 인도는 사이가 좋지 않았습니다. 미국이 오랜 기간동안, 인도의 주적인 파키스탄을 지원했기 때문입니다. 하지만 이제 미국은 중국을 견제하

세계 국방력 순위
(Global Firepower):
1.미국, 2.러시아,
3.중국, 4.일본, 5.인도

기 위해 Quad(미국, 일본, 인도, 호주 안보동맹)와 IPEF(인도·태평양 경제 프레임워크)로 인도를 끌어들이고 있으며, 인도가 원하는 당근을 주고 있습니다.

바로 제조업입니다. 인도 경제는 내수 중심으로, 오랜 기간 무역적자와 경상적자를 겪고 있습니다. 서비스업 비중이 높은 산업 구조를 바꾸고 싶습니다. 일자리를 많이 만들고, 외화를 벌어들이는 제조업을 부흥하고 싶습니다. 특히, 부가가치가 높은 IT, 반도체, 자동차, 2차전지 등, 미래 산업을 원합니다. 미국은 중국에 편중되었던 공급망을 다변화해야 하는 입장입니다. 거대 소비 시장을 갖고 있고, 전략적 동맹이 필요한 인도에 공장을 만들지 않을 이유가 없습니다. 둘의 이해관계가 맞아 떨어진 것입니다. 인도가 미국의 제조업 공급망에 편입되면, 인도 경제의 성장 속도는 더욱 빨라질 전망입니다. 이미 IT 소프트웨어 경쟁력을 갖춘 인도에 제조업까지 모인다면, 글로벌 산업의 중심이 될 것입니다. 1990년대 이후 중국이 전자제품 생산을 통해 성장한 역사가 인도에서 반복될 수 있습니다.

미국의 인도 투자가 늘고 있습니다. 애플은 인도를 생산거점으로 확정했습니다. 인도 산 아이폰 생산비중을 현재 5%에서 2025년까지 25%로 늘리겠다 발표했습니다. 중국을 대체하는 제조 기지로 낙점된 것입니다. 인도가 원하는 반도체 사업도 들어옵니다. 마이크론은 약 3조7천억원을 투자해 인도 구자라트에 반도체공장 건설 중입니다. 반도체 기업 AMD도 2028년까지 인도에 약 4억 달러를 투자하여 디자인센터를 건립할 계획입니다. 전기차 기업 테슬라 역시 인도 진출을 추진중입니다. 최소 2조6천억원 이상을 투자해, 배터리 공장을 포함한 기가 팩토리를 건설할 것이라 밝혔습니다. 기술력을 보유한 대기업의 진출로 후발 주자들의 인도 투자가 이어질 것으로 기대됩니다.

국제 정치에서도 인도의 영향력이 눈에 띕니다. 인도 출신 정치인이 많습니다. '2021년 조사에 따르면 200명 이상의 인도계 사람들이 최대 15개국에서 지도자로 활동하고 있으며, 60명 이상이 장관직을 맡고 있습니다. 영국 최초의 유색인종 총리인 리시 수낙(Rishi Sunak), 미국 최초의 여성이자, 최초의 유색인 부통령 카말라 해리스(Kamala Harris), 2015년부터 포르투갈 총리를 맡고 있는 안토니오 코스타(Antonio Costa)가 대표적입니다.

글로벌 경제계뿐만 아니라 정치에도 인도 바람이 강하게 불고 있습니다.

8. 기관 전망

인도 경제 전망은 긍정적입니다. 2023년 GDP성장률이 6.3%로 나올 것으로 예상되는데요. 이는 G20 중 두 번째로 높고, 신흥국 평균의 두 배에 육박하는 숫자입니다.

내년에도 주요국 중 가장 높은, 6%대의 성장이 기대됩니다.

기관	인도	중국	미국	한국
IMF	6.3	4.6	1.5	2.2
World Bank	6.3	4.5	2.1	2.1
S&P	6.4	4.6	1.5	2.3
Moody's	6.7	4.0	1.9	2.4
Nomura	6.7	3.9	1.3	1.5

2024년 주요국 GDP성장률 전망(%)

'Moody's'와 '노무라'가 6.7%로 가장 높은 예상치를 내놓았고, '국제통화기금(IMF)'과 '세계은행(World Bank)'이 가장 보수적인 6.3%로 전망했습니다. 강력한 내수 소비와, 공공 인프라 투자 그리고 금융 서비스 증가 등이 성장을 이끌 것으로 봅니다.

중기 전망도 좋습니다. '국제통화기금(IMF)'은 인도가 2027년까지 일본과 독일을 제치고 세계 3위 경제 대국으로 부상할 것이라 전망합니다. 반면 세계 경제는 우크라이나 전쟁, 인플레이션, 팬데믹의 여파로 느리게 회복될 것이라 합니다. 세계 경제 성장률은 2022년 3.5%에서, 2023년 3%, 2024년에는 2.9%로 더 떨어질 거라 예상합니다. 세계 경제와 비교하면, 인도의 성장은 더욱 고무적입니다.

기간	중국	독일	일본	미국	인도	전세계
2022-2025	4.9	2.0	1.1	2.2	8.2	3.7
2026-2030	3.7	0.7	0.6	1.6	5.9	2.7
2031-2035	2.9	0.7	0.5	1.5	4.7	2.3
2036-2040	2.1	0.8	0.4	1.4	3.8	1.9
2041-2045	1.6	0.9	0.3	1.4	3.1	1.7
2046-2050	1.3	0.9	0.2	1.3	2.7	1.5
2051-2055	1.3	0.9	0.4	1.3	2.4	1.5
2056-2060	1.2	1.0	0.5	1.3	2.3	1.5

2022-2060년 기간 주요국 평균 GDP 증가율 예상(%). OECD, IMF, EY

EY의 시나리오에 따르면, 인도의 성장률은 매년 미국, 중국, 세계 평균을 앞지를 것입니다. 2048년이되면 인도 GDP는 30조 달러를 넘습니다. 이 때 세계 GDP(구매력기준)에서 인도 경제가 차지하는 비중은 19.6%가 됩니다.

2022년 미국 GDP: 27조 달러, 전 세계에서 미국 경제가 차지하는 비중: 18%

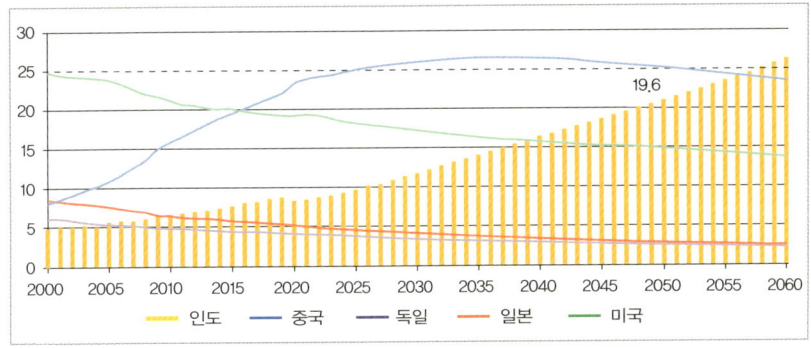

국가별 세계 GDP(PPP) 점유율. OECD, IMF, EY

2048년 인도 GDP가 2023년 GDP 3.7조 달러의 8배 증가하는 것입니다. 25년 후에, 명목 GDP가 8배가 된다는데, 증시가 10배 이상 오르길 기대하는 것이 무리는 아니죠.

9. 과거 성과

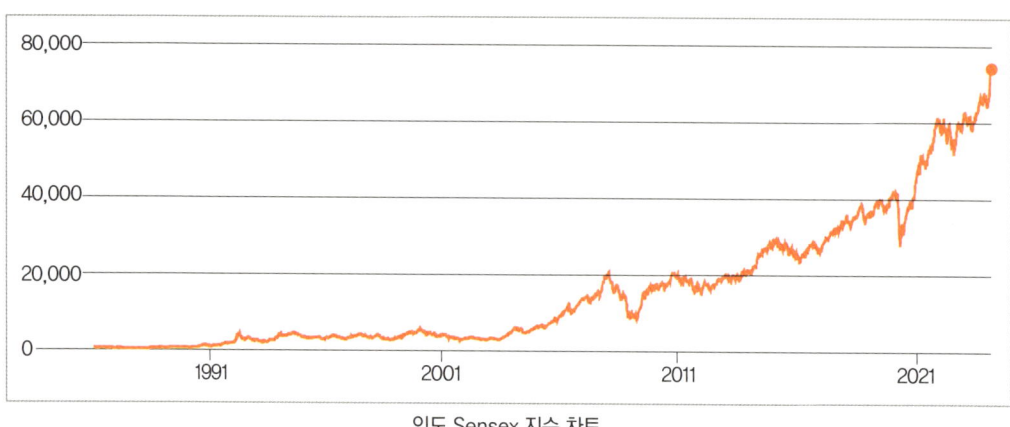

인도 Sensex 지수 차트

과거 인도 주가지수의 성과는 탁월했습니다. 인도 주가지수는 꾸준히 상승해왔습니다. 불안하게 움직일 때도 있었지만, 결국 GDP 상승과 같이 올랐습니다.

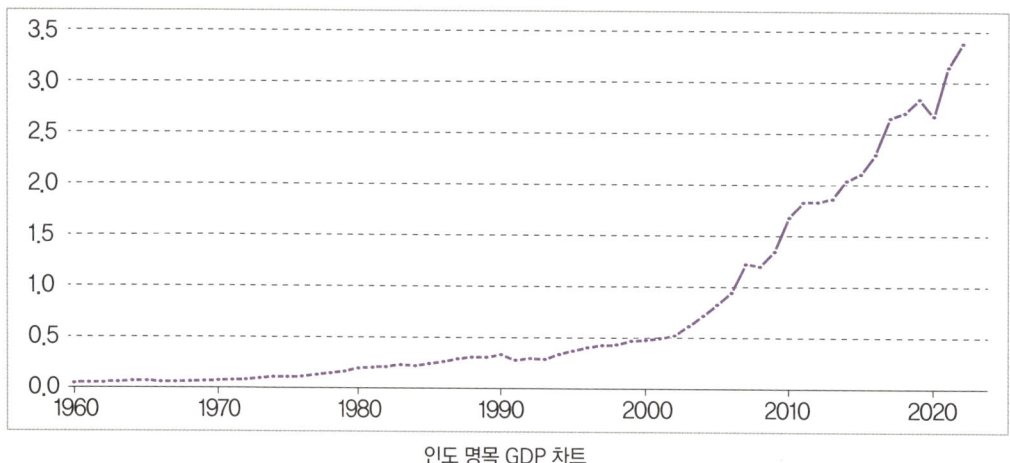

인도 명목 GDP 차트

수익률은 기하급수적으로 성장합니다. 2000년대 후반부터 추세가 가팔라졌습니다.

2023년 12월 말 기준으로 보면, 최근 5년간 Sensex지수 수익률은 100%로, 연평균 14.5% 이상 상승했습니다.

지난 20년간 인도 주가지수 수익률을 다른 주요 지수와 비교하면, 인도 주가지수의 성과가 더 드라마틱해 보입니다.

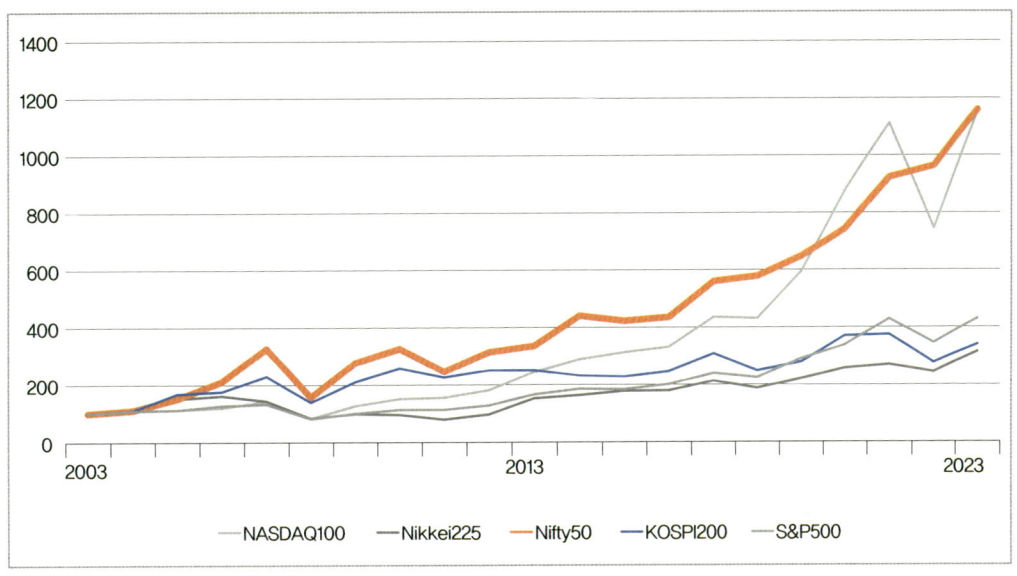

2000년 이후 주요 지수 비교

인도 NIFTY50는 11.58배 상승해, 11.51배 오른 NASDAQ을 제치고 가장 높은 성과를 기록했습니다. 3.4배 오른 우리나라 KOSPI200 보다 세 배 이상 높은 수익입니다.

지난 성과를 보여드리는 이유는, 과거가 좋았으니 미래도 좋을 것이라 말씀드리기 위함이 아닙니다 인도에 대한 부정적인 시각이 지금보다, 예전에 더 심했다는 것을 강조하기 위해서입니다. 우리나라 사람 대부분이 인도를 못사는 나라로 치부하고, 무시했습니다. 그러는 동안 인도 경제와 주식시장은 놀라운 성장을 기록해 왔습니다.

많은 사람이 우려하는 문제는 개선됩니다. 인도를 부정적으로 보는 분들은, 인도가 안되는 이유들을 늘어놓습니다. 하지만 어려움이 해결될 가능성은, 그렇지 않을 가능성보다 높습니다. 인도에 계신 한국분들 사이에서 인도를 표현하는 재미있는 말이 있는데요. '되는 게 없는 것 같지만, 다 되는 나라' 라는 말입니다. 저도 체감했습니다. 인도 살이에 불편함이 많았지만, 지난 십여년간, 전력, 교통, 통신, 자동차, 쇼핑 및 서비스 등, 거의 모든 영역에서 개선이 있었습니다. 발전 속도는 기하급수적으로 빨라지는 것 같아요. 인도는 발전합니다. 인도 증시 또한 과거보다 앞으로가 더욱 좋을 것이라 믿습니다.

다행히 최근 들어 인도를 대하는 분위기가 많이 달라지는 걸 느낍니다. 여러 언론과 금융사들이 인도의 성장성에 대해 조명하기 시작했습니다. 인도에 대한 투자자들의 관심도 커지고 있구요.

다음 장에서는 인도 주식시장을 소개하겠습니다. 인도 주식시장을 통해서 인도에 대해 좀 더 이해하실 수 있길 바랍니다.

2장 인도 주식시장

1. 인도 주식시장 개요
    - 두 개의 거래소
    - 주가지수
    - 투자자 현황
    - 가치평가 Valuation

[일타강사 강황맨] 인도 10대 기업 집단

[일타강사 강황맨] 인도 재벌의 뿌리

2. 주요 기업
    - TOP 10 훑어보기
    - TOP 100 훑어보기

3. 주요 산업
    - 은행
    - IT서비스
    - Reliance Industries(정유/화학/유통/통신)
    - FMCG
    - 자동차
    - 전력
    - 제약

1. 인도 주식시장 개요

[두 개의 거래소]

2023년 말 기준, 인도는 시가총액 4조 달러(USD)의 세계 4위 주식시장을 가지고 있습니다(미국 48조 USD, 중국 9조 USD, 일본 6조 USD).

그리고 인도에는 두 개의 증권거래소가 있습니다.

BSE Bombay Stock Exchange		NSE National Stock Exchange
Bombay Stock Exchange	이름	National Stock Exchange
1875	설립	1992
+5,300 개	상장기업 수 주식시장에서 거래되는 기업 수	+1,600개
3.8조 달러	시가총액	4.2조 달러
월-금 오전 9:30~오후 4:00	거래시간	월-금 오전 9:30~오후 4:00
T+2	결제일 거래 체결 후 정산되는 날짜	T+2
 S&P BSE SENSEX	대표 주가지수	 Nifty50

NSE(National Stock Exchange)와 BSE(Bombay Stock Exchange)입니다. 2023년 말 시가총액 기준으로 NSE(내셔널 증권거래소)가 세계 7위, BSE(봄베이 증권거래소)가 세계 9위 수준입니다(우리나라 KRX는 세계 13위).

이 두 거래소에 상장된 기업들의 시가총액은 4조 달러 USD가 넘습니다. 우리 돈으로 5,000조원 이상이지요. 월간 거래 규모는 600조원이 넘구요.

두 거래소 모두, 인도 경제 수도 뭄바이(구 봄베이)에 위치하고 있으며, 거래 시간과 결제 프로세스 역시 동일합니다.

한국증권거래소
1956년 설립

BSE는 1875년에 거래가 시작된, 아시아에서 가장 오래된 주식시장입니다. 반면, NSE는 후발주자입니다. 1994년에 온라인거래시스템을 도입하며 경쟁에 뛰어 들었습니다. 이듬 해인 1995년, BSE도 온라인거래시스템을 구축했고, 현재 두 거래소는 완전 경쟁 중입니다.

무슨 말이냐? 같은 주식을 두 거래소 어디서나 사고 팔 수 있고, 거래 조건에도 차이가 없다는 말입니다. 우리나라 주식시장은 유가증권시장(KOSPI)과 코스닥시장으로 나눠져 있습니다. 그리고 각 시장에서 거래되는 기업이 완전히 다릅니다. '삼성전자'를 코스닥에서 살 수 없죠. '에코프로비엠'을 KOSPI에서 검색하면 안 나옵니다. 두 시장에서 거래되는 상품이 완전 다릅니다.

하지만 NSE와 BSE, 두 거래소에는 같은 기업을 동시에 볼 수 있습니다. 같은 상품을 파는 경쟁사인 겁니다. 이마트와 롯데마트의 관계 같달까요? 가끔 같은 주식이 두 시장에서 다른 가격으로 체결되는 경우가 발생하기도 합니다. 하지만 차익거래에 의해 빠르게 같은 가격을 되찾습니다. 따라서 두 시장에서 같은 조건으로 동일한 주식을 살 수 있다하겠습니다. 하지만 모든 주식이 동시에 상장되어 있는 건 아닙니다.

차익거래 :
동일한 상품이 파는 곳에 따라 가격이 다를 때, 싼 곳에서 사고 비싼 곳에서 되파는 방식으로 무위험 이익을 내는 것

두 시장의 가장 큰 차이점은 '상장 기업 수'입니다. 긴 역사를 가진 BSE는, 오래된 기업들이 많이 상장되어 있습니다. 두 거래소 간 상장 요건도 차이가 있기 때문에 BSE에서 더 많은 주식을 볼 수 있습니다. 하지만 BSE에 '만' 상장된 기업들은 회사 크기가 작고, 거래도 거의 없는 것들이 대부분입니다. 주요 기업은 NSE에 상장된 1,600여개에 거의 포함됩니다. 오히려 거래량은 NSE가 많습니다. NSE가 더 인기 있는 주식시장입니다. 인도에서 주식 투자하시는 교민들도 대부분 NSE를 통해 거래하는 경우가 많습니다.

[주가지수]

오랫동안 BSE에서 만든 'SENSEX'가 인도를 대표하는 주가지수였으나, 현재는 'Nifty50'가 더 훨씬 많이 사용되고 있습니다.

S&P BSE SENSEX		Nifty50
30	보유종목수	50
유동시가총액	비중	유동시가총액
1979.04.01	기준일	1995.11.03

유동시가총액 :
대주주 지분, 보호예수 물량 등을 제외한, 실제 유통 가능 주식의 시가총액

보호예수물량:
의무 보유기간 내에 있어 거래가 안되는 주식

SENSEX는 'Sensitive Index'의 줄임말입니다. BSE에 상장된 30개 기업의 주식으로 구성되었으며 유동시가총액 비중으로 편입됩니다. 1971년 100포인트로 시작하였습니다.

Nifty50는 'CNX Nifty' 또는 그냥 'Nifty' 라고도 불립니다. NSE에 상장된 50개 대표 기업으로 구성되었습니다. 역시 유동시가총액 비중으로 운용됩니다. 1995년 1,000포인트로 시작했습니다. 우리나라에 상장되어 있는 인도 ETF 모두가 Nifty50를 벤치마크(비교지수)로 사용합니다. 또 여러 인도 펀드들 역시 Nifty50를 기준으로 펀드 운용 성과를 평가받습니다.

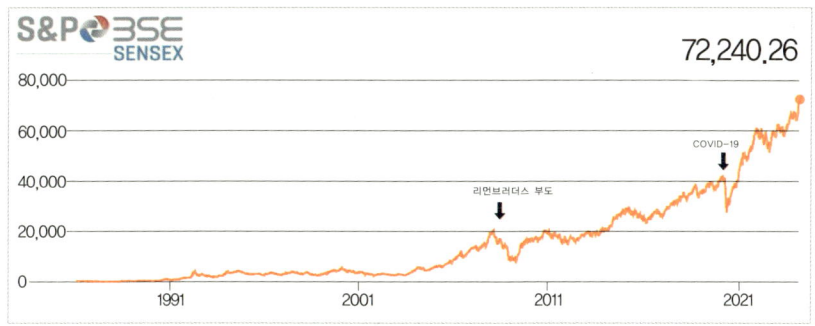

BSE의 SENSEX 지수는 1971년 4월 1일 100 포인트에서 2023년 12월 31일 72,240 포인트로 마감하였습니다. 약 52년 동안 722배 상승했습니다.

SENSEX 지수를 구성하는 기업들은 아래와 같습니다.

S&P BSE SENSEX 구성 기업

회사명	산 업	회사명	산 업
Asian Paints	Paints	Mahindra & Mahindra	Automobile
Axis Bank	Banking – Private	Maruti Suzuki	Automobile
Bajaj Finance	Finance (NBFC)	Nestlé India	FMCG
Bajaj Finserv	Finance – Investment	NTPC	Power generation /Distribution
Bharti Airtel	Telecommunication – Provider	Power Grid Corporation of India	Power generation /Distribution
HCL Technologies	IT Services & Consulting	Reliance Industries Limited	Conglomerate
HDFC Bank	Banking – Private	State Bank of India	Banking – Public
HUL	Household & Personal Products	Sun Pharma	Pharmaceuticals
ICICI Bank	Banking – Private	Tata Motors	Automobile – LCVS/HVCS
IndusInd Bank	Banking – Private	Tata Steel	Iron & Steel
Infosys	IT Services & Consulting	Tata Consultancy Services	IT Services & Consulting
ITC Limited	Cigarettes & FMCG	Tech Mahindra	IT Services & Consulting
JSW Steel	Iron & Steel	Titan Company	Diamond & Jewellery
Kotak Mahindra Bank	Banking – Private	UltraTech Cement	Cement
Larsen & Toubro	Engineering & Construction	Wipro	IT Services & Consulting

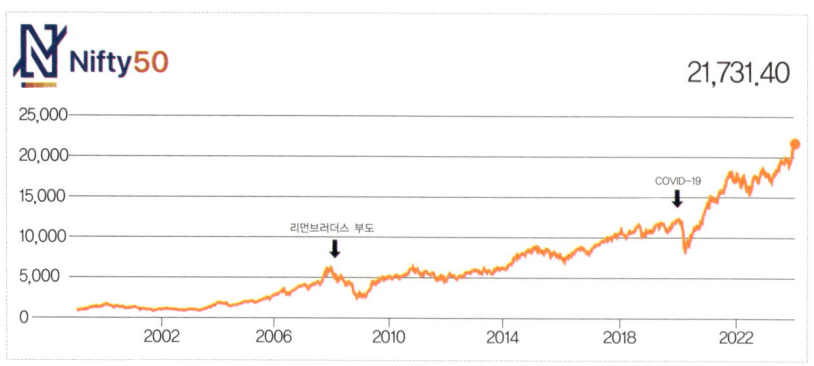

NSE의 Nifty50 지수는 1995년 11월 3일 1,000 포인트로 시작해서, 2023년 12월 31일 21,731포인트로 마감하였습니다. 약 28년간 약 21배 상승했습니다.

Nifty50 지수를 구성하는 기업들은 아래와 같습니다.

Nifty50 구성 기업

회사명	산업	회사명	산업
Adani Enterprises	Diversified	Infosys	Information Technology
Adani Ports & SEZ	Infrastructure	ITC Limited	Consumer Goods
Apollo Hospitals	Healthcare	JSW Steel	Metals
Asian Paints	Consumer Durables	Kotak Mahindra Bank	Banking
Axis Bank	Banking	Larsen & Toubro	Construction
Bajaj Auto	Automobile	Mahindra & Mahindra	Automobile
Bajaj Finance	Financial Services	Maruti Suzuki	Automobile
Bajaj Finserv	Financial Services	Nestlé India	Consumer Goods
Bharat Petroleum	Energy – Oil & Gas	NTPC	Energy – Power
Bharti Airtel	Telecommunication	Oil and Natural Gas Corporation	Energy – Oil & Gas
Britannia Industries	Consumer Goods	Power Grid Corporation of India	Energy – Power
Cipla	Pharmaceuticals	Reliance Industries	Energy – Oil & Gas
Coal India	Energy & Mining	State Bank of India	Banking
Divi's Laboratories	Pharmaceuticals	SBI Life Insurance Company	Insurance
Dr. Reddy's Laboratories	Pharmaceuticals	Sun Pharmaceutical	Pharmaceuticals
Eicher Motors	Automobile	Tata Cons. Prod	Tea/Coffee
Grasim Industries	Materials	Tata Motors	Automobile
HCL Tech	IT Services & Consulting	Tata Steel	Metals
HDFC Bank	Banking	Tata Consultancy Services	Information Technology
HDFC Life	Insurance	Tech Mahindra	Information Technology
Hero MotoCorp	Automobile	Titan Company	Consumer Goods
Hindalco Industries	Metals	UltraTech Cement	Cement
Hindustan Unilever	Consumer Goods	United Phosphorus Limited	Chemicals
ICICI Bank	Banking	Wipro	Information Technology
IndusInd Bank	Banking		

[투자자 현황]

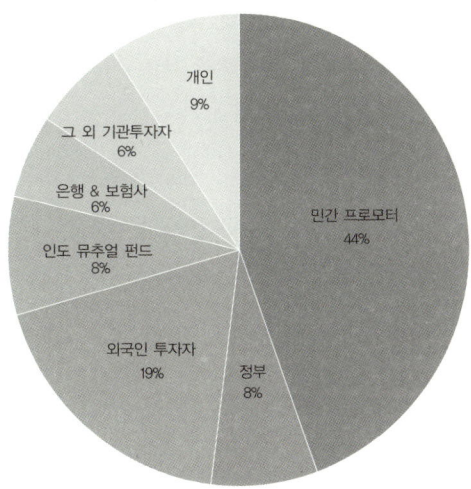

인도 주식 투자 주체. 2022년 12월 기준. NSE

인도 주식시장에서 가장 많은 주식을 보유하고 있는 주체는 '민간 프로모터(지배주주)'입니다. 인도는 우리나 선진국에 비해 지배주주의 소유 비중이 높은 게 특징입니다. 그리고 공기업이 많아, 정부 보유 주식이 많습니다. 정부도 대부분 지배주주입니다. 이 둘을 합하면 전체 주식의 반이 넘습니다. 지배주주의 주식은, 회사를 지배하기 위한 것으로 거래(유통)가 되지 않습니다. 따라서 현재 인도 주식의 반 이상이 거래되지 않는 주식이라 볼 수 있습니다.
'기관 투자자'는 자산운용사(펀드), 은행, 보험사 등 주식에 투자해 시세차익과 배당을 얻으려는 전문 투자사를 말합니다. 인도 기관 투자자들은 인도 주식의 20%를 보유하고 있습니다. 이 비중은 늘고 있는데, 특히 '인도 뮤추얼 펀드(자산운용사)'에 투자금이 유입되는 점은 인도 증시 전망에 긍정적이라 생각합니다.
'외국인 투자자'는 외국에서 인도에 투자한 '외국 기관 투자자'를 말합니다. 우리가 인도펀드나 ETF에 투자하면 여기에 집계됩니다.
'개인'은 전체 상장주식의 9%를 갖고 있습니다. 상대적으로 비중이 낮습니

1락(Lahk) =100,000.
1Lahk 인디아루피(INR)
는 약 160만원,
2락은 약 320만원

다. 개인 투자자 중 대부분이 2락 루피(INR)이하의 소액 투자자들입니다. 인도 주식 투자에 대한 관심은 갈수록 늘어날 것입니다. 인도 주식 시장이 개방될 가능성도 높습니다. 앞으로 지배주주 보유 비중은 축소될 가능성이 크다고 생각합니다. 지배력 유지를 위한 최소한만 갖고, 나머지는 매각될 것이므로 유통 주식수는 더 늘어날 것입니다. 인도 국민들의 주식 투자가 늘어나면서, 뮤추얼 펀드와 개인 비중도 갈수록 증가할 것으로 기대합니다.

[가치 평가(Valuation)]

PER :
Price Earning Ratio

인도 주식 시장은 기업이 내는 순이익 대비, 거래되는 가격이 비쌉니다(순이익 대비 시가총액이 크다). 다른 말로 하면 '주가수익비율(PER)'이 높은거죠. PER 은 주가가 순이익 대비 몇 배인지 나타냅니다. 순이익이 5인데, 주가가 50이라면 PER은 10배로 계산됩니다. 배수가 높을 수록, 주가에 많은 기대가 반영되어 있다는 의미입니다. 앞으로 벌어들일 돈이 많으니, 프리미엄을 주고 주식을 산 것으로 볼 수 있죠. 예를 들어, 바이오 벤처 기업 주식은 PER이 매우 높은데요. 지금 당장은 못 벌지만, 신약이 개발되면 대박을 낼 수 있기 때문입니다. 이를 노리고 높은 가격을 쳐주는 거죠. 이것을 성장 프리미엄이라 부릅니다.

Nifty50 지수와 P/E. trendlyne

같은 맥락으로, 인도 증시는 우리나라 증시보다 높은 성장 프리미엄을 받고 있습니다. 2023년 12월 우리나라 KOSPI의 PER은 19배이고, 인도 Nifty50는 23배입니다.

Nifty50의 PER은 2021년 40배까지 치솟기도 했는데요. COVID-19 펜데믹 때문에 순이익이 급감한 상황에서, 풍부한 유동성(돈)이 주가를 끌어 올렸기 때문입니다. 이런 특이 상황을 빼면, 인도 주식시장은 보통 PER 20배에서 30배 사이에서 움직이고 있습니다. 저는 가끔씩 주가지수의 PER을 확인합니다. 시장의 과열, 침체 여부를 가늠하는 데 유용합니다.

GDP 대비 총 시가총액 비율
104%
최근 10년 최대 119%, 최소:58%
미국 174%, 한국 100%

Buffett indicator

다른 지표로 소위 '버핏지수'라 불리는 'GDP 대비 시가총액'도 참고합니다. 지난 10년 인도 버핏지수는 최대 119까지 올라갔었고, 최저 58까지 내려갔었습니다. 과거 기록에 빗대어 보면, 100에 가까우면 다소 부담을 느끼고, 70이하면 많이 빠졌다 판단할 수 있습니다.

인도 10대 기업 집단

본격적으로 인도 기업을 보기 전에, 인도 유명 기업 집단에 대해 알아보겠습니다.

1. Tata Group
2. Reliance Group
3. HDFC Group
4. Adani Group
5. Bajaj Group
6. ICICI Group
7. L&T Group
8. Aditiya Birla Group
9. Mahindra Group
10. JSW Group

Tata Group
인도 최대 재벌, 인도의 삼성그룹

홈페이지

1868년 설립된 인도를 대표하는 유서 깊은 재벌입니다. 우리에게는 '대우상용차' 인수로 유명한 Tata는, 인도인들에게 가장 사랑받는 브랜드입니다. 소금(Tata salt)부터, 호텔(Indian Hotels Company), 항공(Air India), 방송, 철강, 전력, IT서비스, 그리고 마시는 차(Tetley tea)에서, 타는 차(Tata Motors)까지 손을 안 댄 산업이 없을 정도입니다. 그 중 'Tata Motors'가 가장 큰 매출을 내고 있으며, 'Tata Consultancy Services(TCS)'가 가장 큰 이익을 내고 있습니다.

최근에는 그룹 차원에서 전기차 생태계를 만드는 데 집중하고 있습니다. 인도 전기차 1위 Tata Motors를 중심으로, 계열사의 역량을 모두 동원하여 배터리부터, 충전 시스템까지 전기차를 위한 전 시스템을 구축하려 합니다.

Tata는 사회적 책임을 실천하는 기업으로 유명한데. 지주사인 'Tata Sons'의 지분 66%을 자선단체인 'Tata Trust'가 보유하고 있어, 기업 이익이 사회로 환원되는 지배구조를 만들었습니다. 이 때문에 인도인들의 많은 존경을 받고 있습니다.

2023.12월 기준, 주요 상장 계열사의 시가총액은 약 392조원입니다.

〈주요 상장사〉

기업명	산업	시가총액 (조원)	매출 (조원)
Tata Consultancy Services	IT서비스	223.9	36.7
Titan Company	주얼리, 시계, 안경	51.5	6.5
Tata Motors	자동차	42.5	55.4
Tata Steel	철강	26.3	38.9
Trent	소매 (의류, 패션 등)	16.9	1.3
Tata Power	전력	16.7	8.6
Tata Consumer Products	FMCG	14.8	2.2

매출 FY2023기준

홈페이지

Reliance Industries Group
인도 시가 총액 1위. 인도 경제의 리더.

삼성그룹 이재용 회장이 참석한 인도 결혼식 기억나시나요? 릴라이언스 인더스트리스의 회장이자, 아시아 최고 부자로 등극했던 '무케시 암바니(Mukesh Ambani)'의 잔치였습니다.

릴라이언스는 1958년 '디루바이 암바니(Dhirubhai Ambani)'에 의해 무역 회사로 시작했습니다. 60~80년대 주사업은 합성섬유였습니다. 90년대 이후 정유, 석유화학 산업으로 진출하며 본격적으로 성장합니다. 그룹은 2002년 두 아들에게 상속되었는데요. 큰 아들 무케시가 정유, 석유화학, 에너지(석유, 가스) 사업을 물려받아 '릴라이언스 인더스트리스'의 적통을 잇습니다.

릴라이언스는 세계에서 가장 큰 정유-화학 시설을 보유하고 있으며, 에너지 개발 부터 석유-화학까지 수직계열화를 완성하였습니다. 또 유통과 통신 산업에서도 인도를 선도하고 있습니다. 유통사인 'Reliance Retail'과 통신사 'Reliance Jio'는 모두 시장점유율 1위입니다. 특히 Jio는 저렴한 통신비로 인도 전역에 4G 서비스를 제공하며, 인도의 인터넷 접근성을 완전히 바꿔 놓았습니다. 한편 2021년에는 태양광 발전을 포함한 신재생에너지 사업에 진출했으며, 2023년에는 'Jio Financial Services'를 분할 상장시키며, 금융 서비스 사업에 본격 뛰어듭니다.

2023.12월 기준, 주요 상장 계열사의 시가총액은 약 301조원입니다.

〈주요 상장사〉

	기업명	산업	시가총액(조원)	매출(조원)
	Reliance Industries	정유 화학, 통신 디지털서비스, 유통/FMCG, 미디어, 신재생에너지	277.7	142.8
	Jio Financial Services	비은행금융	24.1	0.0

매출 FY2023기준

HDFC Group
인도 최대 민간 금융 그룹.

홈페이지

1977년 설립된 인도 최초의 전문 모기지(주택담보대출) 회사 'Housing Development Finance Corporation'가 모태입니다. 1994년 은행업에 진출해 'HDFC BANK를' 설립했구요. 은행과 주택금융을 핵심 사업으로, 생명보험(HDFC Life Insurance), 손해보험(HDFC ERGO General Insurance), 자산운용(HDFC AMC), 증권(HDFC Securities), NBFC(HDB Financials, HDFC Credila) 등 모든 금융 서비스를 아우르는 인도 최대 금융 그룹으로 성장했습니다.

HDFC Bank는 인도를 대표하는 은행입니다. 인도 은행 중 시가총액이 가장 크며, 전체 상장 기업으로도 두 번째입니다. 민간은행 중 가장 큰 은행이구요. 자산, 예금, 대출 규모, 매출, 순이익 등 거의 모든 영역에서 1위를 차지하고 있습니다. 질적으로도 우수합니다. 업계 최고의 재무 안정성과 마진율을 자랑합니다. 또한 모회사 Housing Development Finance Corporation와 합병으로 모기지론 시장 점유율 2위로 등극합니다. 낮은 조달 금리와 풍부한 영업망을 통해, 성장성이 큰 주택담보대출 시장도 선점하겠다는 계획입니다.
자회사들의 성장도 기대됩니다. 생명보험과 자산운용 업계 TOP3인 'HDFC Life'와 'HDFC AMC'를 보유하고 있으며, 모든 금융서비스 부문에서 1위 금융 브랜드 파워를 활용할 것으로 보입니다.

2023.12월 기준, 주요 상장 계열사의 시가총액은 약 236조원입니다.

〈주요 상장사〉

	기업명	산업	시가총액(조원)	매출(조원)
HDFC BANK	HDFC Bank	은행	203.0	30.8
HDFC Life	HDFC Life Insurance	생명보험	22.0	12.2
HDFC MUTUAL FUND	HDFC AMC	자산운용	11.0	0.4

매출 FY2023기준

adani

홈페이지

Adani Group
인도 최대 인프라 재벌.

'힌덴버그 리서치'의 공격으로 이슈가 되었던 '아다니 그룹'은, 인도 역사상 가장 빠르게 성장한 재벌입니다. 현 모디 총리와 밀접한 사이로 유명합니다.

창업주 '과탐 아다니 Guatam Adani'는 1962년생으로, 1988년 무역회사를 창업했습니다. 1998년 구자라트주 문드라항 운영을 시작으로 인프라 재벌로 성장했는데요. 그룹의 주 사업은 '에너지-유틸리티'와 '운수-물류'라 할 수 있습니다. 항구 운영사 'Adani Ports & SEZ'는 인도 민간 최대 항구인 문드라 외에 13개의 항만 시설을 운영하고 있는데. 이 곳을 통해 석탄과 천연자원 등을 수입하고, 항구에 접한 경제특구(Special Economic Zone)에 원료 처리, 물류 시설과 발전소도 구축할 수 있었습니다. 덕분에 화력, 태양광 발전, 송전, 천연가스, 물류, 부동산, 공항 운영까지 인도 최대 인프라 재벌로 성장했습니다. 이 외도 FMCG, 금융, 방위산업, 항공 우주, 데이터센터 등 사업을 경영합니다.

2023.12월 기준, 주요 상장 계열사의 시가총액은 약 223조원입니다.

〈주요 상장사〉

	기업명	산업	시가총액 (조원)	매출 (조원)
adani	Adani Enterprises	지주사 광업 등	51.2	21.9
adani Renewables	Adani Green Energy	태양광, 풍력발전	38.9	1.2
adani Ports and Logistics	Adani Ports & SEZ	항만, 물류	35.5	3.4
adani Power	Adani Power	전력	31.6	6.1
adani Energy Solutions	Adani Energy Solutions	송전	18.3	2.1
adani Gas	Adani Total Gas	천연가스	17.5	0.7
adani Cement	Ambuja Cements	시멘트	16.0	6.2
adani wilmar	Adani Wilmar	FMCG (식용유, 가공식품)	7.6	9.3
adani Cement	ACC	시멘트	6.3	3.6

매출 FY2023기준

BAJAJ

홈페이지

Bajaj Group
인도 대표 비은행금융(NBFC), 오토바이 재벌.

1926년 설립된 전통 재벌입니다. 창업주 '잠날라 바자즈Jamnalal Bajaj'는 '인도 국민회의'의 멤버로, 인도 독립운동에 힘썼습니다. 선대로부터 물려 받은 면화 사업을 키워, FMCG, 전자제품, 엔지니어링 사업으로 확장합니다. 이 후 아들인 '카말나얀 바자즈 Kamalnayan Bajaj'가 오토바이, 시멘트, 합금 주조, 전기 장비, 전자제품 산업에 진출해 사세를 키웁니다. 현재 5대째로 경영권이 승계되었으며, 시가총액 기준 인도에서 네 번째로 큰 재벌로 성장했습니다.

Bajaj 그룹은 오토바이와 금융, 양 날개로 성장했습니다. 'Bajaj Auto'는 인도 2위이자, 세계 3위 오토바이 제조사입니다. 3륜차 제조는 세계 최대구요. 2020년 첫 전기 스쿠터를 출시하며, EV로 전환하는 중입니다.

금융 사업은 오토바이와 3륜차 구입 대출로 컸습니다. Bajaj Auto는 2008년 금융 사업부를 분사해 'Bajaj Finserv'를 설립합니다. Bajaj Finserv는 Bajaj금융 그룹의 지주사로, 비은행금융사 'Bajaj Finance', 손해보험사 'Bajaj Allianz General Insurance', 생명보험사 'Bajaj Allianz Life Insurance'등 경쟁력있는 자회사를 갖고 있습니다. 함께 분사된 'Bajaj Holdings & Investment'는 그룹의 지주사이자, 투자 회사입니다.

이 외에도 가전제품(Bajaj Electricals), 철강(Bajaj Steel), 여행, 궁력, 특수강, 크레인, 인프라 개발 등 여러 산업으로 확장하고 있습니다.

2023.12월 기준, 주요 상장 계열사의 시가총액은 약 157조원입니다.

〈주요 상장사〉

	기업명	산업	시가총액 (조원)	매출 (조원)
BAJAJ FINANCE LIMITED	Bajaj Finance	비은행금융 (NBFC)	72.1	6.6
BAJAJ FINSERV	Bajaj Finserv	비은행금융 (NBFC)	42.7	13.4
BAJAJ	Bajaj Auto	자동차 (오토바이, 3륜차)	28.8	5.8
BAJAJ HOLDINGS & INVESTMENT	Bajaj Holdings & Investment	지주사, 비은행금융 (NBFC)	14.0	0.1

매출 FY2023기준

ICICI Group
인도 제2의 민간 금융 그룹

홈페이지

모태인 '인도산업신용투자공사(ICICI)'는 인도 정부와 세계은행(World Bank)이 주축이 되어 1955년 설립되었습니다. ICICI는 인도 기업에게 중장기 자금을 제공하는 개발 금융 기관이었습니다. 1990년대 인도 금융 자유화 조치 이후, 사업 영역을 넓혔습니다. 1994년에는 'ICICI 은행'을 설립해, 1999년 미국 뉴욕증권거래소(NYSE)에 인도 기업 최초로 상장시킵니다. 2001년 ICICI와 ICICI 은행이 통합되며, 민영화되었습니다. 2000년 이후로는 외국 금융사와 합작을 통해 생명보험, 손해보험에 진출했고, 증권, 자산운용, 벤처캐피탈, 모기지론 등, 금융 전 영역에 사업 포트폴리오를 구축했습니다.

ICICI 은행은 인도 민간은행 중 두 번째로 큰 은행입니다. 시가총액과 순이익으로 전체 은행 중 2위구요. COVID-19 펜데믹 이후 빠른 실적 개선을 보여주었습니다. 은행 외 자회사들의 경쟁력도 뛰어난데요. 'ICICI Prudential Life Insurance'는 인도 생명보험 시장 2위고, 'ICICI Lombard General Insurance'는 민간 손해보험사 중 가장 큰 시장점유율을 가지고 있습니다. 자산운용사 'ICICI Prudential Asset Management'도 인도 두 번째로 큰 펀드입니다. 이외에도 증권사, 벤처캐피탈, 모기지론 기업 등도 시장을 이끌고 있습니다.

2023.12월 기준, 주요 상장 계열사의 시가총액은 약 134조원입니다.

〈주요 상장사〉

	기업명	산업	시가총액 (조원)	매출 (조원)
ICICI Bank	ICICI Bank	은행	111.6	29.8
ICICI PRUDENTIAL	ICICI Prudential Life Insurance	생명보험	12.0	7.9
ICICI Lombard	ICICI Lombard General Insurance	일반보험	11.2	2.9

매출 FY2023기준

홈페이지

L&T Group
인도 대표 건설, 엔지니어링 기업

'인도 대표 건축물은 L&T가 다 지었다' 해도 될 만큼, 인도 건설업에서 강한 지배력을 갖고 있습니다. L&T라는 이름은 'Larsen'과 'Toubro'라는 두 명의 덴마크 엔지니어 이름에서 왔는데요. 이 둘은 1938년 영국 식민지였던 인도에서 낙농 장비 사업을 시작했습니다. 곧 2차 세계대전이 발발해, 다른 사업으로 다각화하게 되고, 1946년, 본격적으로 건설업에 진출했습니다. 1947년에는 미국 'Catapila'의 건설기계 유통도 시작했습니다. 인도 독립 이후, 국가 재건의 파트너로 낙점되었고, 대형 프로젝트에 참여하며, 엔지니어링 역량을 축적합니다. 이 후 방위산업, 원자력 등 다양한 중공업 부분으로 사업을 확장했고, IT서비스, 금융, 교육 등 신사업으로도 다각화합니다.

'Larsen & Toubro'는 인도를 대표하는 건설/엔지니어링(EPC)기업입니다. 인프라(건설), 에너지, 하이테크 제조, 개발 프로젝트 사업을 합니다. 인도는 인프라 투자(운송, 전력, 재생에너지, 주택 등)가 본격화되며, 건설업이 호황을 맞고 있습니다. 'LTIMindtree'는 인도를 대표하는 IT서비스 기업 중 하나로, 높은 이익을 내고 있는 L&T 그룹의 주요 수입원입니다.

2023.12월 기준, 주요 상장 계열사의 시가총액은 약 106조원입니다.

〈주요 상장사〉

	기업명	산업	시가총액 (조원)	매출 (조원)
LARSEN & TOUBRO	Larsen & Toubro	건설, 인프라	76.5	29.3
LTIMindtree	LTIMindtree	IT 서비스	29.5	5.3

매출 FY2023기준

홈페이지

Aditya Birla Group
시멘트, 비철금속, 섬유 등 기초 소재 재벌

Birla는 1857년 설립된 유서 깊은 재벌입니다. Tata와 견주던 전통의 강호라 할 수 있죠. 영국 식민지 때부터 황마, 무명 무역으로 부를 축적했고, 독립 후, 사회주의 경제하에서는 정권과 밀접한 관계를 유지했습니다. 한편, 일찍부터 해외에 진출해 1947년 섬유제조사 'Grasim'을 만들고, 1958년 알루미늄, 구리를 만드는 'Hindalco'를 설립했습니다. 1969년 '아디티아 비를라(Aditya Birla)'는 동남아시아, 북아프리카 등 19개국에 진출하여 글로벌 경영에 박차를 가합니다. 2004년에는 인도 최대 시멘트 회사인 'UltraTech Cement'를 인수했습니다. 2007년에는 세계 최대 알루미늄 압연회사인 캐나다 'Novelis'를 인수하면서, 북미 시장으로 사세를 확장시킵니다. 2008년 통신업에 진출했고, 현재 인도 통신시장 3위 'Vodafone Idea'의 3대 주주입니다. 2012년 패션 리테일 사업에도 진출합니다. 2014년 이후에는 적극적으로 시멘트 기업들을 인수해왔고, 2021년 페인트 사업에도 진출합니다. 섬유, 비철금속, 시멘트 등 기초 소재를 주력으로, 농업, 전자 상거래, 패션, 금융, 풍력, 화학 등 사업도 잘하고 있습니다.

Aditya Birla Group는 42개국에 진출한 인도 대표 글로벌 기업입니다. 매출의 50% 이상이 해외 사업에서 나옵니다.

2023.12월 기준, 주요 상장 계열사의 시가총액은 약 88조원입니다.

〈주요 상장사〉

	기업명	산업	시가총액 (조원)	매출 (조원)
UltraTech CEMENT	UltraTech Cement	시멘트	46.0	10.1
ADITYA BIRLA GRASIM	Grasim Industries	섬유	21.6	18.8
ADITYA BIRLA HINDALCO	Hindalco Industries	알루미늄, 구리	20.5	35.7

매출 FY2023기준

홈페이지

Mahindra Group
인도 승용차 시장 4위, 세계 트랙터 생산 1위

우리에게 2011년 '쌍용차' 인수로 잘 알려진 '마힌드라 그룹'은, 1945년 철강 무역업으로 시작했습니다. 곧, 'Jeep'차 제조로 자동차 제조업에 투신합니다. 1982년에 트랙터 제조업으로 사업을 확장했으며, 1986년에는 'Tech Mahindra'를 통해 IT서비스 산업에도 진출합니다. 2007년에는 'Punjab Tractor' 인수로 세계 최대 트랙터 제조업체로 등극합니다.

현재 Mahindra Group의 사업은 자동차, 트랙터 그리고 IT 서비스가 주력입니다. 자동차 제조사인 'Mahindra & Mahindra'는 SUV 차량과 트랙터 산업을 선도하고 있습니다. 인도 승용차 시장 점유율 4위로, 현재 8.9%를 갖고 있습니다. 하지만 2017년 이후 지배력이 줄어들고 있습니다. SUV 시장에 현대, 기아 등 다양한 경쟁사가 진입했기 때문입니다. 2023년 첫 전기차가 나왔으며, 향후 7년간, 12억 달러를 투자해 전기차 라인업을 구축할 계획입니다. 한편 트랙터는 'Swaraj' 브랜드로 생산되고 있으며, 물량면으로 세계 1위입니다. AI등 신기술을 접목해 인도 스마트 농기계 산업을 선도하고 있습니다.
이 외에도 항공/우주, 방위산업, 농업/건설장비, 에너지, 금융, 물류, 부동산, 소매 등 다양한 사업 포트폴리오를 갖고 있습니다.

2023.12월 기준, 주요 상장 계열사의 시가총액은 약 57조원입니다.

〈주요 상장사〉

	기업명	산업	시가총액 (조원)	매출 (조원)
	Mahindra & Mahindra	자동차, 트랙터	32.5	19.4
	Tech Mahindra	IT 서비스	19.9	8.5
	Mahindra & Mahindra Financial Services	비은행금융(NBFC)	5.3	2.0

매출 FY2023기준

홈페이지

JSW Group
인도 민간 철강 2위. 중공업에 특화된 전통 재벌

압연 공장을 인수하여 'JISCO'로 명명한 1982년을 JSW그룹의 시작으로 봅니다. 회장 'Sajjian Jindal'의 아버지 'O.P. Jindal'이 1952년 설립한, 'O.P Jindal 그룹'이 모체입니다. O.P Jindal 그룹은 네 아들에게 상속되어 'Jindal SAW', 'Jindal Steel', 'Jindal Steel & Power'로 분할되었습니다. JSW는 그 중 사세가 가장 큽니다. 2004년 이후 적극적인 인수, 합병을 통해 빠르게 성장했습니다.

JSW는 중공업 중심의 사업 구조를 갖고 있으며, 주사업은 철강입니다. 'JSW Steel'는 인도에서 가장 시가총액이 큰 철강사로, 28.5 MTPA의 생산 용량을 보유하고 있습니다. 민간 발전소 'JSW Energy'는 화력, 수력, 태양광, 풍력 발전으로 총 6.6GW의 발전 용량을 갖고 있습니다. 'JSW Infrastructure'는 10곳의 항구를 운영하는 항만, 물류 기업입니다. 또 시멘트와 페인트 사업에도 진출해 인프라 건설 소재 사업을 확장하고 있으며, 최근 중국 'SAIC'으로부터 'MG Motors India'의 지분을 인수하며 전기차 산업에도 출사표를 던졌습니다.

2023.12월 기준, 주요 상장 계열사의 시가총액은 약 51조원입니다.

〈주요 상장사〉

	기업명	산업	시가총액 (조원)	매출 (조원)
JSW Steel	JSW Steel	철강	33.5	26.6
JSW Energy	JSW Energy	전력	10.8	1.7
JSW Infrastructure	JSW Infrastructure	항만, 물류	7.4	0.5
JSW Holdings	JSW Holdings	비은행금융 (NBFC)	0.8	0.1

매출 FY2023기준

인도 재벌의 뿌리

조선시대 3대 상인으로 송상, 만상, 강상을 꼽을 수 있다. 송상은 개성을 기반으로 한 송도 상인을 말하며, 인삼, 의류, 도자기를 주로 취급했다. 송방이라는 전국 유통망을 구축해 부를 쌓았다. 만상은 압록강에 위치한 국경 도시, 의주에 터잡고, 청과의 교역으로 부자가 되었다. 청나라 수입품을 들여오고, 우리 특산품을 팔았다. 지리적 이점을 이용해 한-중 무역을 지배한 것이다. 송상과 만상은 협력 관계였는데, 만상이 청나라 물건을 수입해오면 송상이 이를 받아서 국내에 유통했고, 우리나라 것은 송상이 모아, 만상에게 넘겨 청나라로 수출되었다. 강상은 한강을 기반으로 활동했다. 당시 가장 큰 거래 품목인 쌀과 곡물 유통을 잡고 있었다. 배를 이용해 물류를 장악했기 때문에 가능한 일이었다.

그럼 인도는 이런 상인 커뮤니티가 없었을까? 많았다. 워낙 방대한 영토를 차지하고 있으니 지역별로 많이 있었다. 게다가 인도는 모든 나라가 거래하고 싶어하던 최고의 교역국이었다. 향신료, 면직물, 염료 등 인도산 제품들은 인기가 많았다. 유럽에선 지구가 둥글다는 것을 알게 되자마자, 배를 띄워 인도로 떠나는 원정대를 보냈고, 이것이 엉뚱하게 신대륙을 발견하는 것으로 이어질 정도로 인도 상업은 대단했다. 그렇다면 인도 상인 3대장은 누구일까?

마르와리 상인 Marwari

구자라띠 상인 Gujarati

파르시 상인 Parsi 이다.

우리나라의 송상, 만상, 강상의 후예들은 지금 어떻게 사는지 소식이 없지만 이들의 후손은 인도 경제를 쥐락펴락하는 재벌로 성장했다.

대표 재벌 딱 하나씩만 소개하자면?

마르와리 상인 : 아디티야 비를라

구자라띠 상인 : 릴라이언스 인더스트리

파르시 상인 : 타타

모두 인도 10대 재벌에 들어가는 집안이다.

Marwari, Gujarati, Parsi 영문을 보면 모두 'i'로 끝난다. 이는 '~의 사람' 이란 뜻이다. 따라서 마르와르 사람, 구자라트 사람, 파르시 사람이라 해석하면 되는데, 이 지역 출신 사업가들이 워낙 유명하기 때문에 마르와리, 구자라티, 파르시 하면 이들 상인집단과 그 후예를 부르는 말이 되었다.

인도는 역삼각형의 커다란 반도 모양이다. 북쪽 빼고는 모두 바다로 둘러 쌓여있다는 이야기다.

인도지형도. 굵은 검은선이 현재 인도 국경

하지만 북동쪽은 히말라야 산맥으로 막혀 있어 육로로의 가치가 없고, 뚫려있는 북서쪽으로 중앙아시아와 연결된다. 바로 이 길목에 라자스탄 주와 구자라트 주가 위치하고 있다. 바로 이 곳에서 인도 상인 3대장이 탄생한다. 제럴드 다이아몬드 옹의 명저 '총 균 쇠'의 인도판을 보는 듯한 박진감 느끼셨음?

결론은 위치빨

교역이 많을 수밖에 없는 입지가 인도 최고의 '상인 집단'을 탄생시킨 것이다. '상인 집단'은 내가 만든 표현이고, 이들을 '상인 계급', '상인 카스트'라 부르기도 하는데. 꼭 신분상(Jati) 상인이 아니라도 상업에 종사하며 같은 집단 문화를 공유했기 때문에 이들을 지역기반 비즈니스 커뮤니티(Local-based Business Community)라 이해하면 될 것 같다.

마르와리 Marwari

마르와리는 라자스탄 주 출신의 상인집단이다. 마르와리를 표현하는 유명한 말이 있다.

'기차가 가지 못하는 곳에, 황소 수레는 가고

황소 수레가 가지 못하는 곳에, 마르와리가 간다'

대표 재벌 5개만 보면 아래와 같다.

	가문	그룹명	주요산업	대표기업
마르와리 Marwari	Birla	Aditiya Birla	시멘트, 섬유, 비철금속	Grasim, Hindalco
	Mittal	Arcelor Mittal	철강	Arcelor Mittal Steel
	Bajaj	Bajaj	오토바이, 삼륜차, 비은행금융	Bajaj Auto, Bajaj Finance
	Mittal	Bharti	통신	Bharti Airtel
	Agarwal	Vedanta	비철금속	Vedanta Resources

대부분 '인도 상장기업 Top100'에서 볼 수 있다. 두번째에 있는 Arcelor Mittal은 세계에서 가장 큰 철강 그룹인데, Arcelor Mittal의 본사가 영국에 있어 인도 주식시장엔 상장이 안되어 있다. 철강왕 '락시미 미탈'은 인도네시아에서 철강업을 시작. 각국의 부실 철강소를 싸게 인수 후, 정상화 시키는 방법으로 세계 최대 철강 왕국을 만들었다. 2011년 세계 부자 순위 6위까지 찍었다.

락샤미 미탈(Lakshmi Mittal)

인도지형도에서 라자스탄을 찾아보시오. 라자스탄은 인도에서 가장 넓은 주다. 근데 지도를 보면 대부분이 누우런색이다. 맞다. 사막이다. 영화 '김종욱 찾기'로 유명해진 '조드푸르'가 있는 곳이며, 한국 관광객들이 사막 투어로 많이 간다. 마르와리는 '사막에 사는 사람'이란 뜻이다. 이 곳은 사막 기후로 농사 짓기가 어려워, 생존 강도가 높은, 척박한 곳이지만. 위치상 인도로 들어오는 관문이 되면서, 오래 전부터 중계무역이 발달했다. 마르와리는 이 곳에서 상업과 대부업에 종사하며, 오랜기간 사업 노하우를 쌓았다. 풍족하지 않은 곳에서 오래 살아서인지 검소한 것으로 유명하다. 한번 돈이 들어가면, 절대 안 나오는 것으로 알려졌다.

Marwari Style

배추 밭떼기 거래를 아는가? 선도 거래다. 씨 뿌리기도 전에 배추장사가 와서

"이 밭에서 나올 배추 전부 나한테 얼마에 파셔유"하면 "오키 입금 고고" 하는 거. 고랭지 배추밭에서 김장철 전에 많이 이뤄진다. 라자스탄도 강우량에 따라 작황이 들쭉날쭉하다보니, 예로부터 선도 시장이 발달했다.

검소함과 선물 투자? 생소한 조합이다만. 이것이 마르와리의 스타일. 마르와리에게는 평소 안 쓰고 아끼다가, 기회다 싶으면 리스크를 과감히 베팅하는 승부사 DNA가 있다.

마르와리 결혼식

이들은 영국 식민 시대에 본격적으로, 꼴까타, 뭄바이 같은 상업 도시로 대거 이주한다. 무역의 주도권이 영국으로 이동하면서, 라자스탄의 유통 경로가 쇠락하였기 때문이다. 그리고 영국의 무역을 도우며 성장하는데, 마르와리 대표 재벌 비를라 Birla 가문은 이때 축적한 자본으로 돈 되는 모든 산업으로 진출해 현대 재벌로 변신했다. 비를라 외에도 많은 마르와리 기업들이 인도 경제를 이끌고 있다.

구자라티 Gujarati

인도 최고 부자 '무케시 암바니'와 '과탐 아다니'가 구자라티의 대표 주자다.

	가문	그룹명	주요산업	대표기업
구자라티 Gujarati	Ambani	Reliance	정유, 화학, 통신, 소매판매	Reliance Industries
	Adani	Adani	항만, 물류, 에너지	Adani port, Adani Green Energy
	Kotak	Kotak	금융	Kotak Mahindra Bank
	Premji	Wipro	IT서비스	Wipro
	Shanghvi	Sun Pharma	제약	Sun Pharmaceutical

구자라티는 구자라티(구자라트어)를 쓰는 구자라트 기반의 상인 집단이다.

구자라트는 현 인도 국무총리인 나렌드라 모디의 고향이다. 모디가 구자라티인 것. 구자라트는 라자스탄 보다 더 좋은 위치를 차지하고 있다.
육로 외에도 바닷길이 있기 때문이다. 구자라트주는 인도의 서쪽 끝에 위치하고, 가장 긴 해안선을 가지고 있어, 바다를 통해 중동과 아프리카로 가기 좋다. 그래서 예로부터 가장 많은 교역이 이뤄지던 곳이다. 구자라티들은 기독교가 생기기 이전부터 중동을 넘어 지중해까지 진출했고, 인도와 무역을 하려면 구자라트어를 알아야 할 정도로 강한 세력을 형성해왔다.

코끼리를 타는 구자라티 부자

따라서 구자라티는 일찍부터 해외로 진출한 진취적인 비즈니스 민족이라 할 수 있다.

대부업을 하는 구자라티

구자라티도 마르와리처럼 평소엔 절약하고, 찬스 땐 과감히 베팅하는 사업가 기질로 유명하다. 그리고 실용적인 태도가 몸에 배어, 누구든 나에게 도움되면 바로 'Sir'이다. 실리를 우선하는 것이다.

파르시 Parsi

파르시 역시 구자라트 출신이다. 그래서 파르시를 구자라티에 포함시키기도 하는데, 안된다. 파르시는 구자라티와 분리해서 이야기해야 한다. 아예 다른 민족이기 때문이다.

파르시 대가족

파르시는 '페르시아 사람'이라는 뜻이다. 원래 페르시아(현 이란)에 살던 조로아스터교를 믿던 사람들이다. 7세기에 이슬람(오스만 투르크)의 침략으로 터전을 빼앗기고, 인도로 도망온 난민. Boat People인 것이다. 그들이 타고 온 배가 구자라트 해안에 닿았고, 이 곳에 터를 잡게 되었다.

파르시는 인도 땅에서도 조로아스터교를 믿으며, 독자적인 문화를 계승하고 있다. 그 수는 얼마 안되지만, 세계에서 가장 성공한 민족 중 하나이다. 유대인이랑 비슷한 점이 많다. 둘 다 난민이고, 소수지만, 고난을 이겨내고 성공했다. 그들 만의 종교(유대교)와 독자적인 문화를 가지며, 자녀 교육을 중시하고, 동족끼리 돕는 문화가 닮았다.

그리고 둘 다 협업을 잘한다. 파르시의 대표기업 Tata의 경우. 새로운 산업에 진출할 때, 동업(JV)을 적극 활용한다. 동업을 통해 위험을 나누고, 파트너의 노하우를 흡수하며 성장했다.

Tata의 초기 파트너는 영국 식민 정부였는데. 당시 영국은 청나라에서 차 등을 수입하며 적자를 보고 있었다. 이게 배 아팠던 영국은 악랄한 아이디어를 낸다. 인도에서 아편을 길러, 청나라에 판 것이다. 청나라 사람 태반이 아편에 중독되었고, 이것이 아편전쟁으로 번졌다. 중국 대륙이 서구의 지배를 받게 만든 그 아편은 Tata가 공급한 것이다. 타타는 무역으로 부를 축적하고 철강, 발전, 자동차 등 다양한 산업으로 확장하며, 현대 재벌로 성장했다.

파르시를 대표하는 재벌들이다.

	가문	그룹명	주요산업	대표기업
파르시 Parsi	Tata	Tata	IT서비스, 자동차, 철강	Tata Consultancy, Tata Motors
	Godrej	Godrej	필수소비재, 부동산	Godrej Consumer
	Wadia	Wadia	섬유, 화학, 식품, 항공	Britannia, Go Air
	Mistry	Shapoorji Pallonji	인프라, 섬유, 부동산	SP Engineering & Construction
	Punawalla	Cyrus Punawalla	제약(백신), 금융	Serum Institute of Inida

----
마르와리 Marwari

구자라띠 Gujarati

파르시 Parsi

이들의 성공 요인은, 축적된 '사업 노하우'가 끊김 없이 후대로 전해지기 때문이라 생각한다. 밥상머리에서 사업 이야기가 나오고, 아이들은 일찍부터 사업과 친숙해진다.

그리고 이들 커뮤니티의 상호 지원은 매우 강력하다. 대출과 투자를 통해 사업을 보다 쉽게 시작할 수 있고, 네트워크 안에서 많은 지원을 받을 수 있다. 뭉쳐야, 나누어야 더 큰 힘을 낼 수 있다.

2. 주요기업

인도 주식시장에서 거래되는 대표 기업을 훑어보겠습니다.

[TOP 10 훑어보기]

Top10 시가총액 : 1,381조원
2023.12.26 기준, 단위 KRW(한국 원), 환율 1INR = 16KRW

	산업	회사로고	회사명	시가총액 (조 원)	내용
1	정유/화학 유통/통신	Reliance	RELIANCE INDUSTRIES	278	**석유/화학, 유통, 통신 분야 인도 1위**
2	은행	HDFC BANK	HDFC Bank	220	인도 최대 민간은행, HDFC 금융 그룹
3	IT 소프트웨어	tcs	TATA CONSULTANCY SERVICES	215	인도 대표 IT 서비스 기업, Tata 그룹
4	은행	ICICI Bank	ICICI Bank	112	인도 은행 순이익 2위, ICICI 금융 그룹
5	IT 소프트웨어	Infosys	Infosys	104	IT 서비스 기업, 세계 TOP3 IT서비스 브랜드
6	FMCG	Hindustan Unilever Limited	Hindustan Unilever	97	인도 최대 FMCG 기업(홈케어, 퍼스널 케어, 가공식품), 유니레버 인도 자회사
7	통신	airtel	BHARTI AIRTEL	93	통신사, 인도 통신시장 점유율 2위 인도, 남아시아, 아프리카에 진출한 세계 2위 모바일 통신사
8	은행		STATE BANK OF INDIA	91	인도 최대 은행, 자산, 매출, 지점, 고객 수 1위
9	FMCG	ITC	ITC	91	담배, 식품, 호텔 사업을 영위하는 인도 대표 FMCG 기업
10	보험	LIC	Life Insurance Corporation of India	80	인도 최대 생명 보험사, 5억 4천만 명의 고객 보유

인도 시가총액 TOP 10

'Reliance Industries'가 시가총액 278조원으로 가장 큽니다. 우리나라에 오면 '삼성전자' 말고는 이 회사보다 큰 회사가 없습니다. 정유/화학, 유통, 통신 산업에서 인도 1위를 하고 있는 기업입니다. 2위는 인도 최대 은행인 'HDFC Bank'입니다. TOP10 내 은행 비중이 큽니다. 'ICICI Bank', 'State Bank of India'까지 셋 다 인도를 대표하는 은행들입니다. 인도 대표 수출 산업인 IT서비스 기업도 두 개나 있는데요. 'Tata Consultancy Services(TCS)'와 'Infosys'가 각 3위, 5위에 올랐습니다. FMCG(필수소비재) 기업도 두각을 나태내고 있습니다. '힌두스탄 유니레버'는 6위, 'ITC'는 9위입니다. 인도 시장 점유율 2위의 통신사 'Bharti Airtel'이 7위를 차지했고, 마지막으로 국영 생명보험사 'LIC India'가 보입니다. 인도 시가총액 TOP 10을 더하면 1,381조원입니다.

인도 TOP 10에 대한 이해를 돕기 위해, 한국 시가총액 Top10과 비교해 보겠습니다.

Top10 시가총액 : 980조원

	산업	로고	회사 이름	시가총액 (조원)
1	IT하드웨어	SAMSUNG 삼성전자	삼성전자	507
2	IT하드웨어	SK hynix	SK하이닉스	103
3	IT하드웨어	LG에너지솔루션	LG에너지솔루션	97
4	제약/바이오	SAMSUNG BIOLOGICS	삼성바이오로직스	51
5	자동차	HYUNDAI	현대차	42
6	IT하드웨어	POSCO HOLDINGS	POSCO 홀딩스	40
7	자동차	KIA	기아	39
8	IT소프트웨어	NAVER	NAVER	35
9	IT하드웨어	LG화학	LG화학	35
10	IT하드웨어	SAMSUNG 삼성SDI	삼성SDI	31

우리나라 시가총액 TOP 10

2023. 12월 말 기준.

우리나라 시가총액 TOP10의 가장 큰 특징은 '삼성전자'입니다. 우선주를 포함한 삼성전자 비중이 52%를 차지합니다. 한국은 '삼성전자공화국'입니다. 또 '삼성 그룹' 비중이 60%를 넘습니다. 10 종목 중 3개입니다. 맞아요. 한국은 '삼성공화국'입니다. 그리고 산업별로 보면, 반도체, 2차 전지를 포함한 IT하드웨어 제조 비중이 75%를 차지합니다. 한국은 'IT하드웨어 공화국'입니다. 반도체의 위상이 매우 크고, 2차전지도 못지 않습니다. 'POSCO홀딩스' 또한 2차전지 소재를 생산한다는 이유로 주가가 많이 올랐습니다. 네이버 외엔 모두 제조업입니다. 자동차를 포함해 모두 수출 기업들입니다. 내수 산업 비중이 낮습니다. 한국은 '수출 공화국'입니다.

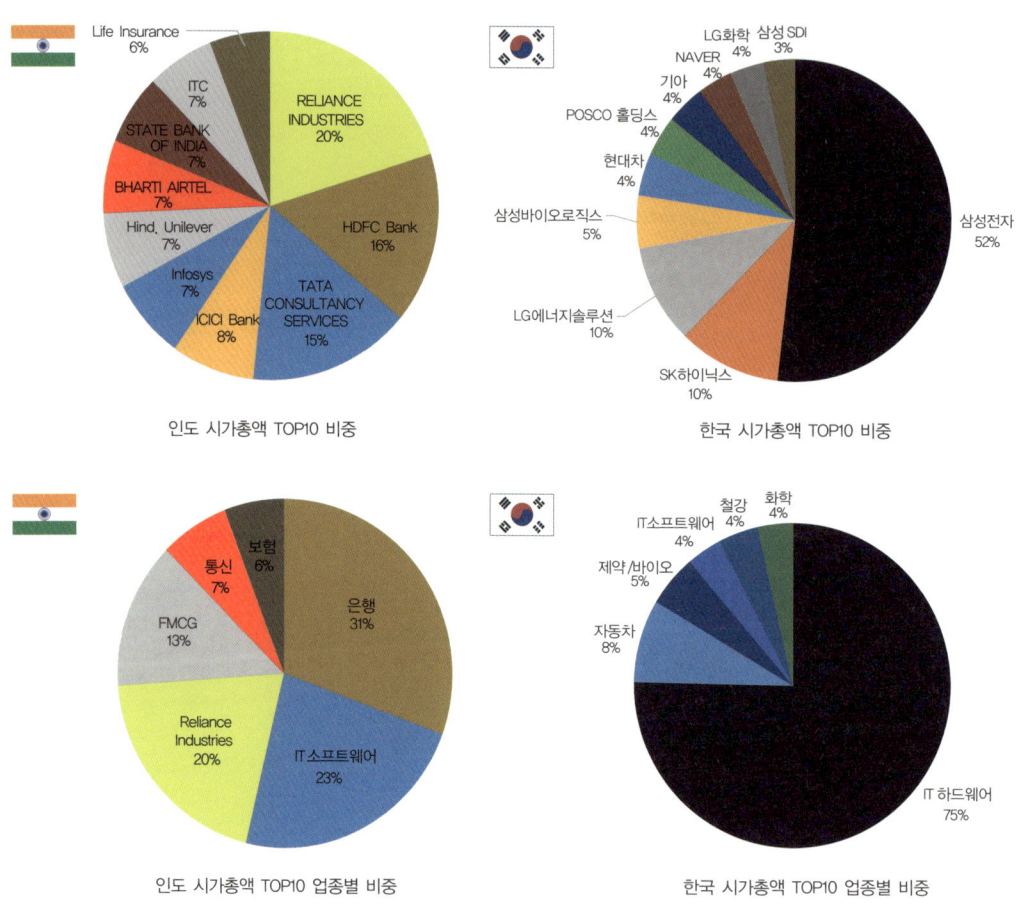

인도 - 한국 시가총액 TOP 10 비교

우리나라 TOP10에 비해 인도는 분산이 잘 돼 있습니다. 우리와 달리 인도 시가총액 TOP10 중 가장 큰 비중은 금융 산업입니다. 은행 31%, 보험 6% 합이 37%입니다. 인도 금융 산업은 성장성과 수익성이 높기 때문에, 우리나라 금융사들과 달리 '성장 프리미엄'을 받고 있습니다. 다음으로 눈에 띄는 것은 'IT소프트웨어'입니다. IT서비스 산업이 강하기 때문입니다. IT 서비스 산업은 인도 대표 수출 산업으로 국제적 경쟁력을 갖추고 있습니다. 그리고 TOP 비중의 20%를 차지하는 'Reliance Industries'가 눈에 띕니다. 산업 비중을 이야기하는데 기업이 나온 이유는 산업 한쪽으로 분류해서 넣기 어렵기 때문입니다. Reliance Industries는 정유/화학, 통신, 유통 산업에서 가장 지배적인 위치에 있습니다. 그리고 비누와 세제 등 필수소비재를 포함한 'FMCG' 산업은 13%를 차지합니다. 통신은 7%로 표시되었지만, 실제 비중은 더 큽니다. 인도 통신시장 1위 'Jio'가 Reliance Industries의 자회사이기 때문입니다. Jio의 시장가치는 Reliance Industries의 가치 반 이상이니, TOP 10 내에서 통신 비중은 20% 가까이 된다고 볼 수 있습니다.

FMCG
(Fast-moving consumer goods)

인도 TOP 10의 특징은, IT서비스를 제외하면 모두 '내수 산업'이라는 점입니다. 성장성이 큰 거대 시장이 안방에 있기 때문에, 내수 시장만 가지고도 거대기업으로 성장할 수 있습니다. 우리는 그렇지 못하니, 해외 시장을 적극적으로 공략한 기업들이 승자로 남았습니다. 재미있는 것은 우리 IT소프트웨어는 국내 시장을 기반으로 하는 '포탈 서비스' 기업들인데 반해, 인도 IT소프트웨어는 해외로 수출하는 '기업용 IT서비스' 기업이라는 차이가 있습니다.

한국은 IT하드웨어 기반의 수출 기업, 인도는 금융, FMCG, 통신을 필두로 한 내수 기업이 크다고 정리하겠습니다.

시가 총액 TOP 100

[TOP 100 훑어보기]

인도 주식시장에 상장된 좀 더 많은 기업을 훑어보겠습니다. 시가총액 TOP 100입니다.

인도 시가총액 TOP 100 기업을 훑어보기 전에 몇 가지 안내 드립니다.

시가총액은 NSE, 2023년 12월 26일 종가 기준입니다. 시가총액은 조 원(KRW)으로 표시하였으며, 1INR(인도루피) = 16KRW(한국원)으로 계산했습니다.

그리고 정부 소유 국영기업은 국영 으로 표시하였습니다. 미국 시장에서 살수 있는 주식은 (미국상장), 영국에서 살 수 있는 주식은 (영국상장) 으로 표시하였습니다.

산업은 아래대로, 임의 분류하였습니다.

산업명	세부 산업
IT 하드웨어	컴퓨터, 모바일폰, 가전, 반도체, 2차전지, 전자부품 제조 등
IT 소프트웨어	IT서비스, 게임, 포털, 메신저, 모바일 앱 등 디지털서비스
은행	은행
보험	생명보험, 손해보험, 재보험
금융(은행, 보험 외)	NBFC(대출, 자산관리, 주택금융), 증권, 자산운용, 카드/결제 등
FMCG	가공식품, 화장품, 퍼스널케어, 홈케어, 주류, 담배 등
자동차	자동차, 오토바이, 삼륜차, 농기계, 건설기계, 자동차 부품 제조 등
제약	제약, 바이오, 헬스케어
항공 우주	항공, 우주, 방위산업
건설/부동산	건설, 부동산 개발, 중개, 임대 등
지주사	자회사 지분 소유, 모회사

	산업	회사로고	회사명	시가총액 (조원)	내용	
1	정유/화학 유통/통신	Reliance Industries Limited	RELIANCE INDUSTRIES	278	석유/화학, 유통, 통신 분야 인도 1위	영국상장
2	은행	HDFC BANK	HDFC Bank	220	인도 최대 민간은행, HDFC 금융 그룹	미국상장
3	IT 소프트웨어	tcs	TATA CONSULTANCY SERVICES	215	인도 대표 IT 서비스 기업, Tata 그룹	
4	은행	ICICI Bank	ICICI Bank	112	인도 은행 순이익 2위, ICICI 금융 그룹	미국상장
5	IT 소프트웨어	Infosys	Infosys	104	IT 서비스 기업, 세계 TOP3 IT서비스 브랜드	미국상장
6	FMCG	Hindustan Unilever Limited	Hindustan Unilever	97	인도 최대 FMCG 기업(홈케어, 퍼스널 케어, 가공식품), 유니레버인도 자회사	
7	통신	airtel	BHARTI AIRTEL	93	통신사. 인도 통신시장 점유율 2위 인도, 남아시아, 아프리카에 진출한 세계 2위 모바일 통신사	
8	은행		STATE BANK OF INDIA	91	국영 인도 최대 은행, 자산, 매출, 지점, 고객 수 1위	영국상장
9	FMCG	ITC Enduring Value	ITC	91	담배, 식품, 호텔 사업을 영위하는 인도 대표 FMCG기업	
10	보험	LIC	Life Insurance Corporation of India	80	국영 인도 최대 생명 보험사, 5억 4천만 명의 고객 보유	

	산업	회사로고	회사명	시가총액 (조 원)	내용	
11	건설/ 부동산		Larsen & Toubro	76	인도 대표 건설사. 전력, 방위산업, 중공업 등 다양한 사업 영위	영국상장
12	금융		Bajaj Finance	72	인도 최대 비은행금융사(NBFC). 대출, 자산관리 서비스, Bajaj 그룹 핵심 계열사	
13	IT 소프트웨어		HCL Technologies	64	IT서비스 기업. 세계 TOP8 IT서비스 브랜드	
14	은행		Kotak Mahindra Bank	59	인도 민간은행 3위. KOTAK 금융 그룹	
15	은행		Axis Bank	54	인도 민간은행 4위. 인도 씨티은행인수 완료	영국상장
16	패션		Titan Company	52	쥬얼리, 시계 등 패션 액세서리 기업. Tata그룹	
17	페인트		Asian Paints	51	인도 1위, 아시아 2번째 페인트 제조사	
18	지주사		Adani Enterprises	51	무역 등 다양한 사업을 하는 Adani그룹 지주 회사	
19	자동차		Maruti Suzuki	49	인도 승용차 시장점유율 1위. 일본 SUZUKI가 지분 70% 보유	
20	제약		Sun Pharmaceutical Industries	48	인도 최대 제약사. 세계 5위 제네릭 제조사	

	산업	회사로고	회사명	시가총액 (조 원)	내용
21	전력	NTPC	NTPC	47	국영 National Thermal Power Corporation 인도 최대 발전회사 (화력, 수력, 원자력, 태양열 등)
22	시멘트	UltraTech	UltraTech Cement	46	인도 시멘트 시장 점유율 1위. Adtiya Birla 그룹
23	금융	BAJAJ FINSERV	Bajaj Finserv	43	Bajaj 그룹의 금융지주회사.
24	자동차	TATA	Tata Motors	42	인도 상용차(트럭, 버스) 시장 1위, 승용차 3위, 전기차 1위. Tata 그룹
25	유통	DMart	Avenue Surpermarts	42	마하슈트라주 기반의 소매유통사. 슈퍼마켓 체인 'D-Mart' 운영
26	에너지	ONGC	Oil and Natural Gas Corporation	41	국영 인도 최대 원유/가스 탐사/개발/생산 기업. 인도 국내 생산 75% 점유
27	FMCG	Nestle	Nestle India	39	커피, 차, 유제품, 초컬릿, 라면, 소스, 과자 제조사. 세계 1위 FMCG 네슬레 자회사
28	그린 에너지	adani Renewables	Adani Green Energy	39	인도 대표 재생에너지 기업. 태양광 발전 대규모 투자. Adani 그룹
29	IT 소프트웨어	wipro	Wipro	39	IT서비스 기업. 세계 TOP9 IT서비스 브랜드 미국상장
30	에너지	Coal India	Coal India	36	국영 세계 최대 석탄 회사

	산업	회사로고	회사명	시가총액 (조 원)		내용	
31	물류	adani Ports and Logistics	Adani Ports and Special Economic Zone	36		인도 최대 민간 항구(문드라) 운영사. Adani 그룹	
32	전력	पावरग्रिड	Power Grid Corporation Of India	34	국영	인도 최대 송배전 회사. 인도 전체 전력의 50% 송배전	
33	철강	JSW Steel	JSW Steel	33		인도에서 두 번째로 큰 민간 철강회사	
34	자동차		Mahindra & Mahindra	33		인도 승용차 4위, 상용차 3위, 세계 최대 트랙터 제조사. 마힌드라 그룹	🇬🇧 영국상장
35	전력	adani Power	Adani Power	32		인도 최대 민간 화력 발전소. Adani 그룹	
36	IT 소프트웨어	LTIMindtree	LTIMindtree	29		인도에서 6번째로 큰 IT 서비스 기업. L&T 그룹	
37	항공 우주	HAL	Hindustan Aeronautics	29	국영	국영 항공우주 및 방위 회사. 전투기, 헬리콥터, 제트 엔진 제조	
38	자동차	BAJAJ	Bajaj Auto	29		세계 3대 Wheeler(2륜/3륜차), 인도 오토바이 3위. Bajaj 그룹	
39	건설/부동산	DLF	DLF	28		부동산 개발회사. 델리의 위성도시 Gurgram 개발	
40	에너지	IndianOil	Indian Oil Corporation	28	국영	인도 대표 정유사. 인도 석유제품 시장 점유율 50%	

산업	회사로고	회사명	시가총액 (조 원)	내용
41	철강	TATA STEEL	Tata Steel	26	인도 2위 철강회사, 글로벌 10위. Tata 그룹 (영국상장)
42	FMCG	VB	Varun Beverages	26	음료 제조,유통사. PEPSICO인도 병입회사
43	금융	Jio	Jio Financial Services	24	비은행금융사. 릴라이언스인더스트리 자회사
44	전력	SIEMENS	Siemens	23	전력및 에너지 설비 제조,솔루션 기업. SIEMENS 인도 자회사
45	보험	SBI Life	SBI Life Insurance Company	22	국영 인도 3위 생명보험회사. SBI(55%)와 프랑스 BNP Paribas Cardif(22%)의 합작사
46	보험	HDFC Life	HDFC Life Insurance Company	22	인도 생명보험사 시장 점유율 2위. 민간 생명보험사 1위. HDFC 금융 그룹
47	섬유	ADITYA BIRLA GRASIM	Grasim Industries	22	섬유제조사. 비스코스 레이온 세계1위. Aditiya Birla 그룹
48	화학	Pidilite	Pidilite Industries	22	건설, 산업, 미술용 접착제 제조사
49	천연자원	HINDUSTAN ZINC	Hindustan Zinc	21	세계 2위 아연 제조사. Vedanta그룹
50	천연자원	ADITYA BIRLA HINDALCO	Hindalco Industries	21	알미늄, 구리 제조사. 세계 알미늄 압연 1위. Aditya Birla 그룹

산업	회사로고	회사명	시가총액 (조 원)	내용	
51	항공우주		Bharat Electronics	20	국영	항공우주 및 방위 전자 기업. 통신, 레이더 전문
52	금융		Indian Railway Finance Corporation	20	국영	인도 철도 금융 공사. 인도 철도 인프라 자금 조달
53	금융		Power Finance Corporation	20	국영	인도 전력 금융 공사. 인도 전력 프로젝트 자금 조달
54	IT 소프트웨어		Tech Mahindra	20		글로벌 TOP 11 IT서비스 기업. 마힌드라그룹
55	FMCG		Britannia Indstries	20		빵, 비스킷, 유제품으로 유명한 가공식품 제조사. Wadia그룹
56	은행		IndusInd Bank	19		인도 민간은행 5위. 인도계 영국재벌 Hinduja그룹
57	은행		Bank of Baroda	19	국영	인도에서 두 번째로 큰 국영 은행
58	전력		Adani Energy Solutions	18		인도 최대 민간 송전 기업. Adani 그룹
59	IT 소프트웨어		Zomato	18		인도 온라인 음식 주문 서비스 기업. 인도판 '배달의민족'
60	항공우주		Interglobe Aviation	18		인도 최대 항공사 'Indigo' 운영

산업	회사로고	회사명	시가총액 (조 원)	내용
61	FMCG	Godrej	Godrej Consumer	18	FMCG 제조사. 비누, 헤어케어, 세면용품, 세제등
62	자동차		Eicher Motors	18	인도 4위 상용차 제조사. VE Commercial Vehicle(스웨덴 Volvo와합작)과 오토바이 제조사Royal Enfield소유
63	에너지	adani Gas	Adani Total Gas	18	도시 가스사업자. 천연가스 PNG/CNG 사업. Adani 그룹
64	금융	REC	REC	17	국영 인도 농촌 전기 공사. 인도 전력 프로젝트 자금 지원
65	패션	TRENT	Trent	17	의류, 신발, 화장품, 향수, 악세서리 소매업. Tata그룹
66	금융	Chola	Cholamandalam Investment and Finance	17	비은행금융회사(NBFC). 자동차 대출에 특화
67	전력	TATA POWER	Tata Power	17	인도 최대 민간 발전 회사. Tata 그룹
68	시멘트	Shree Cement	Shree Cement	16	인도 3위 시멘트 제조사, 발전소 운영
69	IT 하드웨어	ABB	ABB India	16	전기 장비 제조사(고전압 스위치, 기어, 변압기 등). ABB인도 자회사
70	시멘트	Ambuja Cement	Ambuja Cements	16	인도 4위 시멘트 기업. Adani그룹

	산업	회사로고	회사명	시가총액 (조 원)		내용
71	제약	Cipla	Cipla	16		제약사. 호흡기, 심혈관질환, 관절염 치료 특화 세계 최대 항레트로바이러스제조사.
72	에너지	GAIL	GAIL India	16	국영	인도 최대 천연가스유통사
73	은행	pnb	Punjab National Bank	16	국영	국영 은행. 인도 자본만으로 설립된 최초 은행
74	제약	Divis	Divi's Laboratories	16		인도 대표 제약사. 세계 최대 원료의약품(API) 제조사
75	에너지	Bharat Petroleum	Bharat Petroleum Corporation	16	국영	인도 3위 정유사
76	천연자원	vedanta	Vedanta	15		인도 최대 천연자원 기업 (아연, 알미늄, 구리, 철강석, 석유, 가스 등)
77	제약	Dr.Reddy's	DR Reddy's Laboratories	15		인도 3위 제약사 제네릭(복제약)제조 특화, 원료의약품(API), 바이오시밀러제조
78	FMCG	Dabur	Dabur India	15		가공식품(주스 등), 퍼스널케어(샴푸, 치약 등)제품 제조사
79	자동차	TVS	TVS Motor	15		인도 4대 오토바이 회사. TVS 그룹
80	FMCG	TATA CONSUMER PRODUCTS	Tata Consumer Products	15		차(Tea), 커피, 생수 등 가공식품 제조사. Tata 그룹

	산업	회사로고	회사명	시가총액 (조 원)	내용
81	건설/부동산	LODHA	Macrotech Developers	14	부동산 개발 회사. Lodha 그룹
82	은행	Union Bank	Union Bank of India	14	국영 국영 은행. 안드라은행과 코퍼레이티드은행 합병
83	지주사	BAJAJ HOLDINGS & INVESTMENT	Bajaj Holdings & Investment	14	Bajaj 그룹 지주회사.
84	IT 하드웨어	HAVELLS	Havells India	14	전자 제품, 전기 장비 제조사 Lloyd, Crabtree, Standard Electric, Promptech 등 브랜드 보유.
85	은행	Indian Overseas Bank	Indian Overseas Bank	13	국영 국영 은행. 외환 해외 은행 업무 전문
86	IT 하드웨어	POLYCAB	Polycab India	13	인도 1위 전선, 케이블 전문 회사
87	병원	Apollo HOSPITALS	Apollo Hospitals Enterprise	13	영리 병원. 약국, 치과, 원격 의료서비스 체인운영
88	자동차	Hero	Hero Motocorp	13	세계 1위 오토바이 제조사
89	FMCG	UNITED SPIRITS	United Spirits	13	인도 최대 주류 제조사. 영국 Diageo 자회사
90	제약	Mankind Serving Life	Mankind Pharma	12	인도에서 네 번째로 큰 제약사 콘돔, 임신 테스트 키트, 응급 피임약 특화

	산업	회사로고	회사명	시가총액 (조 원)	내용	
91	은행		Canara Bank	12	국영	국영 은행
92	금융		Shriram Finance	12		상용차, 승용차 금융, 중소기업 금융 및 소매 대출 전문. SHRIRAM 그룹
93	제약		Torrent Pharmaceuticals	12		제약사. 심혈관계, 중추신경계, 위장, 여성질환에 특화
94	보험		ICICI Prudential Life Insurance Company	12		생명보험사. 시장점유율4위. ICICI 금융 그룹
95	철강		Jindal Steel & Power	12		인도 세 번째 철강제조사. 화력발전소 운영
96	금융		SBI Cards and Payment Services	12	국영	인도 대표 신용카드, 결제회사. SBI 금융 그룹
97	화학		SRF	12		화학 회사. 불소 및 특수화학제품, 포장용 필름 등 제조
98	전력		CG Power and Industrial Solutions	11		발전, 송배전, 철도관련 제품 제조 기업
99	은행		IDBI Bank	11	국영	인도 산업개발은행
100	보험		ICICI Lombard General Insurance	11		인도 민간 1위 손해보험회사(전체 5위). ICICI 금융 그룹

인도 시가총액 TOP100 산업 비중을 우리나라와 비교해보겠습니다.

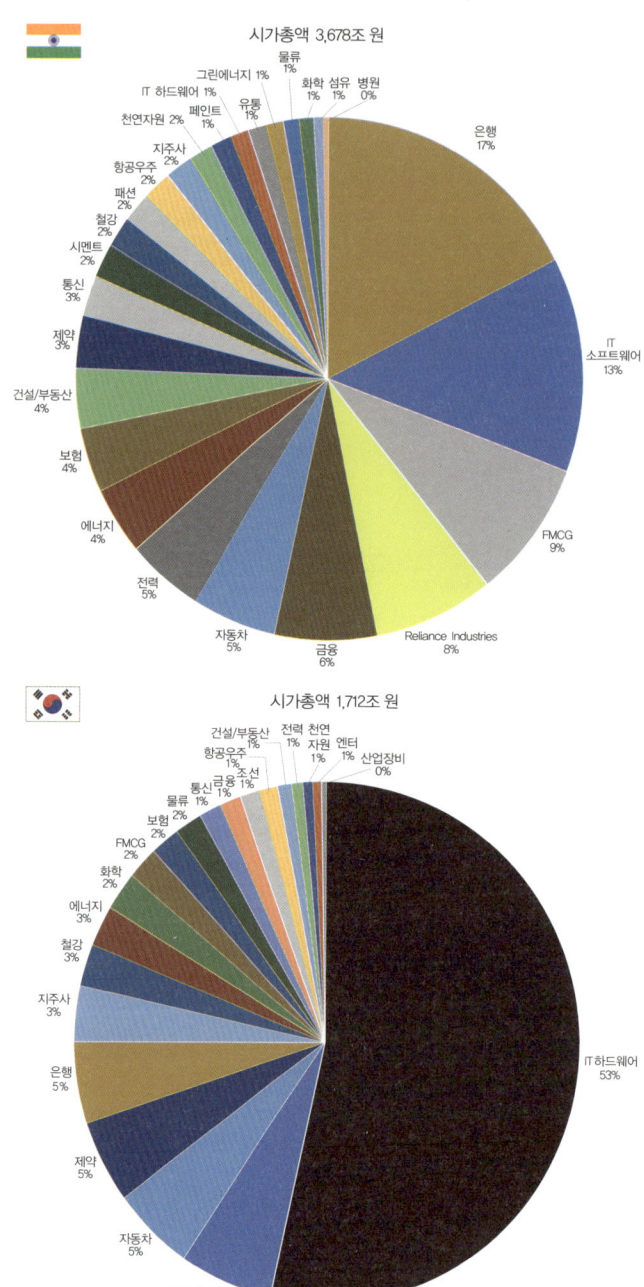

시가총액 TOP 100 산업 비중 인도 VS 한국. 2023.12.26 기준

TOP 10에서 본 것과 큰 차이 없습니다. 우리나라는 IT하드웨어 산업에 집중되어 있습니다. '삼성전자'가 워낙 크기 때문이고, 'SK하이닉스'와 'LG에너지솔루션', '삼성SDI', '에코프로비엠' 등 2차전지 기업들도 크게 기여합니다. 이들은 국제적 경쟁력을 갖고 있는 수출 기업입니다. 또 해외에서 시장 점유율을 확대하고 있는 '현대차', '기아' 등 자동차 산업이 선전하고 있습니다. 우리나라는 자본과 기술이 집약된 제조업(반도체, 2차전지, 자동차, 제약/바이오, 화학)을 참 잘합니다.

인도는 산업 구성이 분산되어 있습니다. TOP 10과 마찬가지로, 은행이 가장 크고, IT서비스(IT소프트웨어) 산업이 큽니다. 안정적인 성장이 기대되는 생필품 산업인 FMCG와 NBFC, 보험 등 금융 역시 큰 비중을 차지합니다. 또 소득 성장으로 전력 수요가 증가하고 있어, 대규모 투자가 진행되고 있는 전력 산업도 부각되고 있습니다.

인도 TOP 100의 또 다른 특징은 '건설', '부동산'과 시멘트', '철강', '페인트', '천연자원' 기업들이 강하다는 것입니다. 인도는 주택, 도로 등 사회기간시설(인프라)이 부족하기 때문에 대규모 투자가 진행되고 있습니다. 따라서 건설, 부동산 기업과 건축 자재들의 수익이 좋고, 성장성도 높습니다.

시가총액 TOP 100에서 비중이 큰 산업은 인도와 우리나라 대표 산업이라 할 수 있습니다.

산업	시가총액(조 원)	비중	기업 수
은행	640	17%	12
IT소프트웨어	489	13%	7
FMCG	316	9%	8
Reliance Industries	278	8%	1
금융	237	6%	9
자동차	199	5%	7
전력	182	5%	7

산업	시가총액(조 원)	비중	기업 수
IT하드웨어	914	53%	22
IT소프트웨어	104	6%	8
자동차	91	5%	7
제약	89	5%	10
은행	86	5%	6
지주사	69	3%	7
철강	45	3%	2

인도-한국 시가총액 비중 TOP 7 산업

2023년 12월 말 시가총액 기준으로 인도 TOP 7 산업을 선정했습니다. 은행, IT소프트웨어, FMCG, Reliance Industries(정유/화학, 유통, 통신), 금융, 자동차, 전력입니다.

우리는 IT하드웨어, IT소프트웨어, 자동차, 제약, 은행, 지주사, 철강입니다. 우리와 인도의 주요 산업은 큰 차이가 있네요. 인도는 큰 내수 시장을 갖고 있기에 내수 기업들이 강합니다. 우리는 수출 시장이 필요하구요. 우리가 잘하는 반도체, 2차전지, 자동차 등의 제조업은 인도가 절실히 원하는 비즈니스입니다. 우리는 생산 가능 인구가 줄어들고 있지만, 인도는 풍부한 인력을 조달하기 좋습니다. 4차 산업혁명에 필요한 소프트웨어 인력도 많구요. 서로 상반된 영역에 강점이 있다 생각합니다. 좋은 파트너가 될 수 있으리라 기대합니다.

다음 장에서는 인도 주요 산업에 대해 좀 더 알아보겠습니다.

3. 주요 산업

인도 경제에 미치는 비중이 크고, 성장 가능성이 높은 인도 주요 산업을 좀 더 알아보겠습니다. 은행, IT서비스, Reliance Industries(정유/화학/유통/통신), FMCG, 자동차, 전력, 제약 순입니다.

[은행]

은행은 사회 기간 산업으로, 다른 산업에 혈액(돈)을 공급하는 역할을 합니다. 사업이 성장하기 위해선 대출받기 좋은 환경이 필수입니다. 좋은 아이디어와 실행력이 있는데, 자금이 없어 사업을 못하는 입장에 있다고 생각해보세요. 그 때 누군가가 돈을 빌려준다면 당장 시작할 수 있을 겁니다. 하지만 그럴 수 없다면, 필요한 자금을 모으는데 시간이 허비됩니다. 그 동안 사업의 기회가 사라질 수도 있구요. 경제의 성장에는 금융의 역할, 특히 은행이 중요합니다.

인도 은행 산업은 인도가 가진 경제 규모에 비해 작습니다. 인도 은행은 장기 성장 사이클의 초입에 있다고 생각합니다.

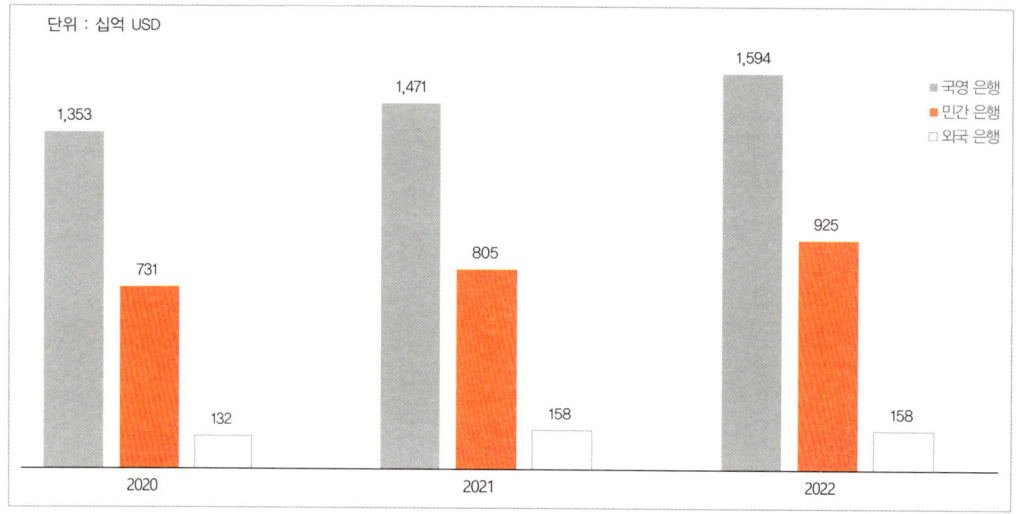

인도 은행 산업 총자산

2022년 인도 은행들의 총 자산은 2조 677억 달러(USD)로, 2022년 인도 GDP인 3조 3천억 달러보다 적습니다. 반면 중국 은행의 총자산은 GDP 대비 2배, 우리나라는 1.8배입니다(2021. IMF). 경제 규모 대비 은행 산업의 크기가 작습니다. 하지만 이 수치도 최근 약 10%씩 꾸준히 성장해온 결과입니다.

그 동안 협소한 은행 산업은 인도 경제 성장에 큰 도움이 되지 못했습니다. 인도는 금융의 수혜를 받지 못하던 나라로, 아직까지도 많은 국민이 금융소외층으로 분류됩니다. 신용등급이 없고, 대출을 받아본 적도 없지요. 2023년 6월 인도 총 대출은 1조7천억 달러를 넘었고, 같은 해 3월 기준 '인도 가구당 GDP 대비 부채비율'은 14% 로 집계됩니다. 중국이 62%, 미국이 64%, 우리나라가 104%인 것에 비해 낮습니다. 'Ernst & Young' 조사에 따르면 인도 가계의 11%만이 대출을 이용해 봤다고 합니다. 인도는 아직 대출을 통한 레버리지 효과를 누리지 못하고 있다하겠습니다. 기업 대출 역시 마찬가지입니다. 신용이 없는 많은 중소기업들에게 은행의 문턱은 높습니다. 14%의 중소기업만이 대출 혜택을 받고 있습니다('Next phase of Digital lending in India' EY.2023).

debt-to-GDP ratio per household : 명목GDP 대비 가구 대출총액

레버리지(leverage) : 타인의 자본을 지렛대처럼 이용하여 자기 자본의 이익률을 높이는 것. 대출받아 집 사기, 차 사기, 사업하기 등등.

인도 은행 산업은 12개의 국영 은행, 22개의 민간 은행과 외국계 은행 그리고 다수의 지방은행 등으로 구성되어 있습니다.

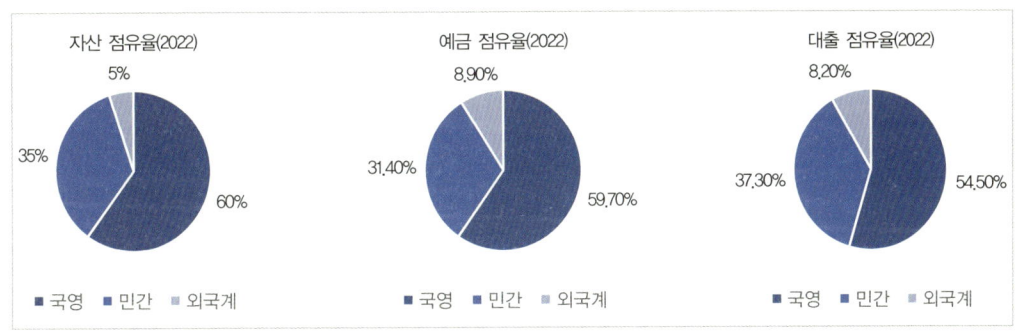

인도 은행 산업 점유율(2022)

그리고 '국영은행'의 영향력이 큽니다. 자산 규모에서 60% 이상을 차지하며 예금, 대출에서도 50%의 이상을 점유하고 있습니다. 국영은행이 많은 이유는, 독립 후 정권을 잡은 네루 정부가 사회주의 경제를 표방했기 때문입니다.

이 시기에 대부분의 민간 은행들이 국유화되었습니다. 민간은행들은 설립시기도 국영에 비해 늦고, 2000년 이후 본격적으로 성장했습니다.

문제는 국영은행들의 재무건전성이 나쁘다는 것입니다.

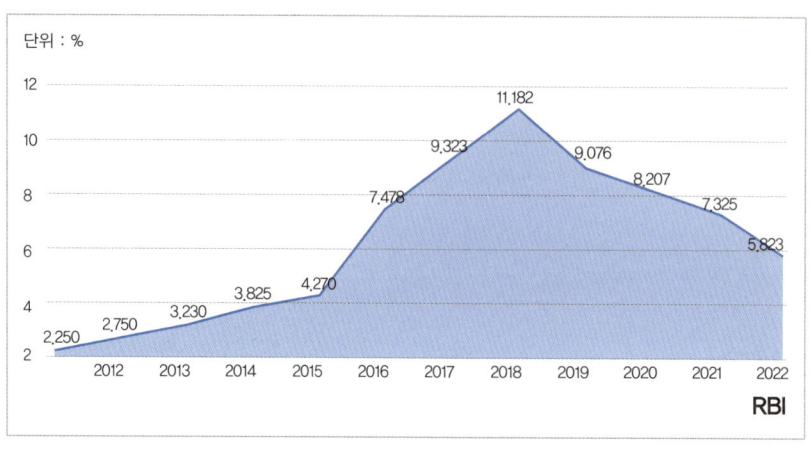

인도 은행 부실채권 비율 추이

2022년, 인도 은행들의 부실채권 비율은 5.8%대입니다. 우리나라, 미국 은행들의 부실채권 비율은 1% 대 전후로, 2%가 넘어가면 큰 이슈가 됩니다. 인도 은행들의 부실은 2018년 11%로 최고를 찍었습니다. 이후 코로나바이러스(COVID-19)가 창궐했고, 얼어붙는 경기를 방어하기 위해 금리를 대폭 인하합니다. 한편, 개인과 기업에겐 대출 상환을 연장해줍니다. 은행에게도 대손충당금 부담을 줄여주었습니다. 그 결과로 부실채권 비중이 떨어지고 있습니다. 시간이 갈수록 부실채권 비율이 떨어지니 긍정적입니다만, 아직도 높은 수준입니다. 원천적 부실이 해결된 거라 볼 수 없습니다. 대출 부실은 인도 은행 산업의 위험 요소입니다.

대손충당금 :
대출해준 돈을 못 받을 것으로 생각해 쌓아놓는 적립금

한편, 정부는 금융 서비스 확대에 힘써왔습니다. 은행 계좌가 없는 국민에게 계좌를 만들어 주고(Jan-Dhan Yojana), 디지털 결제 시스템(Unified

Payments Interface)을 구축했습니다. 그리고 2017년 이후, 인터넷 환경이 빠르게 좋아지면서, 디지털 금융 거래가 가파르게 증가했습니다. 많은 핀테크 기업들이 등장했고, 빠른 속도로 성장합니다. 많은 사람들이 은행 거래 경험을 건너 뛰고, 디지털 금융을 받아들이고 있습니다.

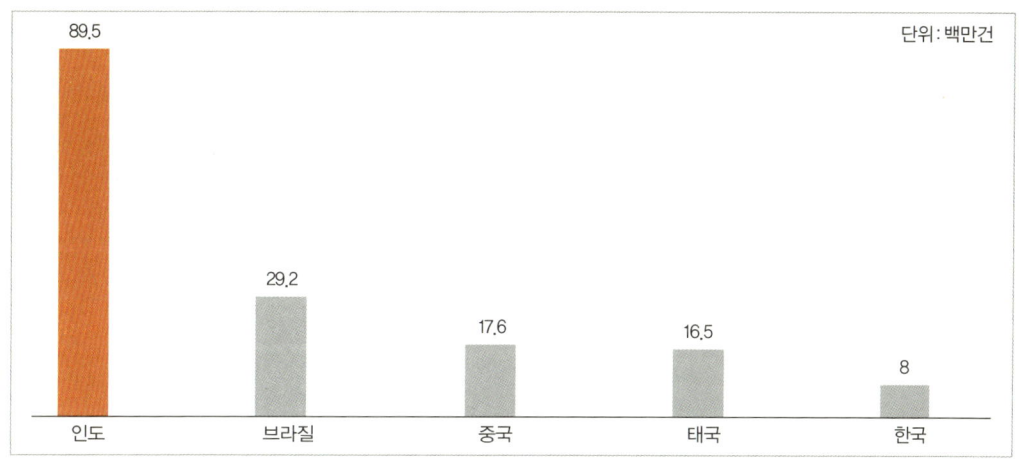

디지털 결제 건수 TOP 5. 2022. MyGovIndia

인도는 디지털 금융 최대 격전지입니다. 2022년 인도 디지털 결제 건수는 8,950만건으로 압도적 세계 1위입니다. 세계 디지털 결제의 46%를 차지합니다. 핀테크 대출도 마찬가지입니다. 핀테크 대출은 승인이 빠르고, 은행 보다 저렴한 금리를 제공합니다. 신용 등급이 없는 사람들에게, 빅데이터 분석을 활용한 대체 신용평가라는 해법을 찾았습니다. 인도 디지털 소매 대출은 2030년까지 7,200억 달러 규모로 성장할 것으로 예상됩니다(Inc42. State of Indian Fintech Ecosystem Q3 2023 report).

은행들도 이런 시장의 변화를 알고 있으며, 뒤쳐지지 않으려 노력하고 있습니다. HDFC Bank, ICICI Bank등 메이저 은행 역시, 전체 거래의 90% 이상이 온라인 환경에서 발생합니다. 핀테크가 개척하는 새로운 서비스 영역들도, 은행들이 유연하게 따라가고 있는 모습입니다.

한편 보유 자산이 큰 은행들은, 주택담보대출 같은 핀테크가 다루기 힘든 큰 규모의 대출 시장에서 선전할 것으로 전망합니다. 대출금이 크면 연동되는 이자 부담도 큽니다. 금리 할인을 받기 위해서는 모기지론을 받은 은행의 여러 서비스를 이용할 수밖에 없습니다. 인도 금융 산업은 초기 단계로, 은행에게 성장할 많은 기회가 있습니다.

▶인도 주요 은행

	산업	로고	회사명	시가총액 (조 원)	매출 (조 원)
1	은행	HDFC BANK	HDFC Bank	220	32
2	은행	ICICI Bank	ICICI Bank	112	30
3	은행	SBI	STATE BANK OF INDIA	91	75
4	은행	kotak	Kotak Mah. Bank	59	11
5	은행	AXIS BANK	Axis Bank	54	17

시가총액 2023년 12월, 매출 FY2023기준

[IT 서비스]

IT 서비스는 인도의 핵심 산업입니다. IT 컨설팅, IT 소프트웨어, IT 솔루션, IT 아웃소싱 등 이 분야를 지칭하는 표현은 많지만, 인도에서는 'IT·ITeS 산업'이라 부릅니다.

'Information Technology · Information Technology Enabled Services' 정보 기술 기반 서비스, '정보 기술을 이용해서 효율적으로 일하도록 돕는 산업'이라 정의하겠습니다.

IT·ITeS 산업은 크게 네 개로 분류합니다. IT서비스, BPM(Business Process Management), 소프트웨어 제작 및 엔지니어링 서비스, 그리고 하드웨어입니다.

세부적으로 보면

1. IT서비스
전산 운영 프로그램(정보 시스템)을 만들고 관리합니다. 정보 시스템이 사업에 필수인 은행, 보험, 증권 등 금융사, 항공사 등이 큰 고객입니다. COVID-19 이후, 디지털 전환이 급속도로 진행되면서, IT서비스 수요가 크게 증가하는 추세입니다.

디지털 전환
Digital Transformation :
클라우드 컴퓨팅, AI, 빅데이터분석, 사물인터넷 IoT 등 디지털 기술을 적용하여 기존 사업 방식을 개선하는 것.

2. BPM (Business Process Management)
BPO (Business Process Outsourcing)이라고도 부르며, 기업의 비핵심업무를 대신해주는(아웃소싱) 사업입니다. 콜센터, IT지원을 시작으로, 물류, 회계, 구매, 인사 등 전 업무 영역으로 확장되고 있습니다.

3. 소프트웨어 제작 및 엔지니어링 서비스(Software & Engineering)

말 그대로 응용 프로그램(소프트웨어)등을 만들어주고, 기술을 지원하는 업무입니다. 어플리케이션 제작, 보안시스템 구축 등이 포함됩니다.

위 세 영역 모두 컴퓨터 소프트웨어 프로그래밍 기술을 활용합니다. 그리고 빠르게 융합되어 영역 구분이 모호해지고 있습니다.

4. 하드웨어

PC, 서버, 센서, 스마트폰, 반도체 등, IT서비스에 필요한 물리적인 도구를 말합니다. 우리나라가 강한 산업입니다. 인도는 이 부문이 약합니다.

인도 IT·ITeS 산업은 매출의 95% 이상이 해외에서 발생합니다. 인도는 전세계 IT서비스의 55%를 떠맡고 있습니다.

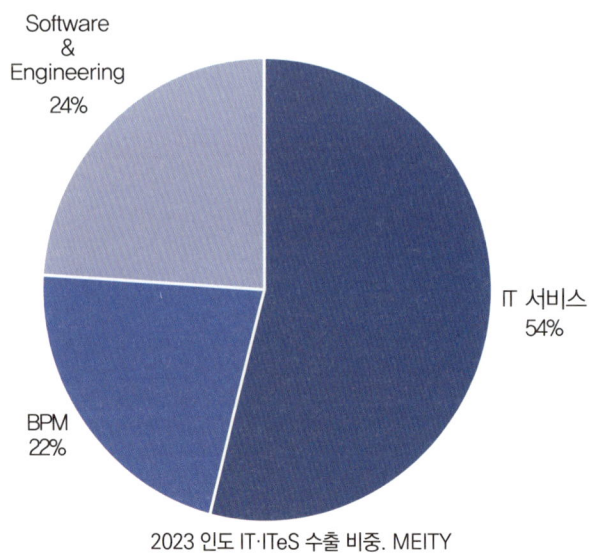

2023 인도 IT·ITeS 수출 비중. MEITY

수출 분야는 IT서비스, BPM, Sofrware & Engineering의 소프트웨어 부문입니다. 하드웨어는 수출 실적이 없습니다. 되려 중국, 일본, 한국 등에 수입에 의존하고 있습니다.

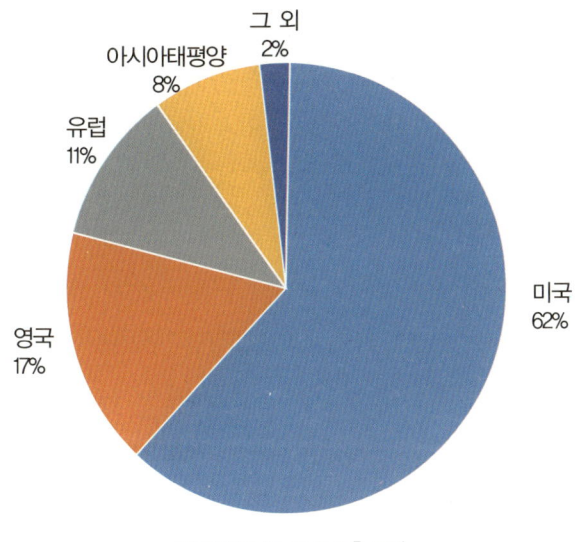

2022 인도 IT·ITeS 수출 국가

국가별 수출 비중을 보면, 미국이 가장 큽니다. 인도 IT서비스 산업은 태생이 미국입니다. 미국 IT산업의 하청으로 시작했기 때문입니다. 이 후 영국과 유럽으로 외연을 넓혔습니다. 선진국 시장을 장악한 후, 다음으로 노리는 곳은 아시아입니다.

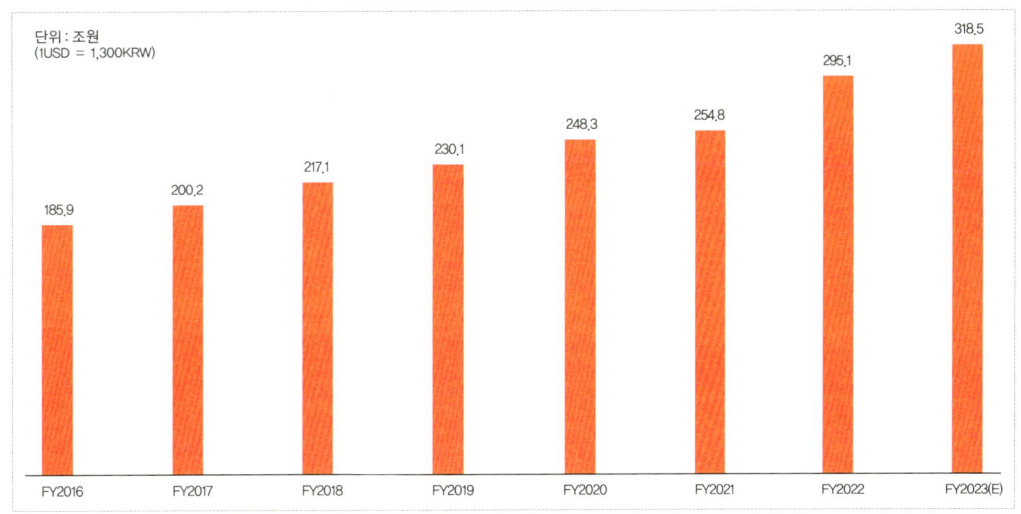

인도 IT·ITeS 산업 매출

2장 | 인도 주식시장 **141**

인도 IT·ITeS 산업의 시장 규모는 빠르게 커지고 있습니다. 2015년부터 2023년까지 연평균 8%씩 성장했습니다. 2023 회계연도는 318조원을 달성하리라 예상됩니다. 4차 산업 혁명 시대. 디지털 전환은 선택이 아닌 필수입니다. IT서비스 수요는 장기간 증가할 것으로 예상합니다.

인도 IT산업의 경쟁력은 풍부한 인적 자원에서 나옵니다. 인도 IT서비스 산업에 종사하는 인구는 450만명입니다. 여기에 매년 40만명의 소프트웨어 엔지니어가 신규로 공급됩니다. 우리나라 IT산업 전체 인력이 30만명인 것을 생각하면, 인도 IT산업이 얼마나 거대한지 실감이 납니다.
인도 소프트웨어 엔지니어들의 경쟁력은 인건비에서 시작합니다. 취업 정보기업 'Ambitionbox'에 따르면, 1년 미만부터 5년까지의 경력을 가진 인도 소프트웨어 엔지니어 연봉은 4백5십만원에서 5천5백만원(280,000~ 1,550,000 INR)사이에 형성되어 있으며, 평균 연봉은 1천4백만원 수준(850,000 인도루피)입니다. 우리나라의 소프트웨어 엔지니어의 초봉이 3~4천만원인것에 형성된 것에 비해 저렴합니다.
인건비가 낮다고 실력이 낮은 건 아닙니다. 영어가 공용어로 쓰이는 덕분에 미국 등 영어권 시장에서도 바로 일할 수 있어, 구글, 메타 등 글로벌 테크기업에서 근무한 경력자들도 많습니다. 업계 수준이 평균적으로 높습니다.

인도 정부는 IT서비스를 국가 산업으로 키우고 있습니다. 일찍부터 IT소프트웨어 개발 전담반을 설립하여, 계획성 있게 산업 기반을 조성해왔습니다. 2011년부터는 본격적으로 외국인 직접투자(FDI)가 유치되었는데요. 수혜를 본, 대표적인 도시가 인도의 '실리콘밸리'로 불리는 'Bengaluru 뱅갈루루'입니다. 이 곳은 글로벌 IT서비스 산업의 메카라 할 수 있는데요. 구글, 아마존, SAP, 시스코, 어도비 등 글로벌 IT기업들과 액센츄어, IBM 등 IT서비스 기업들의 지사가 있습니다. 우리나라 삼성전자, 삼성SDS, LG전자, LG CNS도 이 곳에 연구소를 두고 있습니다.

인도 IT서비스 산업은 탁월한 브랜드 파워를 갖고 있습니다. 'brandirectory.com'에서 발표한 글로벌 IT서비스 기업 브랜드 순위 TOP 15 중, 5개가 인도 기업입니다.

2023	2022	Logo	Name	Country
1 =	1	accenture	accenture	🇺🇸
2 =	2	tcs	TCS	🇮🇳
3 =	3	Infosys	Infosys	🇮🇳
4 =	4	IBM	IBM Consulting	🇺🇸
5 ▲	6	Capgemini	Capgemini	🇫🇷
6 ▲	9	NTT DATA	NTT DATA	🇯🇵
7 ▼	5	cognizant	Cognizant	🇺🇸
8 =	8	HCLTech	HCLTech	🇮🇳
9 ▼	7	wipro	Wipro	🇮🇳
10 =	10	FUJITSU	Fujitsu (IT Services)	🇯🇵
11 ▲	15	TECH mahindra	Tech Mahindra	🇮🇳
12 ▲	13	SAMSUNG SDS	Samsung SDS	🇰🇷
13 ▲	16	<epam>	EPAM	🇺🇸
14 ▼	12	CGI	CGI	🇨🇦
15 ▼	11	DXC TECHNOLOGY	DXC Technology	🇺🇸

Global IT Service Brand Top 15. brandirectory.com

인도 IT서비스 산업은 장기간 축적된 노하우와 경쟁력을 보유하고 있고, 글로벌 네트워크도 최고라 할 수 있습니다. COVID-19이후, 디지털 전환 속도가 빨라지고 있으며, 앞으로도 IT서비스 수요는 증가하리라 예상합니다.

▶인도 주요 IT서비스 기업

	산업	로고	회사명	시가총액 (조 원)	매출 (조 원)
1	IT 소프트웨어	tcs	TATA CONSULTANCY SERVICES	215	36
2	IT 소프트웨어	Infosys	Infosys	104	24
3	IT 소프트웨어	HCL	HCL Technologies	64	16
4	IT 소프트웨어	wipro	Wipro	39	14
5	IT 소프트웨어	LTIMindtree	LTIMindtree	29	17

시가총액 2023년 12월, 매출 FY2023기준

[Reliance Industries]

Reliance Industries는 개별 기업이지만, 인도 최대의 정유/화학, 유통 사업, 통신 사업자이므로 Reliance Industries를 통해 각 산업을 둘러보겠습니다.

'Reliance Industries'는 인도 시가총액 1위입니다. 2022 회계연도 실적은 매출 143조, 영업이익 16조, 순익(세후) 11조입니다. 2023년12월 현재 시가총액 278조원입니다.

릴라이언스 인더스트리스 사업구조

'SK그룹'과 비슷하다고 느낄 수 있습니다. 주 사업이 정유/화학과 통신사업이기 때문입니다. Reliance Industries는 '무케시 암바니'가 이끌고 있습니다. 그는 혁신적인 경영자이자, 아시아 최고 부자로 유명합니다. 그와 가족은 Reliance Industries 주식의 48%를 보유하고 있습니다. 주식 평가액만 130조원이 넘습니다.

암바니 가족

각 사업 부분을 간단히 보겠습니다.

Cash Cow :
안정적인 이익을
올리는 현금창출원

고도화비율:
원유 처리능력 대비
고유황 벙커C유 분해-
탈황시설의 비율.
정유기업의 부가가치
시설을 나타냄.

- 정유/화학 Reliance O2C

정유/화학 사업은 Reliance Industries의 캐시카우입니다. 창업주 선대 회장 '디루바이 암바니' 시절 시작되었습니다. 1999년 구자라트 주 잠나가르에 세계 최대 정유/화학 단지를 완성했습니다. 현재 하루 140만 배럴의 원유를 처리할 수 있고, 고도화비율이 높아 마진이 높습니다.

릴라이언스의 정유/화학 사업은 2021년 2월, 'Reliance O2C Limited' 라는 이름으로 분사되었습니다. O2C는 Oil to Chemical의 약자로, 분사 당시, O2C의 가치는 약 82조원으로 계산되었습니다.

Reliance Industries는 탐사, 채굴, 정제, 화학/섬유제품 제조, 판매까지, 에너지-화학 사업의 수직계열화를 완성했습니다. 탐사와 채굴은 모회사 Reliance Industries가, 나머지 사업은 O2C에서 수행합니다. 인도 내 가스전과 이송용 파이프라인(PNG)도 보유하고 있으며, 1,460개의 주유소와 30개 이상의 항공유 주유소도 운영합니다.

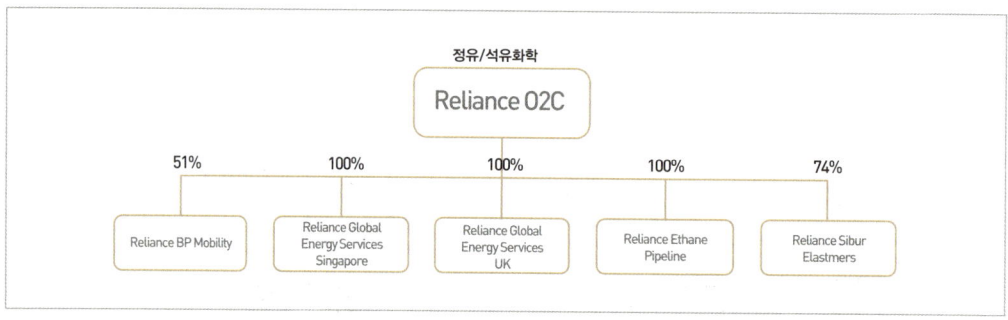

Reliance O2C Limited 사업구조

정유/화학은 다른 산업의 원료가 되는 기간 산업입니다. 인도는 개발도상국으로 정유/화학 수요가 빠르게 증가하고 있습니다. 인도 내 제조업이 많아질

수록 더 많은 혜택을 받게 될 것입니다. Reliance O2C는 2024년 이후 상장 가능성이 있습니다.

- 유통 Reliance Retail Ventures

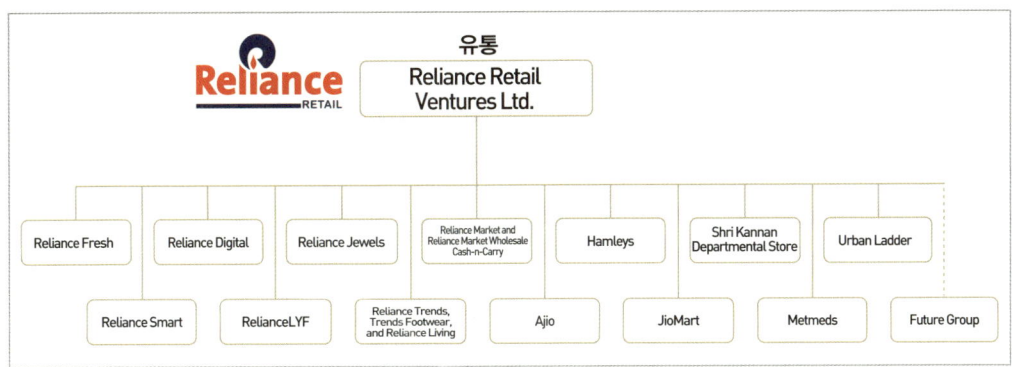

Reliance O2C Limited 사업구조

Reliance Industries는 자회사 'Reliance Retail Ventures Limited'를 통해 식품, 의류, 가전, 액세서리 등 대부분의 소비재를 유통하고 있습니다. 2023 회계연도 매출은 41조원입니다.
인도 유통 산업은 갈 길이 멉니다. 아직도 대부분의 상품이 재래시장을 통해 거래됩니다. 2023년 백화점, 마트, 슈퍼마켓과 같은 체계적인(Organized) 유통은 전체 산업의 12%에 불과합니다. Reliance Retail은 그 중 가장 강력한 지위를 갖고 있구요.

전자상거래 시장에서도 두각을 나타내고 있습니다. 인도 전자상거래 시장은 미국 'Amazon'과 'Wal-Mart'가 소유한 'Flipkart'가 지배하고 있습니다. 2019년, Reliance Retail은 통신사 Jio와 합작하여 온라인 쇼핑몰 'JioMart'를 출시합니다.

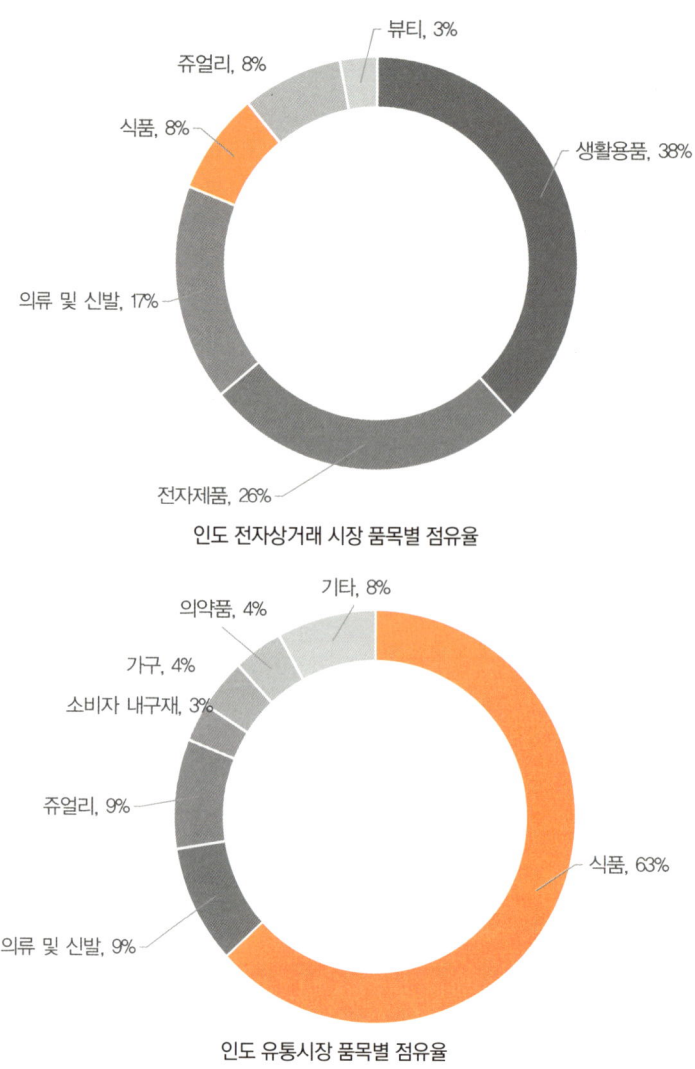

인도 전자상거래 시장 품목별 점유율

인도 유통시장 품목별 점유율

인도 전자상거래시장의 품목별 비중은 전자제품, 의류, 식품 순입니다. 하지만 전체 유통 시장에서 가장 큰 품목은 단연 식품입니다. 특히 야채/과일/고기/생선 등 신선식품 시장이 큽니다. JioMart는 가장 큰 품목인 식품으로 포문을 열었습니다. JioMart는 오프라인 유통망을 활용해 빠르게 배송지역을 넓히고 있습니다. JioMart외에도 전자제품을 판매하는 'Reliance Digital'과 의류, 패션 브랜드인 'Reliance Trends'등의 여러 온라인 쇼핑 브랜드들도 시장 지배력을 키우고 있습니다. 유통과 통신/디지털 서비스의 시너지가 결합된 데다가, 인도 토종기업의 홈 어드벤티지까지 받을 수 있어 미국 공룡들과 경쟁할 만합니다.

릴라이언스 리테일(Reliance Retail Ventures Limited) 역시 2024년 상장시킨다는 계획입니다.

- 통신/디지털서비스 JIO Platforms

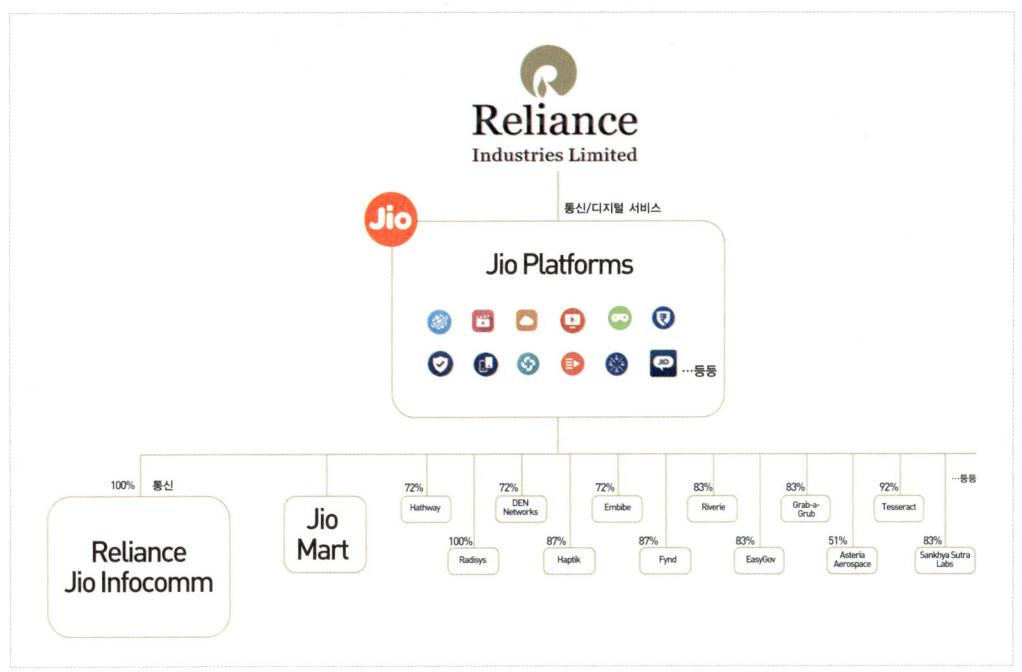

Jio Platforms Limited

'Reliance Jio'는 2023년 기준 가입자 4억4천명으로 인도 통신 시장 점유율 38.6%를 가진 1위입니다. 3년 내 시장점유율 50%를 달성하리라 예상됩니다. Reliance Industries는 2007년, 'Jio Infocomm'을 설립하고 4G 서비스에 28조원을 투자합니다. 그리고 2016년 9월 서비스 시작과 동시에 통신 시장을 개벽했습니다. 단 83일 만에 가입자 5천만명을 모집한 겁니다. 4G 폰을 공짜로 주고, 음성 통화, 데이터를 3개월 동안 무료로 제공했습니다. 데이터 이용 요금은 기존의

1/30로 낮춰버렸습니다. Jio의 등장으로, 인도는 인당 모바일 데이터 사용량 세계 1위 국가가 되었습니다.

저렴한 가격에 데이터를 사용할 수 있게 만든 후에는, 디지털 서비스 사업을 폭 넓게 전개하고 있습니다. 2019년에는 통신과 디지털 서비스 사업을 한데 모아 'Jio Platforms'를 출범했습니다.

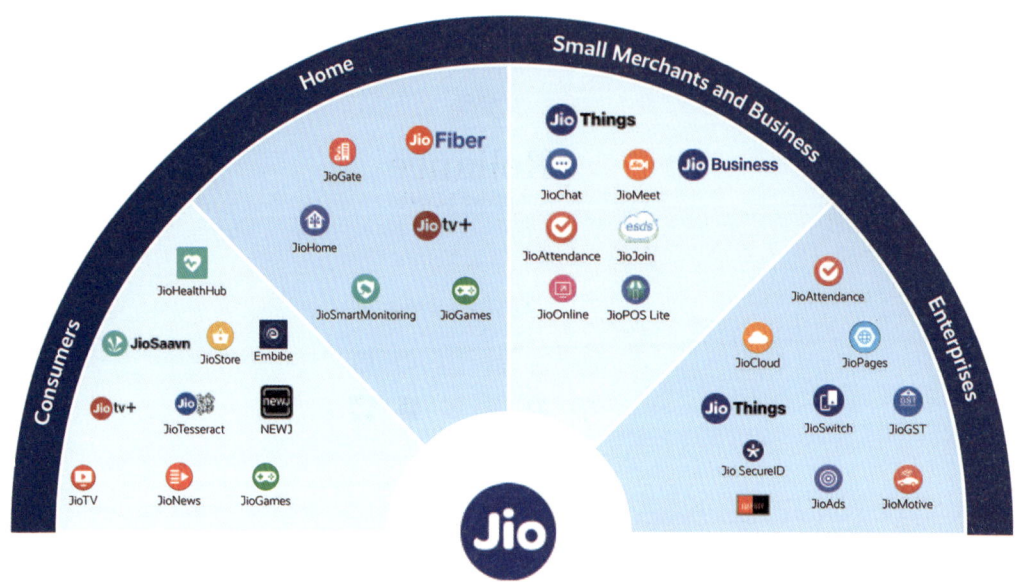

Jio Platforms 주요 사업. FY2023 Annual Report

Jio Platforms는 시장 1위 통신사이자, 수많은 IT벤쳐의 집합체입니다. 출범 당시 Jio Platforms는 70조원의 가치를 인정받으며, 지분의 33%를 글로벌 테크기업과 유명 펀드에게 매각했습니다.

회사명	지분율(%)	소유주	비고
Reliance Industries	67.03	Mukesh Ambani	발기인
Jaadhu Holdings LLC	9.99	Facebook, Inc.	전략 투자자
Google LLC	7.73	Alphabet, Inc.	전략 투자자
Intel Capital	0.39	Intel Corporation	전략 투자자
Qualcomm, Inc.	0.15	Qualcomm, Inc.	전략 투자자
KKR & Co. Inc.	2.32	KKR & Co. Inc.	사모펀드
Vista Equity Partners	2.32	Vista Equity Partners	사모펀드
SLP Redwood Co-Invest (DE), L.P. / SLP Redwood Holdings Pte. Ltd	2.08	Silver Lake	사모펀드
General Atlantic Singapore	1.34	General Atlantic	사모펀드
TPG Capital	0.93	TPG Capital	사모펀드
Interstellar Platform Holdings Pte. Ltd.	0.39	L Catterton	사모펀드
Public Investment Fund of Saudi Arabia	2.32	Govt. of Saudi Arabia	사우디 국부펀드
Mubadala Investment Company PJSC	1.85	Govt. of UAE	UAE 국부펀드
Abu Dhabi Investment Authority	1.16	Govt. of Abu Dhabi	아부다비 국부펀드

Jio Platform 주주 구성

특히 페이스북, 구글, 인텔, 퀄컴이 전략적 투자자로 합류한 것이 눈길을 끌었습니다. 인도 진출을 위해 릴라이언스를 파트너로 삼은 것입니다. 페이스북은 인도에서 가장 많이 쓰는 채팅앱 'Whatsapp와츠앱'을 가지고 있는데요. 와츠앱 내에서 릴라이언스의 JioMart 쇼핑을 연계하는 서비스를 제공하고 있습니다.

릴라이언스는 Jio Platforms를 미국 'NASDAQ'에 상장시킨다고 밝혀 투자자들의 기대가 집중되고 있습니다.

이 외에도 스마트폰 제조, 미디어(방송사, 신문, 인터넷포털 등), 헬스케어, 부동산 개발 등 수많은 사업을 하고 있습니다. 풍부한 자금력으로 공격적인 인수 합병도 진행 중입니다.

최근 가장 눈길을 끄는 행보는 신재생 에너지 사업 진출입니다. 현재 정유, 화학에서 수익의 절반 이상을 내는데도 불구하고, 2035년까지 '탄소 배출 제로Net-Zero'를 달성하겠다고 선언한 것입니다. 신재생에너지 생태계의 핵심 요소를 제조하기 위해 3년간 12조원(7,500억INR)을 투자합니다. 구자라트주 잠나가르 5,000에이커 부지에(여의도 면적의 77배) '디루바이 암바니 그린 에너지 기가 콤플렉스'가 건설 중입니다. 태양광 발전 모듈, 배터리, 그린 수소 전해조, 연료전지의 4대 기가 팩토리부터, 풍력, 바이오 에너지 제조 시설도 추가됩니다.

첫번째 프로젝트인 태양광 기가 팩토리에서는 폴리실리콘, 잉곳, 셀, 웨이퍼, 태양광 모듈 등 핵심 부품이 생산될 것입니다. 본격적인 가동은 2025년 하반기로 예상되구요. 2030년 이후에는 인도에서 가장 큰 신재생 에너지 기업이 될 전망입니다. 인도 태양광 설비의 60%, 배터리 30%, 수소 20%를 점유할 거라 기대합니다(Sanford C Bernstein).

[FMCG 산업]

FMCG는 'Fast-Moving Consumer Goods'의 약자입니다. '빠르게 움직이는 소비재', 사용 기간이 짧고 내구성이 약한 제품들입니다. 편의점, 마트에서 파는 대부분의 제품들이 여기 포함됩니다. 음료 등 가공식품과 치약, 비누, 샴푸 등 퍼스널케어, 화장품 그리고 주방, 세탁세제 등 홈케어 제품으로 나눌 수 있습니다. 또 처방전 없이 살 수 있는 약이나 주류, 담배, 생활용품도 FMCG로 분류됩니다. 다른 말로 일용소비재, Consumer Packaged Good 또는 비내구소비재라고도 불리며, 자동차, 전자제품처럼 오래 사용되는 '내구소비재'와 구분됩니다. 우리나라 대표 FMCG 기업은 LG생활건강, 아모레퍼시픽입니다.

회사로고	주사업	시가총액(조 원)	2022년 실적(조 원)	주요 브랜드
LG생활건강	퍼스널케어/홈케어	5.5	매출 7.2, 순익 0.26	페리오PERIOE, 테크, 퐁퐁
AMOREPACIFIC	퍼스널케어(화장품)	8	매출 4.1, 순익 0.13	Sulwhasoo, LANEIGE, innisfree
KT&G	담배	11	매출 5.8, 순익 1	
CJ 제일제당	식음료	4.8	매출 30, 순익 0.8	햇반, 다시다, bibigo
ORION	식음료	4.5	매출 2.8, 순익 0.4	초코파이 情, Dr.You, Market O

한국 대표 FMCG 기업

인도의 소비는 빠르게 증가하고 있고, 생활필수품 소비 증가가 특히 가파릅니다. 'Maxmize Market Research' 조사에 의하면, 인도 FMCG시장은 2022년 233조원 규모입니다. 청소년 인구 증가, 라이프 스타일의 변화로, 2029년에는 1,300조원이 넘을 거라 전망합니다. 7년만에 시장이 5.6배 커질 것이라는 공격적인 예측입니다. 이는 FMCG시장이 연간 약 28%씩 시장이 성장하면 달성할 수 있습니다.

터무니없는 전망으로 보일 수 있습니다만, 주식시장에서는 달성 가능하다 보는 것 같습니다. 'NIFTY FMCG 지수'를 구성하는 우량 FMCG 기업들의 주가수익배수(PER)가 45배로 형성되어 있어요. 전체 산업 우량주가 모인 NIFTY50가 23배인 것에 비해 두 배나 높습니다. NIFTY FMCG 기업들은 연 평균 20%가 넘는 빠른 성장을 보여주고 있고, 판매 마진이 높습니다. 그리고 앞으로 인도 FMCG 시장의 성장률이 과거보다 높을 것이라는 예상이 반영된 결과입니다.

구매자 입장에서 보면 FMCG는 가격이 저렴하기 때문에 구입 시 부담이 적습니다. 구매가 용이하죠. 반대로 판매자 입장에서는, 제품당 마진이 적기 때문에, 많이 팔아야 이익이 확보됩니다. '규모의 경제 실현'이 필수적입니다. 또 유통망이 구축되어야 하고, 물류도 중요합니다. 특히 식품 유통을 위해서는 냉장, 냉동 유통 시스템(Cold Chain)이 필요합니다. 인도는 유통 인프라가 낙후되어 있습니다.

규모의 경제 : 생산량이 증가함에 따라 평균 비용이 감소하는 현상.

따라서 현재 상위 기업들의 시장 지배력이 오래 유지될 가능성이 높습니다. 인도 FMCG 산업은 'Hindustan Unilever', 'P&G', 'Nestle' 등 글로벌 기업들과 'ITC', 'Britannia', 'Godrej' 등 토종 기업들이 상품 군 별로 과점하고 있습니다. 각 기업들은 카테고리별로 강력한 브랜드 파워를 갖고 있기 때문에, 인도 FMCG 투자는 '워렌 버핏'의 '코카콜라' 투자 아이디어와 상통합니다. 시가총액 상위 FMCG 기업들은 브랜드 파워가 강하고, 전국 유통망을 구축하여, 안정적인 수익을 낼 수 있습니다. 사업 확장성도 좋구요. 이것이 FMCG 기업 주가가 높게 형성되어 있는 이유입니다.

▶ 인도 주요 FMCG 기업

	산업	로고	회사명	시가총액 (조 원)	매출 (조 원)
1	FMCG		Hind. Unilever	97	9
2	FMCG		ITC	91	12
3	FMCG		Nestle India	39	2.7
4	FMCG		Varun Beverages	26	2.1
5	FMCG		Britannia Industries	20	2.6

시가총액 2023년 12월, 매출 FY2023기준

[자동차 산업]

인도 자동차 산업의 미래는 밝습니다.

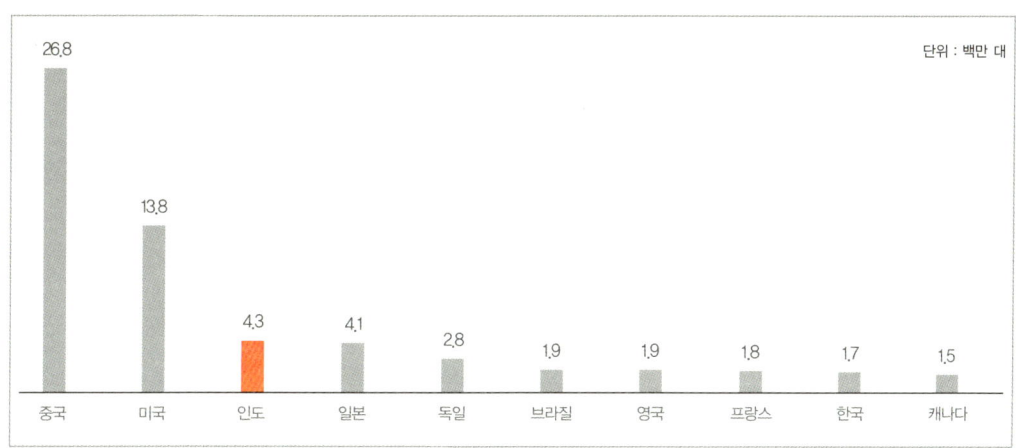

TOP 10 자동차 시장

인도 자동차 시장은 현재 세계 3위입니다. 2022년 4백3십만대가 팔렸습니다. 큰 시장입니다만, 비슷한 인구를 가진 중국의 1/6밖에 안됩니다. 중국 판매량의 반만 따라가더라도 3배이상 성장해야 합니다. 성장 여력이 매우 큰 시장인거죠.

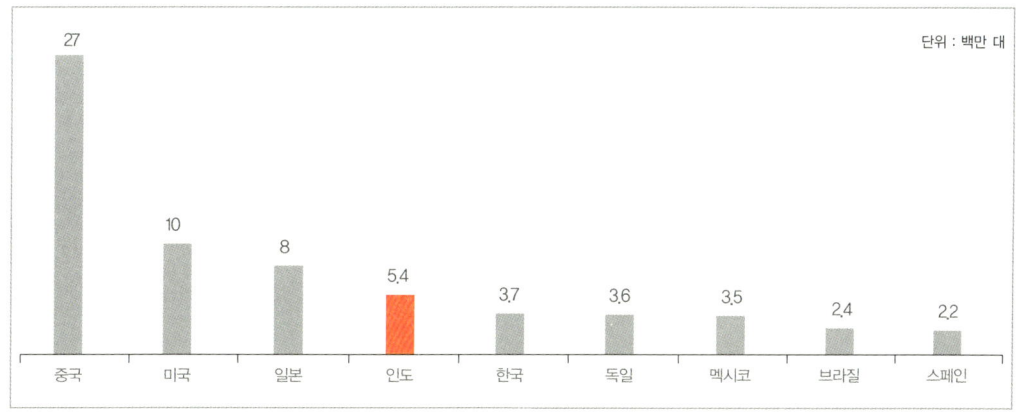

TOP 10 자동차 생산국

인도는 세계 5대 자동차 생산국입니다. 540만대의 자동차를 생산했습니다. 하지만 역시 최대 자동차 생산국인 중국의 1/5에 그칩니다.

인도의 자동차 소비와 생산은 모두 늘어날 겁니다.

인도 자동차 보급률은 인구 1,000명당 59대입니다. '브릭스 BRICs'로 함께 묶였던 브라질, 러시아보다도 낮습니다. 우리나라는 500대가 넘습니다. 자동차 판매는 가계소득이 증가하고, 대출을 이용하기 쉬워지면 빠르게 증가할 것입니다.

인도 자동차 산업은 전체 GDP에서 7.1%, 제조업에서는 49%를 차지하고, 고용 측면에서도 중요한 역할을 합니다. 중요도가 큰 산업인 만큼 정부 지원도 가장 많습니다. 정부가 주는 '생산연계인센티브(PLI) 중 가장 많은 비중이 자동차 산업에 있습니다.
정부는 인도를 글로벌 자동차 제조 허브로 만들려는 목표를 갖고 있습니다. 가능성은 있습니다. 인건비가 저렴해 원가 경쟁력이 있고, 잠재력 있는 내수 시장도 갖고 있습니다. 유럽, 중동, 아프리카, 아시아로 수출하기도 좋은 입지입니다.

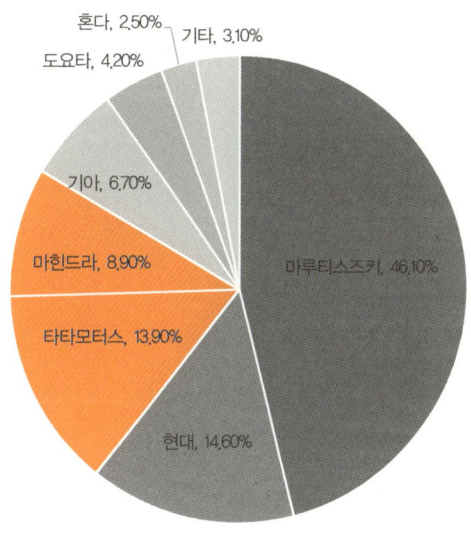

인도 승용차 시장 점유율

인도 승용차 시장에서는 일본의 스즈키와 인도 마루티가 합작한 '마루티스즈키 Maruti Suzuki'가 오랜 기간 최강자로 군림하고 있습니다. 시장 점유율 46%입니다. 다음으로 우리나라 현대차가 14%로 뒤를 따릅니다. 인도는 '현대자동차그룹'의 가장 큰 해외 시장입니다. 기아차는 2019년 인도에 진출한 후발주자지만, 빠르게 성장해 시장 점유율 6%를 차지하고 있습니다.

인도 토종 브랜드인 '타타 모터스 Tata Motor'와 '마힌드라Mahindra & Mahindra'는 13%, 8%를 점유합니다.

일본, 한국 기업들의 선전이 눈에 띄는데요. 그 이유는 인도가 매우 까다로운 시장이기 때문입니다. 인도 소비자는 가성비를 따지는 것으로 유명합니다. 한정된 자원으로 최대의 효율을 내야 하기 때문이죠. 브랜드보다 품질을 우선합니다. 가난한 사람이 많으니, 싸기만 하면 잘 팔릴 거라 생각하시나요? 2008년 'Tata Motors'에서 만든 초저가 승용차 'Tata Nano'는 안 팔려서 단종되었습니다. 250만원이었는데 말입니다. 가성비가 좋아야 합니다. 일본과 한국 자동차 메이커들은 일찍부터 투자해 현지화가 잘 돼있고, 탁월한 가성비를 인정받고 있습니다.

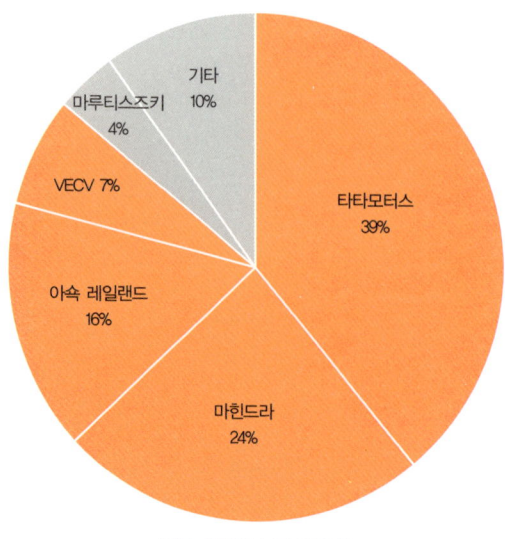

인도 상용차 시장 점유율

트럭, 버스 등을 생산하는 상용차 시장에서는 인도 토종 기업들이 선전하고 있습니다. 타타모터스와 마힌드라가 시장의 과반이상을 차지합니다. 뒤를 잇는 '아쇽 레일랜드(Ashok Leyland)'는 인도 출신 영국 재벌 'Hinduja 그룹'의 핵심 자회사이며, 'VE Commercial Vehicles'는 인도 토종 기업 'Eicher Motors'와 'Volvo'의 합작사입니다. 인도 상용차 시장은 인도 산업의 성장에 발맞추어 커졌습니다. 산업 확장, 인프라 개발, 전자상거래 증가, 산업 확장, 농촌 개발 등의 동력에 힘입어, 2028년까지 연평균 8% 성장할 것으로 예상됩니다.

한편 자동차 산업의 가장 큰 이슈는 전기차입니다. 인도 역시 환경 오염에서 벗어나고, 미래 산업 기회를 잡기 위해 적극적으로 전기차를 도입하려 합니다. 하지만 후발 주자인 인도 자동차 제조사들이 전기차 경쟁에서 이기기는 쉽지 않아 보입니다. 정부 지원이 필수입니다. 현재 인도 전기차 시장 점유율 1위는 타타자동차Tata Motors입니다. Tata는 영국 럭셔리 브랜드 '재규어'와 '랜드로버'를 보유하고 있습니다. 재규어는 전기차에 주력 중이구요. Tata는 그룹 차원에서 2차전지 제조와 충전 인프라 투자 등, 전기차 생태계 구축에 사활을 걸고 있습니다. 현대차도 인도에 'KONA', 'IONIQ6' 두 모델을 출시하며 경쟁에 뛰어들었습니다. 마루티스즈키와 마힌드라 역시 전기차 라인업을 늘리는데 역량을 집중하고 있구요. '테슬라 Tesla' 역시 거대시장 인도에 본격 진출하기 위해 협의 중입니다. 인도 전기차 경쟁이 본격화되고 있습니다.

▶ **인도 주요 자동차 제조사**

	산업	로고	회사명	시가총액 (조 원)	매출 (조 원)
1	자동차	MARUTI SUZUKI	Maruti Suzuki	49	18
2	자동차	TATA	Tata Motors	42	54
3	자동차	(로고)	Mahindra & Mahindra	33	19
4	자동차	BAJAJ	Bajaj Auto	29	5.8
5	자동차	EICHER	Eicher Motors	18	2.3

시가총액 2023년 12월, 매출 FY2023기준

[전력]

인도 국민들의 소득이 늘어나면 선풍기가 에어컨으로 바꿔고, 노트북, 휴대폰, TV 등 많은 가전제품을 들여놓을 것입니다. 모디 총리는 인도에 제조업 기반을 확충할 의지를 강하게 내비치고 있습니다. 인도의 전력 소비량과 발전량은 계속해서 늘어날 수밖에 없습니다. 인도 전력 산업은 인도 경제 성장과 함께 갈 유망 산업입니다.

인도는 세계에서 3번째로 큰 전력 시장입니다. 2022년 기준 1,443 TWh를 소비했으며, 1인당 전력 소비량은 1,161 킬로와트(kilowatt)입니다. 우리나라가 2022년 1인당 10,330 킬로와트를 소비한 것에 비해, 인도의 인당 전력 소비는 한참 낮습니다. 앞으로 전력 소비가 늘어날 여지가 큽니다. '인도중앙전력청'은 2030년까지 연평균 7.2%로 전력 소비가 증가할 것이라 예측하고 있습니다.

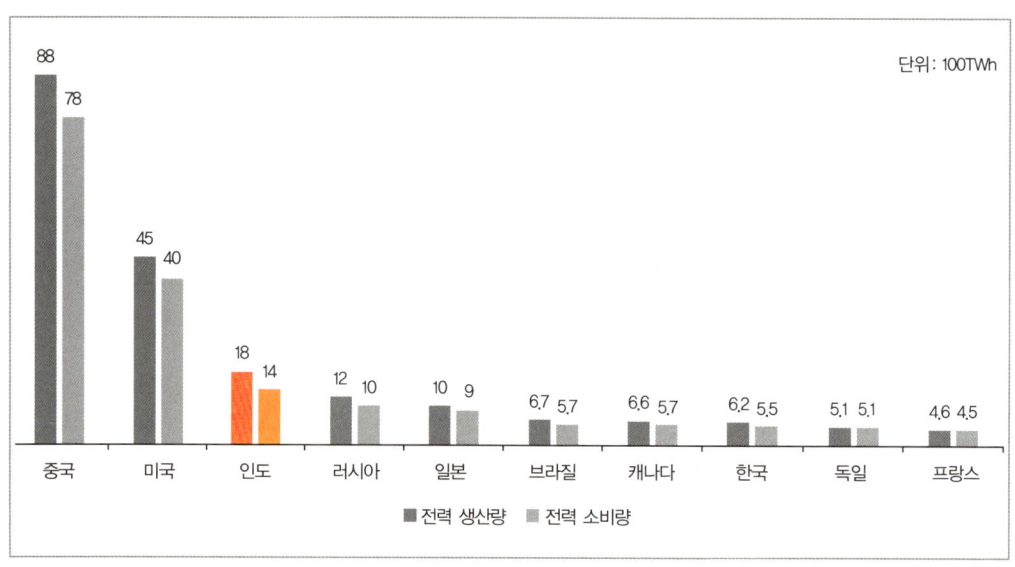

2021년 국가별 전력 생산량과 소비량 TOP 10. 2021. Statista

증가할 인도의 전력 수요를 충족시키기 위해, 발전 설비 투자가 증가하고 있습니다. '2022-2032년 국가전력계획(NEP)'에 따르면, 471GW의 발전 용량을 추가 확충할 계획입니다. 현재

발전 설비 용량은 417GW로, 10년 내에 지금보다 두 배 이상의 발전 용량을 보유하겠다는 목표입니다.

인도 재생에너지 투자 예상. Apthur Little

특히 신재생 에너지 발전 투자가 가장 활발할 것입니다. 현재 석탄이 발전원의 65%를 차지하고 있어, 러시아, 중국, 호주 등의 수입에 의존하고 있습니다. 신재생 에너지 발전의 비중이 많아진다면 수입 의존도 감소, 탄소 배출 감축이라는 두 마리 토끼를 다 잡을 수 있습니다. 인도는 저렴한 땅값과 인건비, 높은 일조량과 풍부한 풍량을 가지고 있습니다. 신재생 에너지 효율이 높습니다. 이를 알고 있는 정부는 2030년까지 비화석 연료 기반 에너지 용량을 500GW까지 확대하려 합니다. 신재생 에너지원을 사용하여 인도 전체 에너지 수요의 50% 이상을 충족하려 합니다. 현재 42.5%를 차지하는 비화석 연료 발전을 2032년 말까지 68.4%로 늘릴 계획입니다.

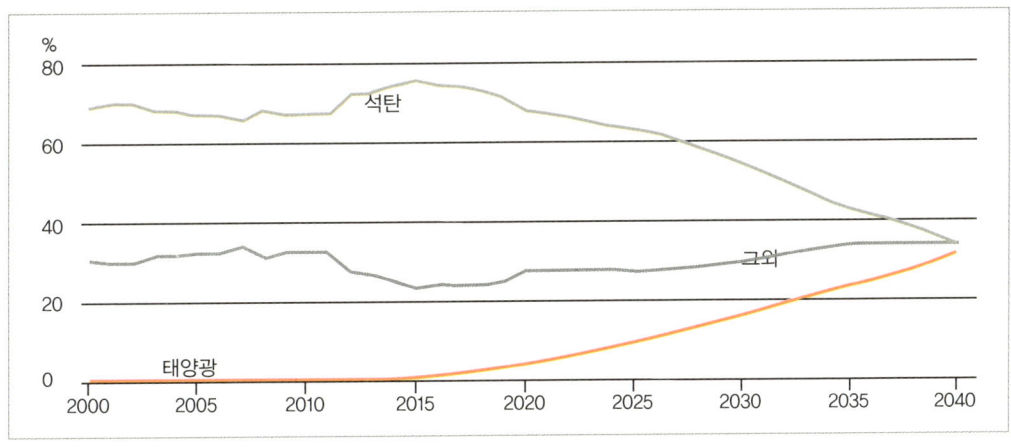

인도 예상 발전원 변화. IEA

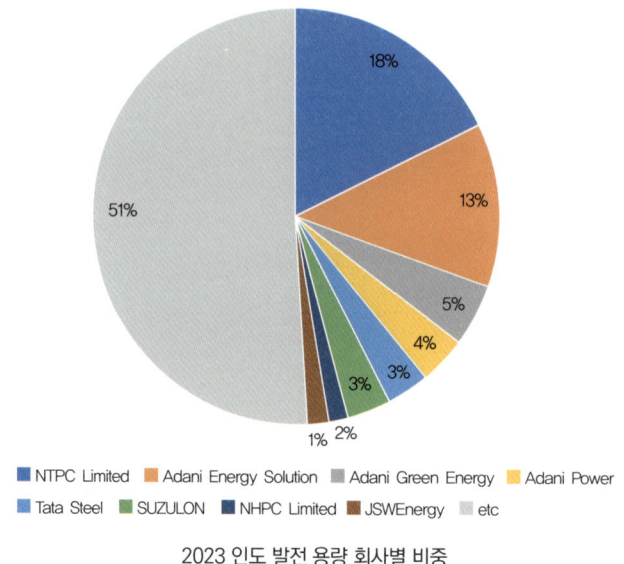

2023 인도 발전 용량 회사별 비중

Net zero:
실질적인
탄소 배출량을
'0'이 되게
하는 것

인도 전력 산업에서 가장 큰 지배력을 가지고 있는 기업은 'NTPC'입니다. 73GW의 발전시설을 보유한 인도 최대 발전 회사입니다. NTPC는 2032년까지 보유 발전 설비를 130GW까지 증대할 계획입니다. 2070년 'Net zero'를 달성하기 위해 신재생에너지 발전 설비는 60GW까지 확대할 예정입니다. NTPC가 생산한 전력을 송전하는 기업은 'Power Grid Corporation of India'입니다. 인도 송전 시스템의 90%를 담당하며, 생산된 전체 전력의 약 50%를 전송합니다. 한국 전력과 비슷한 역할을 합니다. 인도 최대 민간 송전 업체인 'Adani Energy Solution'도 민간 송전 서비스를 하고 있습니다.

인도 전력 산업에서는 Adani 그룹을 주목할 만합니다. 'Adani Power'는 최대 민간 화력 발전소를 운영하고 있으며, 화력 발전 사업에 적극적으로 투자하고 있습니다. 빠르게 증가하는 전력 수요를 신재생 에너지가 충족하기까지, 간극을 메꾸며 수혜를 받을 수 있습니다. 'Adani Green Energy'는 신재생 에너지 발전 용량 8.3GW를 보유한 인도 최대 신재생 에너지 발전 기업입니다. 건설 중인 프로젝트를 포함하면 20GW로 세계 최대 규모이며, 생산된 전력은 25년 간의 장기전력구매계약으로 100% 정부에 판매됩니다.

이 밖에도 발전 용량 14GW를 보유한 인도 최대 민간 발전 기업 'Tata Power', 인도 3위 민간 발전소 'JSW Energy', 인도 최대 수력 발전소를 운영하는 'NHPC'도 인도 에너지 생산에 크게 기여합니다.

▶인도 주요 전력 기업

	산업	로고	회사명	시가총액 (조 원)	매출 (조 원)
1	전력	NTPC	NTPC	47	26
2	전력		Power Grid Corporation Of India	34	7
3	전력	adani Power	Adani Power	32	6
4	전력	SIEMENS	Siemens	23	3
5	전력	adani Energy Solutions	Adani Energy Solutions	18	2

시가총액 2023년 12월, 매출 FY2023기준

[제약]

많은 분들이 인도를 '카레국'이라 부르지만, 저는 '약국'이라 부릅니다. 인도를 다녀 갈 때마다, 많은 분들이 약을 사다 달라고 부탁합니다. 인도에선 처방 없이 살 수 있는 약들이 많고, 약값이 저렴하기 때문입니다.

인도는 의약품 생산량 기준으로 세계 3위, 가치 기준으로 14위의 제약산업을 갖고 있습니다. 3,000여개의 제약 회사가 활동하고 있으며, 연구, 생산 시설이 1만개가 넘습니다.

제네릭의약품
Generic Drug
복제약, 카피약이라고도 부릅니다. 오리지널 약품의 특허가 만료되면 같은 성분의 약을 다른 이름으로 팔 수 있습니다. 오리지널 약과 성분도 같고, 효능도 같지만, 가격은 더 저렴합니다. 인도는 세계 제네릭 수출 물량의 20%를 차지하는 최대 제네릭 수출국입니다.

일반의약품OTC :
Over-the-counter Drug
처방전 없이 살 수 있는 약.

인도 제약 산업은 인도 대표 수출 산업인데요. 인도는 세계 최대 제네릭 수출국으로 미국 일반의약품의 40%, 영국 의약품의 25%가 인도에서 공급되고 있습니다. COVID-19 이후 더욱 유명해진 것처럼, 백신 생산에도 특화되어 있습니다. 전세계 백신의 50% 이상을 공급합니다. 2023 회계연도에 약 33조원을 수출했습니다.

인도 제약 산업이 생산량으로는 세계 3위(M/S 10%)지만, 가치로는 상대적으로 적게 평가받는 이유는 저렴한 약값 때문입니다.

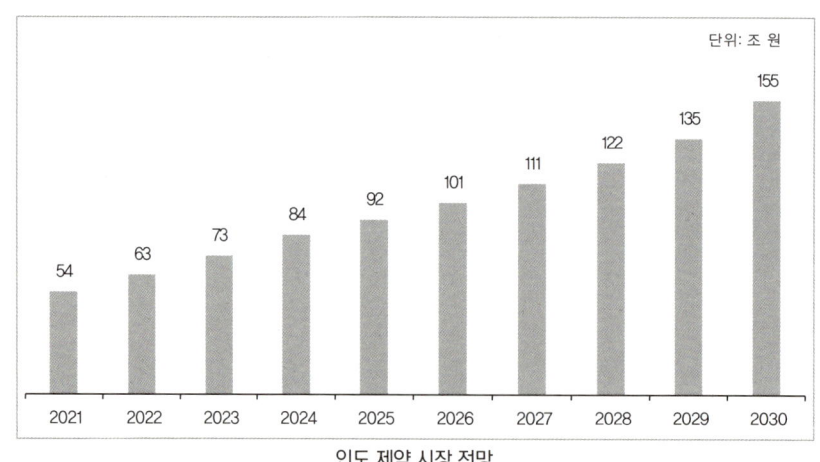

인도 제약 시장 전망

인도 제약 산업의 전망은 밝습니다. 먼저 내수 시장이 꾸준히 성장하고 있기 때문입니다. 나이가 들수록 아픈 곳은 늘어나기 때문에 제약시장은 시간이 지날수록 커집니다. 인도 역시 유병율이 증가하고 있습니다. 특히 당뇨환자가 많은데요. 5억3천만명이 넘습니다. 인도 당뇨환자가 유럽 전체 인구보다 많은 거죠.

인도 제약시장은 2023년 73조원 규모에서, 25년 92조원, 2030년에는 155조원 규모로 성장할 전망입니다.
2018년 정부는 '국가 건강 보호 제도 National Health Protection Scheme'를 도입했습니다. 연간 가구당 최대 500,000 루피INR(750만원)까지 의료비를 지원합니다. 많은 사람이 의료 혜택을 받을 길이 생겼습니다. 제약사는 더 많은 매출을 기대할 수 있구요.

인도 제약 산업은 국제적인 경쟁력을 갖고 있는데요. 저렴한 가격입니다. 낮은 인건비와 대규모 생산시설 때문입니다. 또 원료가 되는 생물 자원도 풍부합니다. 아시다시피, 고령화는 전세계적 추세입니다. 고령 국가에서는 의료비를 잡아야 합니다. 약 값이 비싸면 재정 부담이 늘어납니다. 저렴한 제네릭 수요는 국제적으로 증가하고 그 수혜는 인도 제약 산업이 받을 전망입니다.

특히 미국 정부는 약 값을 낮게 유지하기 위해, 인도 제약 산업을 적극 이용하고 있습니다.

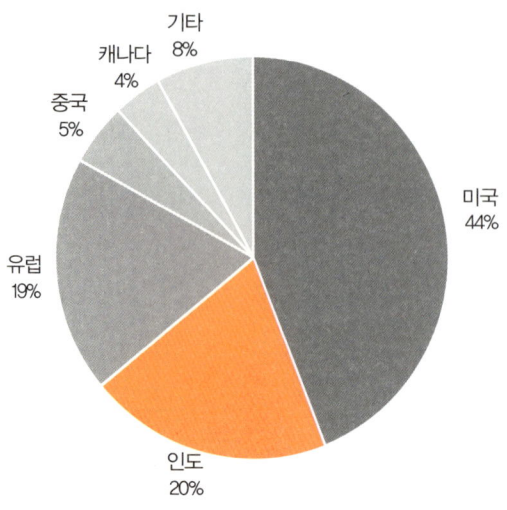

미국 FDA 승인 제약시설 국가별 점유 비율. U.S.FDA

FDA:
Food and Drug
Administration
미국식품의약국

인도에는 미국 본토 다음으로 FDA 승인을 받은 제약시설이 많습니다. 인도 제약회사는 미국과 EU(유럽연합)의 처방 시장에서 확고한 입지를 구축하고 있습니다. 선진국의 건강을 인도에서 책임지고 있는거죠.

인도 정부는 'Pharma Vision 2020'을 발표, 의약품 제조의 글로벌 리더가 되겠다는 목표를 세웠습니다. 의료 센터 건설, 의료 접근성 향상, 의료 품질 개선을 목표로 여러 정책을 만들었습니다. 그 중 하나가 제조, 연구 승인 기간 단축입니다. 덕분에 인도 제약 산업을 향한 '위탁 생산 및 연구 서비스 Contract Research and Mamufacturing Services' 수요가 늘고 있습니다. 생명공학 분야도 마찬가지입니다. 연평균 약 30%의 성장률로 2025년까지 120조원에 이를 것으로 예상됩니다.

인도 제약산업은 외국인직접투자(FDI)가 100% 허용됩니다. 2008년 일본 '다이치산쿄'는 'Ranbaxy'를 인수했고, 2010년 미국 'Abbott' 사는

'Piramal'을 인수했습니다. 2000년 4월부터 2022년 12월까지 인도 제약 산업에 대한 외국인직접투자(FDI) 유입은 212억 2천만 달러입니다.

반면 특허권 보호가 잘 안되기 때문에, 해외 제약사들과의 분쟁이 있습니다. 고가의 신약 시장의 경우에도 아직은 선진국 대비 미비합니다.

인도 제약 산업은 생산, 연구개발 부문의 경쟁력이 있습니다. 전세계의 고령화 트렌드의 수혜를 받고 있구요. 내수와 수출 시장 모두 발전가능성이 큽니다.

▶인도 주요 제약사

	산업	로고	회사명	시가총액 (조 원)	매출 (조 원)
1	제약		Sun Pharmaceutical Industries	48	6.9
2	제약	Cipla	Cipla	16	3.5
3	제약	Divis	Divi's Laboratories	16	1.2
4	제약	Dr.Reddy's	DR Reddy's Laboratories	15	3.8
5	제약	Mankind	Mankind Pharma	12	1.4

시가총액 2023년 12월, 매출 FY2023기준

3장 투자 상품

1. 인도 주식

    1) 미국상장 인도 주식

    2) 영국상장 인도 주식

    3) 주요 인도 주식 30선

2. 인도 ETF

    1) 한국상장 인도 ETF

    2) 미국상장 인도 ETF

3. 인도 펀드

※ 인도 주식 투자 상품

주식, ETF, 펀드를 통해 인도 주식에 투자할 수 있습니다.

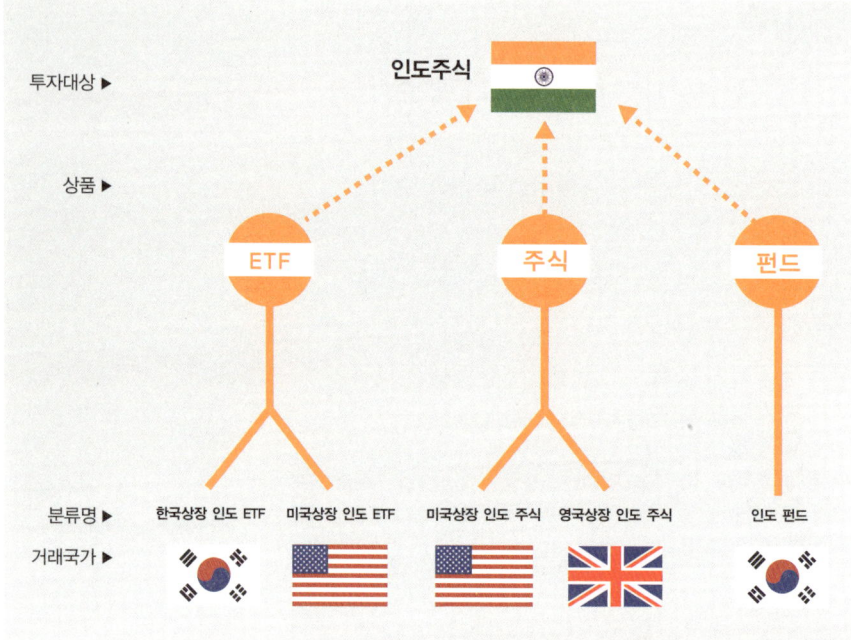

※ 상품별 투자 방법

주식과 ETF 투자를 위해서는 증권사 계좌가 필요합니다. '미국상장 인도ETF'와 '미국상장 인도주식'에 투자하려면 미국 주식 거래가 가능해야 합니다. 대부분의 증권사에서 미국 주식 투자 중개하고 있습니다. 하지만 '영국상장 인도 주식' 투자는 제한적입니다. 영국 주식 투자는 일부 증권사만 가능하며, 2023년 12월 말 현재, 오프라인(전화주문)거래만 지원합니다. 제가 아는 '영국상장 인도 주식' 거래 가능 증권사는 '삼성증권', 'NH투자증권', '미래에셋증권'입니다.

펀드는 증권사뿐 아니라, 은행을 통해서도 할 수 있습니다. 하지만 펀드 판매사(증권사, 은행 등)별로 판매하는 펀드가 다릅니다. 맘에 드는 펀드가 있다면, 꼭 판매사를 확인하세요.

※ 상품별 투자 난이도

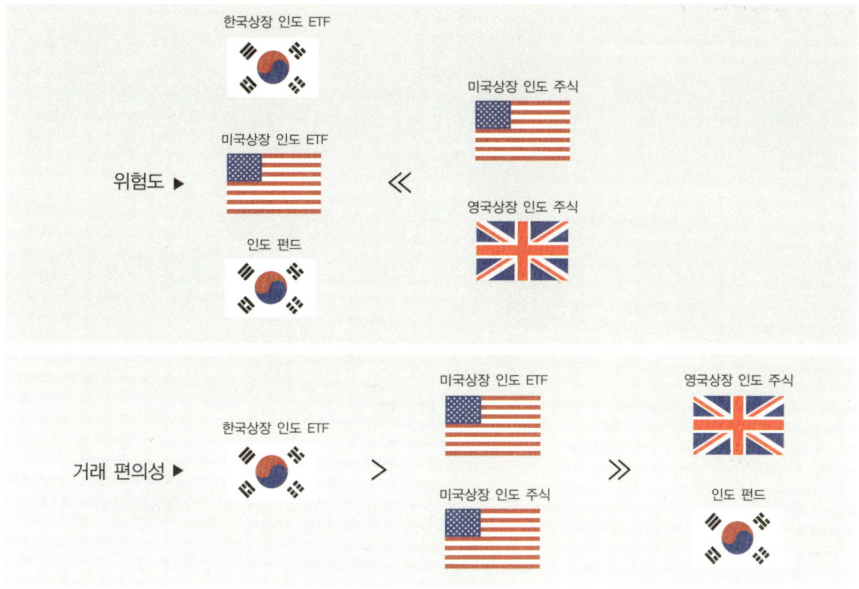

투자 난이도는 상대적으로 ETF와 펀드가 낮고, 주식이 높습니다.

위험은 분산할수록 줄어듭니다. ETF와 펀드는 여러 주식에 분산 투자합니다. 그리고 위험 관리를 전문가가 대신해줍니다. 개인이 기관(전문 투자회사) 수익률을 이기기 어렵다는 것을 명심하세요. 아웃소싱을 잘하는 것도 능력입니다.

또 개별 주식 투자를 위해서는 기업 분석을 해야 합니다. 기업에 대한 정보가 필요한데요. 다행히 '미국상장 인도 주식'은 증권사에서 제공하는 정보가 많습니다. 미국 투자 정보 사이트도 다양하고 정보 찾기가 수월합니다. 하지만 '영국상장 인도 주식' 정보는 상대적으로 찾기가 더 어렵습니다.

거래편의성은 '한국상장 인도 ETF'가 가장 좋습니다. 한국 주식을 거래하는 것과 동일한 방법으로 하면 됩니다. '미국상장 인도 ETF'와 '미국상장 인도주식', '영국상장 인도 주식'은 환전을 거쳐야 합니다. 환전수수료가 발생하며, 거래 수수료도 역시 더 비쌉니다. '미국상장 인도 ETF'와 미국상장 인도 주식'의 거래 방법은 미국 주식을 사고 파는 것과 동일합니다. 따라서 미국 주식 거래 경험이 있다면 수월하게 하실 수 있습니다. '영국상장 인도 주식'은 증권사에 전화로 주문해야 합니다. 온라인 거래보다 불편합니다. '인도 펀드'는 실시간 가격으로 사고 팔 수 없고, 매도(환매) 후 현금을 받는데 시간이 오래 걸리는 단점이 있습니다.

1. 인도주식

인도 상장주식 지도

당연하게도, 대부분의 인도 기업 주식이 인도 증권거래소(NSE, BSE)에 상장되어 있습니다. 인도에서 거주하며 세금을 내는 분이라면 인도 증권거래소를 통해 투자 가능합니다. FPIs (Foreign Portfolio Investors) 자격으로 Demat Account(전자금융계좌)를 개설하고 온라인을 통해 직접 투자할 수 있습니다.

인도 계좌 개설을 위해 필요한 것은

1. PAN Card (Permanent Account Number)
2. AADHAAR Card
3. 고용 비자
4. 현지 은행 계좌 (HDFC, ICICI 등) 입니다

필요 서류를 가지고 은행 지점에 방문하거나, 증권사 앱을 다운 받아 직접 입력하고 개설할 수 있습니다.

인도 주식 시장에 직접 투자할 수 없다 해도, 해외에 상장된 인도 주식들이 많습니다. 여러 기업들이 룩셈브르크, 영국, 미국 등에 상장되어 있습니다. 그 중 거래가 비교적 용이한 미국과 영국 시장에 상장된 인도 주식에 대해서 알아보겠습니다.

DR:
(Depository Receipts)
주식예탁증서
해외에 상장할 주식을 본국에 따로 떼 보관하고, 그 만큼을 외국 주식시장에서 거래할 수 있게 만든 것입니다. 미국에서 유통되는 DR을 'ADR(American Depository Receipts)', 미국주식예탁증서, 미국 외에 상장된 DR을 'GDR(Global Depository Receipts)', 국제주식예탁증서라고 부릅니다.

1) 미국상장 인도 주식

증권사 해외주식계좌를 통해 미국에 상장된 인도 기업 주식에 투자할 수 있습니다. 11개 인도 기업이 미국에 상장되어 있습니다 대부분 'ADR' 형태로 상장되어 있습니다. 'HDFC Bank', 'ICICI Bank' 'Infosys'등, 인도에 상장되어 있는 대형주들이 그렇습니다. 하지만 우리나라 '쿠팡'을 한국 증권시장에서는 볼 수 없고, NASDAQ에서만 매매할 수 있는 것처럼, AI기술 기반의 자동차 보험 스타트업인 'Roadzen' 또한 미국 NASDAQ에만 상장되어 있습니다.

산업	이름	티커
은행	HDFC Bank Limited (TOP 100)	HDB
	ICICI Bank Limited (TOP 100)	IBN
IT소프트웨어	Infosys Limited (TOP 100)	INFY
	Wipro Limited (TOP 100)	WIT
	WNS (Holdings) Limited	WNS
	Sify Technologies Limited	SIFY
	Roadzen, Inc.	RDZN
제약	Dr. Reddy's Laboratories Limited (TOP 100)	RDY
관광	MakeMyTrip Limited	MMYT
관광	Yatra Online, Inc.	YTRA
미디어	Lytus Technologies Holdings PTV. Ltd.	LYT

2) 영국상장 인도 주식

영국 '런던증권거래소 LSE(London Stock Exchange)'를 통해서도 인도 기업에 투자할 수 있습니다. 영국에 상장된 인도 주식을 매매하는 것은 미국상장 보다 난이도가 높습니다. 하지만 더 많은 선택지가 있습니다. 인도 시가총액 최대 기업인 'Reliance Industries', 인도 은행 시장점유율 1위의 국영은행 'State Bank of India', 인도 최대 건설사 'Larsen & Toubro(L&T)', 그리고 철강 수요 증가의 수혜를 받고 있는' TATA STEEL' 등 인도 대표 기업도 만나볼 수 있습니다.

산업	이름	티커
FMCG	Tata Consumer Products Ltd (TOP100)	TGBL
	REI Agro Ltd	REA
건설/중공업	Larsen and Toubro Limited (TOP100)	LTOD
미디어	Dsih TV India Limited	DTVL
에너지	GAIL(INDIA) Limited (TOP100)	GAID
	Indus Gas Ltd	INDI
	Great Eastern Energy Corp Ltd – GDR	GEEC
	Oilexco LTD	OEX
은행	Axis Bank Limited (TOP100)	AXB
	State Bank of India (TOP100)	SBID
	Federal Bank Limited	FEDS
인프라	Reliance Infrastructure Ltd	RIFS
	SERI Infrastructure Finance Ltd	SRI
	Infrastructure India PLC	IIP
자동차	Mahindra & Mahindra Ltd. (TOP100)	MHID
전력	OPG Power Ventures PLC	OPG
	Tata Power Co Ltd (TOP100)	TPCL
정유/화학/통신/유통	Reliance Industries Ltd. (TOP100)	RIGD
제약	Orchid Pharma Ltd	OCP
철강	TATA STEEL LIMITED (TOP100)	TTST
	Steel Authority of India LD	SAUD
천연자원	Panthera Resources PLC	PAT
컨설팅	iEnergizer Ltd	IBPO
	Pelatro PLC	PTRO
투자회사	Bajaj Holdings and Investment Ltd – GDR (TOP100)	BAUD
항만/물류	Mercantile Ports and Logistics Ltd	MPL
화학	UPL Ltd (TOP100)	UPL

※ 한국에서 투자 용이한 인도 주식 리스트

현재 우리나라에서 투자 가능한 미국, 영국 상장 인도 주식들을 한 장으로 정리하였습니다. 영국 상장 종목 중에는 거래량이 적어 매매하기 힘든 종목들이 많습니다. 투자가 용이한 기업만 표시했습니다. 22개입니다.

산업	종목명	거래소	티커
IT소프트웨어	Infosys Limited (TOP 100)	NYSE	INFY
	Wipro Limited (TOP 100)	NYSE	WIT
	WNS (Holdings) Limited	NYSE	WNS
	Sify Technologies Limited	NYSE	SIFY
	Roadzen, Inc.	NASDAQ	RDZN
건설/중공업	Larsen and Toubro Limited (TOP 100)	LSE	LTOD
관광	MakeMyTrip Limited	NASDAQ	MMYT
	Yatra Online, Inc.	NASDAQ	YTRA
미디어	Lytus Technologies Holdings PTV. Ltd.	NASDAQ	LYT
에너지	GAIL(INDIA) Limited (TOP 100)	LSE	GAID
	Indus Gas Ltd	LSE	INDI
은행	HDFC Bank Limited (TOP 100)	NYSE	HDB
	ICICI Bank Limited (TOP 100)	NYSE	IBN
	Axis Bank Limited (TOP 100)	LSE	AXB
	State Bank of India (TOP 100)	LSE	SBID
인프라	Reliance Infrastructure Ltd	LSE	RIFS
자동차	Mahindra & Mahindra Ltd. (TOP 100)	LSE	MHID
전력	OPG Power Ventures PLC	LSE	OPG
정유/화학/통신/유통	Reliance Industries Ltd. (TOP 100)	LSE	RIGD
제약	Dr. Reddy's Laboratories Limited (TOP 100)	NYSE	RDY
철강	TATA STEEL LIMITED (TOP 100)	LSE	TTST
천연자원	Panthera Resources PLC	LSE	PAT

인도주식 30선

3) 주요 인도주식 30선

인도 주요 주식을 미국과 영국에 상장된 기업 위주로 소개 드립니다. 30개입니다. 시가총액과 주가는 2023년 12월 28일 종가 기준입니다.

'미국상장 인도 주식'과 '영국상장 인도 주식'들의 시가총액, 현재가는 미국달러(USD)로 표시했습니다. (참고: 영국은 파운드화를 사용하지만, DR은 인터내셔널 시장에서 미국달러로 거래됩니다). 나머지는 인도루피(INR)입니다. 표에 정리된 매출, 자산 등 재무정보 역시 인도루피(INR)입니다. 단, 미국에만 상장된 'WNS(Holdings)'와 'MakeMyTrip'은 미국달러(USD)로 표시했습니다.

환율은 계산의 편의를 위해서 1인도루피(INR)를 16원(KRW)으로, 1미국달러(USD)는 1,300원(KRW)으로 환산했습니다.

주가와 재무정보는 변하기 때문에, 시의적절한 정보를 확인하시길 바랍니다. 미국 상장 인도 기업들의 재무정보는 보통 증권사에서 제공하고 있습니다. 나머지 INR(인도루피)로 표시된 기업들은 해당기업 홈페이지나 인도 기업 정보 사이트에서 얻을 수 있습니다.

▶ 인도 기업 정보 찾기 278쪽

인도 기업의 회계연도는 우리나라와 다릅니다. 인도 기업은 4월 1일부터 다음해 3월 31일 까지가 한 '회계연도'입니다. 회계연도는 실적을 집계하는 기간을 말합니다. 영어로는 Fiscal year, 줄여서 FY라고 쓰는데, 연도 앞에 붙여 회계연도를 표시합니다. 예) FY2023, FY2022
그래프와 표에 있는 FY2023는 2022년 4월 1일부터 2023년 3월 31일까지입니다. 분기를 나누는 것도 마찬가지입니다. 1분기는 4월 1일부터 6월 30일까지, 2분기는 7월 1일부터 9월 30일까지, 3분기는 10월 1일부터 12월 31일까지, 4분기는 다음해 1월 1일부터 3월 31일까지입니다.

Reliance Industries (LSE: RIGD)

인도 시가총액 1위

홈페이지

현재주가	62.9 USD
시가총액	211.72B USD
P/E	25.90
P/B	2.35
배당수익률	0.34%

주요 주주:
Srichakra Commercials (10.93%)

영국상장 ↑

Reliance Industries 5년 주가 차트. 단위 USD

'Reliance Industries'를 빼놓고는 인도 주식이야기를 할 수 없습니다. 명실상부 인도 대표 기업입니다. 시가총액, 매출, 순이익에서 1위입니다. 주요 사업인 정유/화학, 유통, 통신 외에도 미디어, 신재생에너지 등 다양한 사업을 운영합니다. 인도 대표 주가지수 Nifty50에서 10%의 비중을 차지하고 있습니다.

1973년 섬유 사업으로 시작했습니다. 1977년 인도 증시에 상장합니다. 1992년에는 석유화학 산업에 진출합니다. 2006년 유통 산업에 진출하였습니다. 2016년 4G 통신 사업을 시작합니다. 2019년 통신, 디지털 서비스 산업을 모아 자회사 'Jio Platforms'를 만듭니다. 2021년 신재생에너지 사업에 진출합니다. 2023년 금융 자회사를 모아 'Jio Financial Services'로 분할 상장합니다.

CEO '무케시 암바니'는 과감한 투자로 높은 성과를 이루어 왔습니다. Reliance Industries는 인도 전체 수출의 7%를 담당하며, 100개 이상의 국가에 진출한 글로벌 기업입니다. 과거 5년간 영업이익은 연평균 18% 증가해 왔습니다.

2023 회계연도 매출은 143조 원, 영업이익은 16조 원, 순이익은 11조 원으로 역대 최대 실적을 갱신했습니다. 유통 자회사 'Reliance Retail'의 점포는 18,040개로 전년 대비 18.7% 늘어났고, 통신사 Jio의 가입자는 5억 명을 돌파했습니다. 인도에서 가장 큰 기업이지만, 그만큼 높은 성장성도 갖고 있습니다.

손익계산

(단위 : 백만 루피)

	FY19	FY20	FY21	FY22	FY23
매출	5,830,940	6,116,450	4,863,260	7,216,340	8,929,440
원화 환산(조 원)	93.30	97.86	77.81	115.46	142.87
매출성장률	42.80%	4.90%	−20.50%	48.40%	23.70%
영업이익	645,760	620,690	541,810	840,740	1,025,890
원화 환산(조 원)	10.33	9.93	8.67	13.45	16.41
영업이익성장률	32.40%	−3.90%	−12.70%	55.20%	22.00%
영업이익률	11.07%	10.15%	11.14%	11.65%	11.49%
세후순이익	395,880	393,540	491,280	607,050	667,020
원화 환산(조 원)	6.33	6.30	7.86	9.71	10.67
세후순이익성장률	9.70%	−0.60%	24.80%	23.60%	9.90%
순이익률	6.79%	6.43%	10.10%	8.41%	7.47%

(단위 : 루피)

	FY19	FY20	FY21	FY22	FY23
자기자본이익률	10.23%	8.68%	7.02%	7.79%	8.12%
주당순이익	66.17	62.89	75.21	90.85	98.59
주당배당금	6.44	6.5	7	8	9

재무상태

(단위 : 백만 루피)

	FY19	FY20	FY21	FY22	FY23
자산	10,024,060	11,659,150	13,212,120	14,996,650	17,135,060
원화 환산(조 원)	160.38	186.55	211.39	239.95	274.16
자본	3,871,120	4,533,310	7,001,720	7,794,850	8,211,530
원화 환산(조 원)	61.94	72.53	112.03	124.72	131.38
부채	6,152,940	7,125,840	6,210,400	7,201,800	8,923,530
원화 환산(조 원)	98.45	114.01	99.37	115.23	142.78

현금흐름

(단위 : 백만 루피)

	FY19	FY20	FY21	FY22	FY23
영업현금흐름	429,670	949,000	262,090	1,115,950	1,193,100
원화 환산(조 원)	6.87	15.18	4.19	17.86	19.09
투자현금흐름	−951,280	−725,200	−1,416,340	−1,101,030	−912,350
원화 환산(조 원)	−15.22	−11.60	−22.66	−17.62	−14.60
재무현금흐름	559,060	−25,410	1,019,020	172,890	104,550
원화 환산(조 원)	8.94	−0.41	16.30	2.77	1.67

HDFC Bank (NYSE: HDB)

홈페이지

인도 최대 민간 은행

현재주가	67.04 USD
시가총액	155.49B USD
P/E	20.98
P/B	10.62
배당수익률	1.02%

주요 주주:
SBI Funds Management
(4.8%)

• BIS 자기자본비율 :
국제결제은행(BIS)이 권고하는 자기자본비율. 8% 이상이 안정.

NPA 비율 :
non-performing assets
전체 대출 중 부실자산 비율

 미국상장

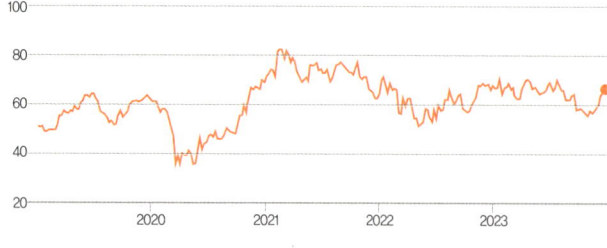

HDFC Bank 5년 주가 차트. 단위 USD

'HDFC Bank'는 인도 최대 민간은행이자, 시가총액 기준 세계 5대 은행입니다. 2023년 기준, 인도 은행 시장점유율 3위로, 민간 은행 중, 가장 큰 자산을 보유하고 있습니다. 국내외 7,900개 이상의 지점을 구축하고 6,800만 명 이상의 고객을 확보하고 있습니다.

인도주택개발금융회사(HDFC)의 자회사로 1994년 설립되었습니다. 2000년에 'Times Bank'를 인수했습니다. 2001년에는 뉴욕증권거래소(NYSE)에 상장합니다. 2008년에는 'Central Bank of Punjab'과 합병합니다. 당시 가장 큰 은행간 합병이었으며, 2010년 민간 은행 1위로 등극합니다. 2023년 모회사였던 인도 최대 주택금융사 'Housing Development Finance Corp(HDFC)'와 합병합니다.

HDFC Bank는 지난 20년간 가장 빠른 속도로 성장한 은행입니다. 그리고 새로운 도전에 직면하고 있습니다. 인도 금융업은 디지털화가 빠르게 진행되고 있으며, 핀테크 기업과 주도권을 다투고 있습니다. HDFC 은행은 변화에 잘 대응하고 있다고 평가받습니다. 디지털 서비스 부문에서 강점이 있으며, 전체 거래의 95% 이상이 온라인에서 발생합니다. 최근 5년 동안 꾸준히 15%의 자기자본이익률(ROE)을 달성했습니다.

2023 회계연도 보유 예금액 300조원, 매출 32.8조원, 영업이익 9.8조, 순이익 7.4조원을 기록했습니다. 꾸준한 성강세와 수익성을 유지하고 있습니다. BIS 자기자본비율 17%, 부실자산(NPA)비율 1.12%로 인도 은행 중 가장 높은 재무 안정성을 갖고 있습니다.

손익계산

(단위 : 백만 루피)

	FY19	FY20	FY21	FY22	FY23
매출	1,241,079	1,470,683	1,558,853	1,676,955	2,046,782
원화 환산(조 원)	19.86	23.53	24.94	26.83	32.75
매출성장률	22.59	18.50%	5.99%	7.58%	22.05%
영업이익	343,182	381,949	427,961	508,734	614,984
원화 환산(조 원)	5.49	6.11	6.85	8.14	9.84
영업이익성장률	21.80%	20.60%	11.30%	12.00%	18.90%
영업이익률	32.63%	31.26%	33.29%	37.42%	36.02%
세후순이익	223,324	272,540	318,332	380,528	459,971
원화 환산(조 원)	3.57	4.36	5.09	6.09	7.36
세후순이익성장률	20.70%	22.00%	16.80%	19.50%	20.90%
순이익률	21.24%	22.30%	24.76%	27.99%	26.94%

(단위 : 루피)

	FY19	FY20	FY21	FY22	FY23
자기자본이익률	14.53%	15.45%	15.17%	15.39%	15.89%
주당순이익	41.25	49.46	57.61	68.31	82.27
주당배당금	7.5	0	6.5	15.5	19

재무상태

(단위 : 백만 루피)

	FY19	FY20	FY21	FY22	FY23
자산	12,928,057	15,808,304	17,995,066	21,229,343	25,304,324
원화 환산(조 원)	206.85	252.93	287.92	339.67	404.87
자본	1,536,727	1,763,587	2,098,102	2,473,262	2,894,375
원화 환산(조 원)	24.59	28.22	33.57	39.57	46.31
부채	11,391,330	14,044,717	15,896,965	18,756,081	22,409,949
원화 환산(조 원)	182.26	224.72	254.35	300.10	358.56

현금흐름

(단위 : 백만 루피)

	FY19	FY20	FY21	FY22	FY23
영업현금흐름	−628,715	−168,691	424,765	−119,596	208,137
원화 환산(조 원)	−10.06	−2.70	6.80	−1.91	3.33
투자현금흐름	−15,984	−16,169	−16,809	−22,163	−34,239
원화 환산(조 원)	−0.26	−0.26	−0.27	−0.35	−0.55
재무현금흐름	231,307	243,945	−73,214	481,240	239,406
원화 환산(조 원)	3.70	3.90	−1.17	7.70	3.83

Tata Consultancy Services (NSE: TCS)

인도 IT 서비스 1위

홈페이지

현재주가	3,800 INR
시가총액	13.73조 INR
P/E	31.14
P/B	13.64
배당수익률	2.03%

주요 주주:
Tata Sons (72.27%)

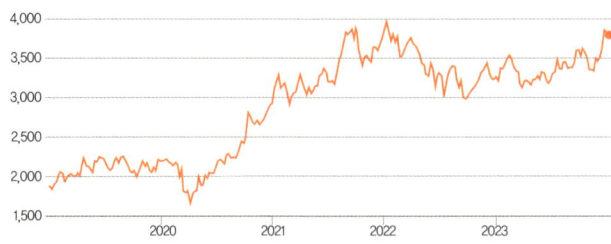

Tata consultancy Services 5년 주가 차트. 단위 INR

'Tata Consultancy Services'는 인도를 대표하는 IT 서비스 기업입니다. 대만에 TSMC, 우리나라에 삼성전자가 있다면, 인도에는 Tata Consultancy Services 입니다. 명실상부 인도 대표 산업을 이끄는 리더입니다. 154개국에 진출한 수출기업으로, 61만명의 직원을 고용하고 있습니다.

1968년 'Tata Computer Systems'로 시작했습니다. 1975년 스위스 기업으로부터 최초의 해외 수주를 받았습니다. 1988년에는 은행용 표준 Banking 시스템을 출시했습니다. 1989년 세계 최초로 실시간 국경간 증권 결제 시스템을 만들었습니다. 2004년 인도 증시에 상장합니다. 2020년에는 'Accenture'를 제치고 전 세계 IT기업 시가총액 1위를 달성했습니다. 브랜드 가치로도 세계 IT 서비스 기업 중 2위로 평가 받습니다.

주 매출의 55%가 미국에서, 유럽과 영국에서 32%가 발생합니다. AI, 클라우드 컴퓨팅, 블록체인, 빅데이터 분석, IoT, 등 기술 선도적인 솔루션을 제공합니다. Tata Consultancy Service에 연간 1억 USD 이상을 지불하는 고객사는 60개, 100만 USD 이상 고객은 1,200개가 넘습니다.

2023 회계연도 매출은 36.7조원, 영업이익은 8.7조원, 순이익은 6.7조원으로 역대 최고 실적을 경신했습니다. 안정적인 재무 구조 하에서 높은 수익성을 보여주었습니다. 거의 모든 산업 활동이 디지털 환경으로 확장됨에 따라, IT 서비스 수요는 지속적으로 증가할 것으로 예상합니다.

손익계산

(단위 : 백만 루피)

	FY19	FY20	FY21	FY22	FY23
매출	1,464,630	1,569,490	1,641,770	1,917,540	2,254,580
원화 환산(조 원)	23.43	25.11	26.27	30.68	36.70
매출성장률	19.00%	7.20%	4.60%	16.80%	17.60%
영업이익	374,560	385,810	413,640	484,510	542,350
원화 환산(조 원)	5.99	6.17	6.62	7.75	8.68
영업이익성장률	22.70%	3.00%	7.20%	17.10%	11.90%
영업이익률	25.57%	24.58%	25.19%	25.27%	24.06%
세후순이익	314,720	323,400	324,300	383,270	421,470
원화 환산(조 원)	5.04	5.17	5.19	6.13	6.74
세후순이익성장률	21.90%	2.80%	0.30%	18.20%	10.00%
순이익률	21.49%	20.61%	19.75%	19.99%	18.69%

(단위 : 루피)

자기자본이익률	122.00%	123.43%	87.94%	73.16%	73.18%
주당순이익	83.05	86.19	86.71	103.62	115.19
주당배당금	30	33	38	43	48

재무상태

(단위 : 백만 루피)

	FY19	FY20	FY21	FY22	FY23
자산	1,149,430	1,208,990	1,307,590	1,415,140	1,436,510
원화 환산(조 원)	18.39	19.34	20.92	22.64	22.98
자본	894,460	841,260	864,330	891,390	904,240
원화 환산(조 원)	14.31	13.46	13.83	14.26	14.47
부채	254,970	367,730	443,260	523,750	532,270
원화 환산(조 원)	4.08	5.88	7.09	8.38	8.52

현금흐름

(단위 : 백만 루피)

	FY19	FY20	FY21	FY22	FY23
영업현금흐름	285,930	323,690	388,020	399,490	419,650
원화 환산(조 원)	4.57	5.18	6.21	6.39	6.71
투자현금흐름	15,960	85,650	−81,290	−8,970	390
원화 환산(조 원)	0.26	1.37	−1.30	−0.14	0.01
재무현금흐름	−278,970	−399,150	−326,340	−335,810	−478,780
원화 환산(조 원)	−4.46	−6.39	−5.22	−5.37	−7.66

ICICI Bank (NYSE: IBN)

홈페이지

인도 은행 시가총액 Top 2

현재주가	24.02 USD
시가총액	84.74B USD
P/E	17.72
P/B	3.03
배당수익률	0.80%

주요 주주:
SBI Funds Management (6.02%)

미국상장 ↑

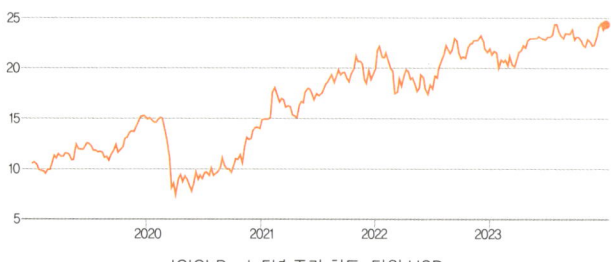

ICICI Bank 5년 주가 차트. 단위 USD

'ICICI Bank'는 인도 은행 중 두번째로 큰 순이익을 내고 있습니다. 매출 규모도 민간은행 중 두번째입니다. 인도 금융 거래 이용자의 8% 가량을 고객으로 두고 있습니다.

'인도산업신용투자공사(ICICI)' 주도로 1994년 설립되었습니다. 1998년에 민영화되었고, 인터넷 뱅킹 서비스를 도입했습니다. 1999년에는 일본을 제외한, 아시아 은행 최초로 뉴욕증권거래소(NYSE)에 상장되었습니다. 2001년 'Bank of Madura', 20017년에는 'Sangli Bank', 2010년에는 'Bank of Rajasthan' 등 여러 민간 은행들을 합병하며 규모를 키웠습니다.

ICICI Bank는 인도 금융 산업 전반에 지배력을 갖고 있습니다. 인도 생명보험 시장 전체 2위인 'ICICI프루덴셜생명보험', 인도 손해보험 시장 5위 'ICICI Lombard General Insurance' 등 여러 우량 금융 자회사들을 보유하고 있습니다.

2023 회계연도 매출은 30조, 영업이익은 7.4조원, 순이익은 5.5조 원을 기록했습니다. BIS 자기자본비율은 16.8%, 부실자산(NPA)비율은 2.81%로 상대적으로 안정적인 편입니다. 실적 개선이 꾸준히 이어질 것으로 기대합니다.

손익계산

(단위 : 백만 루피)

	FY19	FY20	FY21	FY22	FY23
매출	1,313,066	1,497,861	1,613,365	1,575,363	1,861,787
원화 환산(조 원)	21.09	23.96	25.81	25.21	29.79
매출성장률	10.36%	14.07%	7.71%	−0.03%	18.18%
영업이익	74,083	185,886	260,283	342,413	462,565
원화 환산(조 원)	1.19	2.97	4.16	5.48	7.40
영업이익성장률	−32.50%	150.92%	40.00%	31.60%	35.10%
영업이익률	10.29%	21.91%	29.19%	35.89%	38.21%
세후순이익	42,542	95,663	183,843	251,101	340,366
원화 환산(조 원)	0.68	1.53	2.94	4.02	5.45
세후순이익성장률	−44.80%	124.87%	70.60%	36.60%	35.50%
순이익률	5.91%	11.28%	20.62%	26.32%	28.11%

(단위 : 루피)

	FY19	FY20	FY21	FY22	FY23
자기자본이익률	3.46%	6.07%	10.10%	11.71%	18.70%
주당순이익	6.61	14.57	26.87	35.49	47.91
주당배당금	1	0	2	5	8

재무상태

(단위 : 백만 루피)

	FY19	FY20	FY21	FY22	FY23
자산	12,387,939	13,772,922	15,738,122	17,526,374	19,584,905
원화 환산(조 원)	198.21	220.37	251.81	280.42	313.36
자본	1,229,601	1,575,875	1,820,525	2,144,978	1,820,525
원화 환산(조 원)	19.67	25.21	29.13	34.32	29.13
부채	11,245,405	12,543,322	14,162,247	15,705,849	17,439,927
원화 환산(조 원)	179.93	200.69	226.60	251.29	279.04

현금흐름

(단위 : 백만 루피)

	FY19	FY20	FY21	FY22	FY23
영업현금흐름	486,711	795,647	1,380,153	575,527	−37,712
원화 환산(조 원)	7.79	12.73	22.08	9.21	−0.60
투자현금흐름	−301,472	−423,084	−629,869	−393,214	−680,053
원화 환산(조 원)	−4.82	−6.77	−10.08	−6.29	−10.88
재무현금흐름	−199,974	29,922	−546,668	174,510	247,907
원화 환산(조 원)	−3.20	0.48	−8.75	2.79	3.97

Hindustan Unilever (NSE: HINDUNILVR)

홈페이지

인도 최대의 생활소비재 기업

현재주가	2,634 INR
시가총액	6.18조 INR
P/E	60.18
P/B	12.30
배당수익률	1.53%

주요 주주:
Unilever   (61.90%)

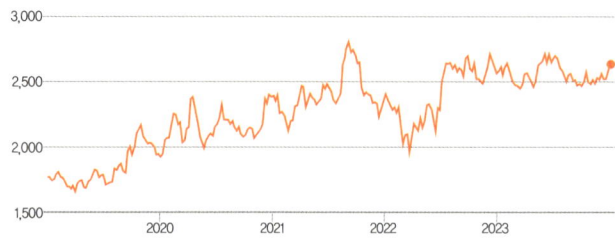

Hindustan Unilever 5년 주가 차트. 단위 INR

'Hindustan Unilever'는 인도 최대의 FMCG 제조사입니다. Unilever의 자회사로 가공식품, 화장품, 비누, 세제 등 생필품을 만듭니다.

1931년 설립 후, 1956년 영국 'Unilever'와 합병되었습니다. 이후 1993년 'Tata Oil Mills Company'와 합병했습니다. 1994년에는 미국 킴벌리와 함께 기저귀, 생리대 산업에 진출했습니다. 같은 해, 가공식품 산업에도 진출했습니다. 2004년에는 정수기 사업을 시작했습니다. 2018년에는 제약회사 'GlaxoSmithKline'의 건강보조식품 부분을 인수했습니다.

'Hindustan Unilever'는 인도에서 브랜드 이미지가 가장 좋은 기업입니다. 50개 이상의 경쟁력 있는 브랜드를 가지고 있습니다. 매출 비중은 화장품과 퍼스널케어가 36%, 세제 등 홈케어가 35%, 식품은 25%, 기타매출이 4%를 차지하고 있습니다. COVID-19 이후, 청결에 대한 관심이 더욱 커지며 수혜를 받고 있습니다.

FY2023년 매출은 9.7조원을 기록했습니다. 영업이익 2조원, 순이익 1.6조원으로 전 부문 전년 대비 10% 이상 늘어났습니다. 인도 FMCG 시장은 성장 잠재력이 높은 시장입니다. 특히 가공식품 시장은 이제 시작하는 단계입니다. 강한 브랜드 파워와 유통망을 보유하고 있어, 안정적인 성장이 기대됩니다.

손익계산

(단위 : 백만 루피)

	FY19	FY20	FY21	FY22	FY23
매출	393,100	397,830	470,280	524,460	605,800
원화 환산(조 원)	6.29	6.37	7.52	8.39	9.69
매출성장률	8.50%	1.20%	18.20%	11.50%	15.50%
영업이익	80,870	86,130	102,180	115,530	127,750
원화 환산(조 원)	1.29	1.38	1.63	1.85	2.04
영업이익성장률	16.60%	6.50%	18.60%	13.10%	10.60%
영업이익률	20.57%	21.65%	21.73%	22.03%	21.09%
세후순이익	60,540	67,480	79,950	88,790	101,200
원화 환산(조 원)	0.97	1.08	1.28	1.42	1.62
세후순이익성장률	16.10%	11.50%	18.50%	11.10%	14.00%
순이익률	15.40%	16.96%	17.00%	16.93%	16.71%

(단위 : 루피)

	FY19	FY20	FY21	FY22	FY23
자기자본이익률	76.95%	82.00%	16.77%	18.10%	20.12%
주당순이익	27.96	31.17	34.03	37.79	43.07
주당배당금	22	25	31	34	39

재무상태

(단위 : 백만 루피)

	FY19	FY20	FY21	FY22	FY23
자산	186,290	201,530	687,570	705,170	730,870
원화 환산(조 원)	2.98	3.22	11.00	11.28	11.69
자본	78,670	82,290	476,740	490,610	503,040
원화 환산(조 원)	1.26	1.32	7.63	7.85	8.05
부채	107,620	119,240	210,830	214,560	227,830
원화 환산(조 원)	1.72	1.91	3.37	3.43	3.65

현금흐름

(단위 : 백만 루피)

	FY19	FY20	FY21	FY22	FY23
영업현금흐름	58,000	76,230	94,630	90,480	100,010
원화 환산(조 원)	0.93	1.22	1.51	1.45	1.60
투자현금흐름	−4,380	17,910	−15,280	−17,280	−14,940
원화 환산(조 원)	−0.07	0.29	−0.24	−0.28	−0.24
재무현금흐름	−53,900	−68,190	−93,090	−80,150	−89,530
원화 환산(조 원)	−0.86	−1.09	−1.49	−1.28	−1.43

Infosys (NYSE: INFY)

홈페이지

인도 IT서비스 2위 기업

현재주가	1,535 INR
시가총액	6.46조 INR
P/E	26.21
P/B	7.98
배당수익률	2.52%

주요 주주:
LIC of India   8.40%

미국상장 ↑

Infosys 5년 주가 차트. 단위 USD

'Infosys'는 시가총액, 매출, 순이익 순으로 인도 IT 서비스 기업 중 2번째입니다. 브랜드 파워로 세계 네 번째로 꼽히는 IT서비스 산업의 리더입니다. 인도 대표 산업인 IT서비스 산업의 창시자입니다. 매출의 97%가 미국과 유럽에서 발생하는 인도대표 수출 기업이기도 합니다.

1981년, 7명의 소프트웨어 엔지니어가 미국에서 시작했습니다. 1991년부터 본격적으로 글로벌 기업들의 IT업무를 아웃소싱합니다. 1999년에는 나스닥에 상장했습니다. 2000년 이후 인터넷 시대가 되며, 매출과 이익이 크게 증가했습니다. 2012년에는 뉴욕증권거래소로 자리를 옮겼습니다. 2019년 포브스 선정 '세계에서 가장 가치 있는 기업' 3위에 올랐습니다.

인포시스는 소프트웨어 엔지니어들이 가장 선호하는 기업 중 하나로, 우수한 교육 시스템 및 관리 역량을 갖고 있습니다. 은행, 보험사의 전산 시스템에 특화되어 있으며, 이 외에도 컨설팅, 빅데이터 분석, 클라우드 컴퓨팅 등 IT와 관련된 모든 영역을 지원합니다.

IT서비스 산업은 기업들의 디지털 전환 수요 증가로 호황기에 있습니다. 인포시스의 2023 회계연도의 매출은 23조원, 영업이익 5조원, 순이익 4조원을 기록했습니다. 견조한 매출 성장을 보여주고 있으며, 앞으로 성장 역시 기대됩니다.

Infosys

손익계산
(단위 : 백만 루피)

	FY19	FY20	FY21	FY22	FY23
매출	826,750	907,910	1,004,720	1,216,410	1,467,670
원화 환산(조 원)	13.23	14.53	16.08	19.46	23.48
매출성장률	17.20%	9.80%	10.70%	21.10%	20.70%
영업이익	181,590	193,740	246,220	280,150	309,050
원화 환산(조 원)	2.91	3.10	3.94	4.48	4.94
영업이익성장률	6.60%	6.70%	27.10%	13.80%	10.30%
영업이익률	21.96%	21.34%	24.51%	23.03%	21.06%
세후순이익	154,040	165,940	193,510	221,100	240,950
원화 환산(조 원)	2.46	2.66	3.10	3.54	3.86
세후순이익성장률	-3.90%	7.70%	16.60%	14.30%	9.00%
순이익률	18.63%	18.28%	19.26%	18.18%	16.42%

(단위 : 루피)

	FY19	FY20	FY21	FY22	FY23
자기자본이익률	23.72%	25.35%	25.34%	29.34%	31.95%
주당순이익	35.38	38.91	45.52	52.41	57.54
주당배당금	17.5	17.5	27	31	34

재무상태
(단위 : 백만 루피)

	FY19	FY20	FY21	FY22	FY23
자산	847,380	927,680	1,083,860	1,178,850	1,258,160
원화 환산(조 원)	13.56	14.84	17.34	18.86	20.13
자본	649,480	654,500	763,510	753,500	754,070
원화 환산(조 원)	10.39	10.47	12.22	12.06	12.07
부채	197,900	273,180	320,350	425,350	504,090
원화 환산(조 원)	3.17	4.37	5.13	6.81	8.07

현금흐름
(단위 : 백만 루피)

	FY19	FY20	FY21	FY22	FY23
영업현금흐름	158,440	185,570	241,270	238,850	224,670
원화 환산(조 원)	2.54	2.97	3.86	3.82	3.59
투자현금흐름	-15,780	-17,930	-83,590	-64,160	-12,090
원화 환산(조 원)	-0.25	-0.29	-1.34	-1.03	-0.19
재무현금흐름	-145,120	-175,910	-97,860	-246,420	-266,950
원화 환산(조 원)	-2.32	-2.81	-1.57	-3.94	-4.27

Bharti Airtel (NSE: BHARTIARTL)

홈페이지

세계 가입자 수 2위 무선통신사

현재주가	1,037 INR
시가총액	6.07조 INR
P/E	79.27
P/B	7.84
배당수익률	0.43%

주요 주주:
Bharti Enterprise (47.23%)

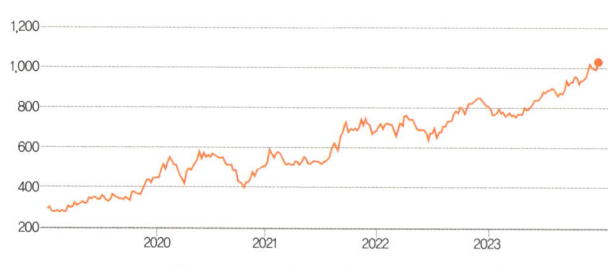
Bharti Airtel 5년 주가 차트. 단위 INR

'Bharti Airtel'은 인도 통신시장 점유율 2위입니다. 또한 남아시아와 아프리카 등 18개국에 진출하여, 세계 모바일 통신 가입자 수 2위입니다. 2023년 3월 기준 5.7억명의 고객을 보유하고 있습니다.

1984년 전화기 제조 사업으로 시작했습니다. 1994년부터 델리에서 통신 사업을 시작하고, 2002년 인도 증시에 상장합니다. 2005년 인도 전역으로 통신 서비스를 확장하고, 2009년 스리랑카에 진출합니다. 2010년 아프리카 'Zain'의 모바일 사업과 방글라데시 'Warid Telecom'을 인수합니다. 이 외에도 국내외 여러 통신사 인수로 외형을 키웁니다.

인도 외에도 성장성이 높은 국가에서 지배력을 갖고 있습니다. 바르티 에어텔의 매출 비중은 인도 67%, 아프리카 30%입니다. 아프리카 14개국에서 서비스 중이며, 콩고, 가봉, 말라위, 잠비아 등에서는 50% 이상의 점유율을 차지하고 있습니다. 최근 5개년 아프리카 매출은 5개년 연평균 15% 성장했습니다.

2023 회계연도 매출 22.3조 원, 영업이익 5.5조 원, 순이익 1.3조 원을 기록했습니다. 이는 각각 전년 대비 20% 이상 증가한 수치입니다. 2022년 말 5G 서비스 출시로 수익성이 크게 개선되었습니다. 성장성이 높은 저개발국에서 시장 지배력을 높이고 있는 점이 매력적입니다.

손익계산

(단위 : 백만 루피)

	FY19	FY20	FY21	FY22	FY23
매출	807,802	846,765	1,006,158	1,165,469	1,391,448
원화 환산(조 원)	12.92	13.55	16.10	18.65	22.26
매출성장률	-2.20%	4.80%	18.80%	15.80%	19.40%
영업이익	73,451	-329,302	528	253,122	341,719
원화 환산(조 원)	1.18	-5.27	0.01	4.05	5.47
영업이익성장률	-26.90%	-548.32%	100.16%	47,840%	35.00%
영업이익률	9.09%	-38.89%	0.05%	21.72%	24.56%
세후순이익	4,095	-321,832	-150,835	42,549	83,459
원화 환산(조 원)	0.07	-5.15	-2.41	0.68	1.34
세후순이익성장률	-62.70%	7,959.15%	53.10%	128.21%	96.10%
순이익률	0.51%	-38.01%	-14.99%	3.65%	6.00%

(단위 : 루피)

	FY19	FY20	FY21	FY22	FY23
자기자본이익률	0.57%	-41.72%	-25.59%	6.39%	10.76%
주당순이익	0.94	-62.24	-27.14	7.63	14.57
주당배당금	4.22	0	0	3	4

재무상태

(단위 : 백만 루피)

	FY19	FY20	FY21	FY22	FY23
자산	2,751,560	3,607,790	3,460,278	3,636,560	4,466,332
원화 환산(조 원)	44.02	57.72	55.36	58.18	71.46
자본	714,222	771,448	589,527	665,543	775,629
원화 환산(조 원)	11.43	12.34	9.43	10.65	12.41
부채	2,037,338	2,836,342	2,870,751	2,971,017	3,690,703
원화 환산(조 원)	32.60	45.38	45.93	47.54	59.05

현금흐름

(단위 : 백만 루피)

	FY19	FY20	FY21	FY22	FY23
영업현금흐름	200,702	181,287	482,050	550,166	653,246
원화 환산(조 원)	3.21	2.90	7.71	8.80	10.45
투자현금흐름	-285,009	-304,919	-268,884	-418,696	-390,802
원화 환산(조 원)	-4.56	-4.88	-4.30	-6.70	-6.25
재무현금흐름	94,638	191,444	-249,103	-152,032	-244,695
원화 환산(조 원)	1.51	3.06	-3.99	-2.43	-3.92

State bank of India (LSE: SBID)

인도 최대 은행

홈페이지

현재주가	78.1 USD
시가총액	69.82B USD
P/E	8.52
P/B	1.36
배당수익률	1.74%

주요 주주:
Government of India (56.92%)

영국상장 ↑

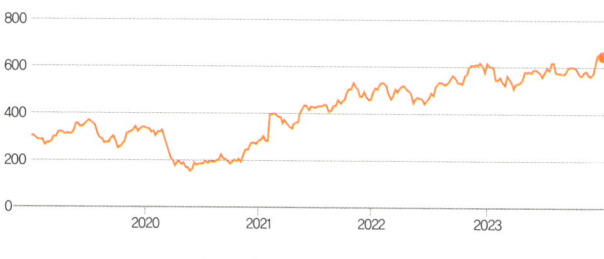

SBI 5년 주가 차트. 단위 INR

'State bank of India'는 인도 은행 중 가장 큰 은행입니다. 고객 수, 자산, 대출 부분 1위입니다. 인도 정부가 지분 56%를 가지고 있는 국영은행으로, 시가총액은 은행업 3위입니다. 산하에 지역 은행, 생명보험, 손해보험, 증권, 자산운용, 카드 등 다양한 금융 자회사를 두고 있습니다. 인도에 2만4천개의 지점을 두고 있고, 해외 36개국에 191개의 사무소를 두고 있습니다.

1806년 설립된 '캘커타 은행'이 전신입니다. 1955년 인도 중앙은행이 인수하며 국영은행이 됩니다. 이후 여러 지방 거점 은행과 다른 국영은행들을 합병하여 규모를 키웠습니다. 2008년에는 인도 중앙은행 보유 지분이 인도 정부에게 매각되었습니다.

인도 정부는 모든 가구에 금융 접근성을 높이기 위해 노력하고 있습니다. SBI는 은행 중 가장 많은 예금주와 예금액을 유치했습니다. 2023 회계연도 예금액은 710조원을 넘겼습니다. 전체 대출 시장의 23%, 예금은 25%를 차지하고 있습니다.

2023 회계연도 매출 77조원, 영업이익 12.3조원, 순이익 9조원을 기록했습니다. 매출과 이익이 꾸준하게 늘어나고 있습니다. 인도의 금융 서비스는 시작 단계로 성장 가능성이 높습니다. 스테이트 뱅크 오브 인디아는 인도 정부 소유로 안정성을 확보했다는 것이 장점입니다. 하지만 국영 기업의 특성상 수익성을 높이기 어렵다는 단점도 있습니다.

손익계산

(단위 : 백만 루피)

	FY19	FY20	FY21	FY22	FY23
매출	3,306,873	3,680,106	3,853,379	4,069,731	4,733,782
원화 환산(조 원)	52.90	58.88	61.65	65.11	75.74
매출성장률	7.92%	11.30%	4.70%	5.61%	16.31%
영업이익	52,205	303,166	327,960	497,386	753,986
원화 환산(조 원)	0.84	4.85	5.25	7.96	12.06
영업이익성장률	142.63%	480.72%	8.20%	51.70%	51.60%
영업이익률	2.06%	11.23%	11.79%	17.15%	21.49%
세후순이익	22,996	197,678	224,055	353,739	556,482
원화 환산(조 원)	0.37	3.16	3.58	5.66	8.90
세후순이익성장률	150.47%	759.60%	13.30%	57.90%	57.30%
순이익률	0.91%	7.33%	8.06%	12.20%	15.86%

(단위 : 루피)

	FY19	FY20	FY21	FY22	FY23
자기자본이익률	0.98%	7.87%	8.13%	11.58%	15.50%
주당순이익	2.58	22.15	25.11	39.64	62.35
주당배당금	0	0	4	7.1	11.3

재무상태

(단위 : 백만 루피)

	FY19	FY20	FY21	FY22	FY23
자산	38,884,642	41,974,923	48,456,185	53,608,835	59,544,183
원화 환산(조 원)	622.15	671.6	775.3	857.74	952.71
자본	2,344,957	2,510,601	2,755,616	3,055,880	3,589,313
원화 환산(조 원)	37.52	40.17	44.09	48.89	57.43
부채	36,539,685	39,464,322	45,700,570	50,552,955	55,954,870
원화 환산(조 원)	584.63	631.43	731.21	808.85	895.28

현금흐름

(단위 : 백만 루피)

	FY19	FY20	FY21	FY22	FY23
영업현금흐름	295,560	239,285	899,189	576,948	−860,137
원화 환산(조 원)	4.73	3.83	14.39	9.23	−13.76
투자현금흐름	−8,568	−33,237	−37,362	−36,185	−40,410
원화 환산(조 원)	−0.14	−0.53	−0.60	−0.58	−0.65
재무현금흐름	4,476	54,295	71,427	−38,445	63,864
원화 환산(조 원)	0.07	0.87	1.14	−0.62	1.02

ITC (NSE: ITC)

인도 FMCG 2위, 담배 1위

홈페이지

현재주가	464.1 INR
시가총액	5.78조 INR
P/E	28.65
P/B	8.38
배당수익률	2.75%

주요 주주:
British American Tobacco (23.87%)

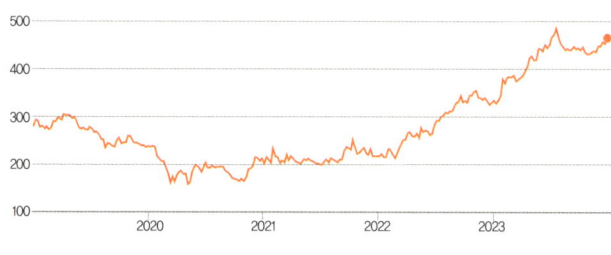

ITC 5년 주가 차트. 단위 INR

'ITC'는 담배, 가공식품 등을 만드는 인도 2위 FMCG 제조사입니다. 담배 부분은 인도 최대입니다. FMCG 외에도 호텔/리조트, 제지/패키징, 농업, IT 사업을 영위하고 있습니다.

1910년 'Imperial Tobacco Company of India'로 창립되었습니다. 인도에서 담배 재배를 하기 위해 만든 영국회사 였습니다. 1913년 방갈로르에 첫번째 담배 공장을 세웁니다. 1949년 마드라스에 인쇄/포장 공장을 만듭니다. 1970년에는 'India Tobacco Company'로 이름을 바꿨다가, 1974년 현재 이름으로 확정됩니다.

인도 대표 FMCG기업으로, 25개 이상의 유명 브랜드를 보유하고 있습니다. 매출은 담배가 41%, 기타 FMCG 25%, 농업 24%, 제지 12%, 호텔/리조트는 3% 입니다. 담배 사업은 76% 이상의 압도적인 점유율을 갖고 있습니다. 지난 10년 간 담배에 대한 규제가 변한 바가 없고, 정부가 전자담배를 강력히 규제하고 있는 점이 긍정적입니다.

FY2023년 매출은 12조, 영업이익 3.8조, 순이익 3.1조로 역대 최고 실적을 경신했습니다. 25% 이상의 자기자본수익률(ROE)와 순이익률를 기록했습니다. 가공식품을 포함한 FMCG 산업의 성장성이 크기 때문에 기대되는 회사입니다.

손익계산

(단위 : 백만 루피)

	FY19	FY20	FY21	FY22	FY23
매출	498,621	513,935	531,551	652,050	765,182
원화 환산(조 원)	7.98	8.22	8.50	10.43	12.24
매출성장률	4.60%	3.10%	3.40%	22.70%	17.40%
영업이익	171,947	175,400	154,174	188,701	239,321
원화 환산(조 원)	2.75	2.81	2.47	3.02	3.83
영업이익성장률	9.70%	2.00%	-12.10%	22.40%	26.80%
영업이익률	34.48%	34.13%	29.00%	28.94%	31.28%
세후순이익	125,923	153,062	131,612	152,427	191,917
원화 환산(조 원)	2.01	2.45	2.11	2.44	3.07
세후순이익성장률	11.70%	21.60%	-14.00%	15.80%	25.90%
순이익률	25.25%	29.78%	24.76%	23.38%	25.08%

(단위 : 루피)

	FY19	FY20	FY21	FY22	FY23
자기자본이익률	21.29%	23.45%	21.81%	24.41%	27.75%
주당순이익	10.24	12.45	10.7	12.38	15.46
주당배당금	5.75	10.15	10.75	11.5	12.75

재무상태

(단위 : 백만 루피)

	FY19	FY20	FY21	FY22	FY23
자산	717,984	773,670	738,193	772,596	858,830
원화 환산(조 원)	11.49	12.38	11.81	12.36	13.74
자본	591,409	652,733	603,473	624,556	691,553
원화 환산(조 원)	9.46	10.44	9.66	9.99	11.06
부채	126,575	120,938	134,720	148,040	167,277
원화 환산(조 원)	2.03	1.94	2.16	2.37	2.68

현금흐름

(단위 : 백만 루피)

	FY19	FY20	FY21	FY22	FY23
영업현금흐름	125,834	146,897	125,840	157,755	188,776
원화 환산(조 원)	2.01	2.35	2.01	2.52	3.02
투자현금흐름	-55,457	-61,740	56,829	-22,385	-57,323
원화 환산(조 원)	-0.89	-0.99	0.91	-0.36	-0.92
재무현금흐름	-68,686	-81,815	-186,338	-135,805	-130,060
원화 환산(조 원)	-1.10	-1.31	-2.98	-2.17	-2.08

Larsen & Toubro (LSE: LTOD)

인도 최대 건설사

현재주가	42.7 USD
시가총액	58.1B USD
P/E	40.36
P/B	6.16
배당수익률	0.84%

주요 주주:
L&T Employees Welfare foundation (14.01%)

홈페이지

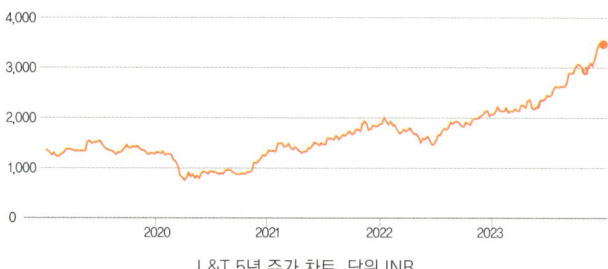

L&T 5년 주가 차트. 단위 INR

'Larsen & Toubro'는 인도 1위 건설/엔지니어링 기업입니다. 세계 15대 건설 회사로 꼽힙니다. 건설 외에도 IT서비스, 인프라, 중공업, 방위산업, 항공, 전력, 석유화학 등의 다양한 사업을 하고 있습니다.

1938년 덴마크 출신 'Larsen'과 'Toubro'가 창업했습니다. 1944년 건설업에 진출합니다. 1952년 인도 증시에 상장했습니다. 1970년 우주항공 산업에 진출, 1985년 국방 산업에 진출했습니다. 1990년 자회사 'L&T Infotech'을 통해 IT서비스 산업에도 진출했습니다. 2019년 IT서비스 기업 'Mindtree'를 인수하며 매출 기준 인도 6위의 IT서비스 사업부를 갖추었습니다.

총매출 중 건설업 매출이 50%, IT서비스 매출이 20%, 에너지 사업이 13% 수준입니다. 본업인 인도 건설 부분의 성장성은 높습니다. 정부는 도로, 철도, 항공, 항만, 스마트시티 건설 등 전 방위 인프라 프로젝트에 60조 원을 편성하고 진행 중입니다. 이미 많은 프로젝트를 라센앤터브로가 수주했습니다. 인도 외 저개발국의 건설 수요 역시 증가하고 있습니다.

2023 회계연도 매출 29조원, 영업이익 2.7조원, 순이익 1.7조원을 기록했습니다. 수주잔고는 총 64조 원을 확보했습니다. COVID-19 기간 눌려 있던 건설 경기가 개선되며, 매출 증가세가 좋습니다. 제조업 강국이 되기 위한 선제 조건이 인프라 구축입니다. 인도에서 가장 기술력 있는 엔지니어링 기업으로, 장기간 정책 수혜를 받을 것으로 기대됩니다.

손익계산

(단위 : 백만 루피)

	FY19	FY20	FY21	FY22	FY23
매출	1,352,203	1,454,524	1,354,513	1,565,196	1,832,344
원화 환산(조 원)	21.64	23.27	21.67	25.04	29.32
매출성장률	12.80%	7.60%	−6.90%	15.60%	17.10%
영업이익	134,714	135,410	92,432	150,671	170,581
원화 환산(조 원)	2.16	2.17	1.48	2.41	2.73
영업이익성장률	16.90%	0.50%	−31.70%	63.00%	13.20%
영업이익률	9.96%	9.31%	6.82%	9.63%	9.31%
세후순이익	89,051	95,490	115,829	86,693	104,707
원화 환산(조 원)	1.42	1.53	1.85	1.39	1.68
세후순이익성장률	20.80%	7.20%	21.30%	−25.20%	20.80%
순이익률	6.59%	6.57%	8.55%	5.54%	5.71%

(단위 : 루피)

	FY19	FY20	FY21	FY22	FY23
자기자본이익률	14.28%	14.31%	15.27%	10.52%	11.72%
주당순이익	63.4	67.95	82.41	61.65	74.45
주당배당금	18	18	18	22	24

재무상태

(단위 : 백만 루피)

	FY19	FY20	FY21	FY22	FY23
자산	2,783,474	3,081,401	3,112,737	3,200,672	3,303,523
원화 환산(조 원)	44.54	49.30	49.80	51.21	52.86
자본	623,748	667,232	758,685	824,077	893,260
원화 환산(조 원)	9.98	10.68	12.14	13.19	14.29
부채	2,159,726	2,414,169	2,354,052	2,376,596	2,410,264
원화 환산(조 원)	34.56	38.63	37.66	38.03	38.56

현금흐름

(단위 : 백만 루피)

	FY19	FY20	FY21	FY22	FY23
영업현금흐름	−47,558	−65,424	230,720	191,636	227,770
원화 환산(조 원)	−0.76	1.05	3.69	3.07	3.64
투자현금흐름	−110,228	−82,563	−56,585	−36,677	−83,117
원화 환산(조 원)	−1.76	−1.32	−0.91	−0.59	−1.33
재무현금흐름	154,402	63,716	−152,744	−151,815	−115,725
원화 환산(조 원)	2.47	1.02	−2.44	−2.43	−1.85

Titan Company (NSE: TITAN)

인도 최대 명품 브랜드

현재주가	3,715 INR
시가총액	3.29조 INR
P/E	99.88
P/B	26.52
배당수익률	0.27%

주요 주주:
Tamilnadu Industrial Development Corp. (27.88%)

Titan 5년 주가 차트. 단위 INR

'Titan Company'는 시계, 쥬얼리, 아이웨어 등 인도를 대표하는 액세서리 브랜드입니다. 세계 5위 시계 제조사이자, 인도 최대의 쥬얼리(보석) 제조사입니다.

1984년 'Titan Watches Limited'라는 이름으로 시계 제조업으로 창업했습니다. 1986년 'Casio'와 협업합니다. 1994년 'Tanishq'를 론칭하며 쥬얼리 사업에 진출합니다. 'Titan Eyeplus'를 통해 안경 사업에 진출합니다. 2005년에는 패션잡화 브랜드 '패스트랙'을 론칭합니다. 이 외에도 여러 인수합병을 통해 16개의 유명 브랜드를 보유하고 있습니다.

매출의 약 80% 이상이 쥬얼리 사업에서 나옵니다. 인도에 2천개 이상의 매장을 갖고 있고, 세계 32개국에 1만1천 개의 매장을 운영하고 있습니다. 시계 사업 부문은, 2017년부터 웨어러블 전자제품 시장에 진출했습니다. 또 'Tommy Hilfiger', 'Anne Klein', 'Montblanc' 등 글로벌 브랜드의 인도 라이선스도 보유하고 있습니다.

2023 회계연도 매출은 6.5조, 영업이익은 7,280억, 순이익 5,297억으로 역대 최고 실적을 경신했습니다. 인도 쥬얼리 시장은 지난 10년간 4배 이상 성장했습니다. 타이탄은 신뢰 있는 브랜드를 갖고 있고, 자본과, 조직을 갖추고 있습니다. 인도 쥬얼리, 액세서리 시장 확장에 따라 수혜를 받을 것으로 전망합니다.

손익계산

(단위 : 백만 루피)

	FY19	FY20	FY21	FY22	FY23
매출	197,785	210,515	216,440	287,990	405,750
원화 환산(조 원)	3.16	3.37	3.46	4.61	6.49
매출성장률	22.40%	6.40%	2.80%	33.10%	40.90%
영업이익	18,331	21,367	14,320	29,100	44,670
원화 환산(조 원)	0.29	0.34	0.23	0.47	0.72
영업이익성장률	22.20%	16.60%	−33.00%	103.21%	53.50%
영업이익률	9.27%	10.15%	6.62%	10.10%	11.01%
세후순이익	14,042	15,014	9,730	21,730	32,500
원화 환산(조 원)	0.22	0.24	0.16	0.35	0.52
세후순이익성장률	24.30%	6.90%	−35.20%	123.30%	49.60%
순이익률	7.10%	7.13%	4.50%	7.55%	8.01%

(단위 : 루피)

	FY19	FY20	FY21	FY22	FY23
자기자본이익률	23.13%	22.51%	12.98%	23.36%	27.42%
주당순이익	15.82	16.91	10.96	24.48	36.61
주당배당금	5	4	4	7.5	10

재무상태

(단위 : 백만 루피)

	FY19	FY20	FY21	FY22	FY23
자산	117,153	135,498	164,520	211,940	270,230
원화 환산(조 원)	1.87	2.17	2.63	3.39	4.32
자본	60,702	66,688	74,970	93,030	118,510
원화 환산(조 원)	0.97	1.07	1.20	1.49	1.90
부채	56,451	68,810	89,550	118,910	151,720
원화 환산(조 원)	0.90	1.10	1.43	1.90	2.43

현금흐름

(단위 : 백만 루피)

	FY19	FY20	FY21	FY22	FY23
영업현금흐름	12,429	−3,474	41,390	−7,240	13,700
원화 환산(조 원)	0.20	−0.06	0.66	−0.12	0.22
투자현금흐름	−7,983	2,350	−28,010	11,640	18,110
원화 환산(조 원)	−0.13	−0.04	−0.45	0.19	−0.29
재무현금흐름	−4,888	−2,417	−12,340	−4,030	4,570
원화 환산(조 원)	−0.08	−0.04	−0.20	−0.06	0.07

Maruti Suzuki India (NSE: MARUTI)

홈페이지

인도 자동차 시장 1위

현재주가	10,271 INR
시가총액	3.23조 INR
P/E	27.33
P/B	4.92
배당수익률	0.88%

주요 주주:
Suzuki Motors Corp.
(54.27%)

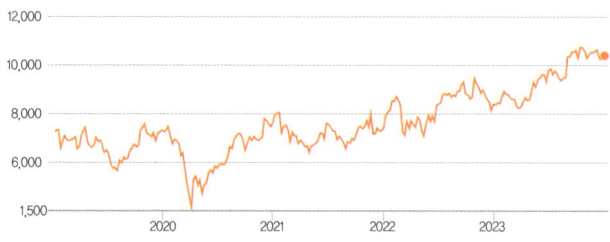
Maruti Suzuki 5년 주가 차트. 단위 INR

'Maruti Suzuki'는 인도 승용차 시장 부동의 1위입니다. 시장 점유율 46.1%를 차지하고 있습니다. 2~5위인 '현대차', 'Tata Motors', 'Mahindra & Mahindra'와 '기아'를 합친 것보다 큽니다. 합리적인 가격에 저연비 소형차를 만들어, 인도 소비자들에게 사랑받고 있습니다.

1982년 인도 정부와 일본 'Suzuki'사의 합작으로 'Maruti Udyog'으로 출범하였습니다. 하리아나주 구루그람에 공장을 열었습니다. 1983년 첫 승용차 '마루티 800'을 출시했습니다. 2007년 인도 정부 보유 지분 매각으로 민영화되었습니다. 2013년 'Suzuki'가 지분 56%를 차지하며 경영권을 확보했습니다.

하리아나에 2개, 구자라트에 1개의 제조 단지를 갖추어 연간 225만대를 생산량 할 수 있습니다. 2022년 8월부터 카르코다에 신공장 건설을 시작했습니다. 연간 100만 대의 자동차를 생산할 수 있는 세계 최대 자동차 제조 공장이 될 것입니다. 또 2030년까지 55억 달러를 투자해 연간 생산 능력을 400만대로 키우려 합니다. 생산 대수 중 15%는 전기차, 25%는 하이브리드 차량을 만들겠다는 계획입니다.

2023 회계연도 매출은 18.8조, 영업이익은 1.3조, 순이익은 1.3조를 기록했습니다. 역대 최고 순이익입니다. 2024년에는 6개 모델의 전기차 출시를 앞두고 있습니다. 인도 전기차 경쟁에 뛰어드는 겁니다. 인도 전기차 시장은 초기 단계로 마루티 스즈키에게도 좋은 기회가 많을거라 예상합니다.

손익계산

(단위 : 백만 루피)

	FY19	FY20	FY21	FY22	FY23
매출	860,685	756,600	703,720	883,298	1,175,713
원화 환산(조 원)	13.77	12.11	11.26	14.13	18.81
매출성장률	4.90%	12.10%	-7.00%	25.50%	33.10%
영업이익	82,139	38,266	23,765	29,630	81,920
원화 환산(조 원)	1.31	0.61	0.38	0.47	1.31
영업이익성장률	-13.10%	-53.40%	-37.90%	24.70%	176.47%
영업이익률	9.54%	5.06%	3.38%	3.35%	6.97%
세후순이익	76,491	56,760	43,891	38,795	82,110
원화 환산(조 원)	1.22	0.91	0.70	0.62	1.31
세후순이익성장률	-2.90%	-25.80%	-22.70%	-11.60%	111.65%
순이익률	8.89%	7.50%	6.24%	4.39%	6.98%

(단위 : 루피)

	FY19	FY20	FY21	FY22	FY23
자기자본이익률	16.24%	11.49%	8.36%	7.01%	13.29%
주당순이익	253.21	187.9	145.3	128.43	271.82
주당배당금	80	60	45	60	90

재무상태

(단위 : 백만 루피)

	FY19	FY20	FY21	FY22	FY23
자산	639,687	636,277	712,827	746,555	845,969
원화 환산(조 원)	10.23	10.18	11.41	11.94	13.54
자본	470,921	494,130	525,006	553,335	617,913
원화 환산(조 원)	7.53	7.91	8.40	8.85	9.89
부채	168,766	142,147	187,821	193,220	228,056
원화 환산(조 원)	2.70	2.27	3.01	3.09	3.65

현금흐름

(단위 : 백만 루피)

	FY19	FY20	FY21	FY22	FY23
영업현금흐름	66,009	34,958	88,562	18,405	92,514
원화 환산(조 원)	1.06	0.56	1.42	0.29	1.48
투자현금흐름	-35,399	-5,566	-72,913	-2,392	-80,361
원화 환산(조 원)	-0.57	-0.09	-1.17	-0.04	-1.29
재무현금흐름	-29,479	-31,043	-15,449	-16,070	-12,131
원화 환산(조 원)	-0.47	-0.50	-0.25	-0.26	-0.19

Asian Paints (NSE: ASIANPAINT)

홈페이지

인도 최대 페인트 회사

현재주가	3,397 INR
시가총액	3.25조 INR
P/E	64.34
P/B	19.65
배당수익률	0.78%

주요 주주:
Smiti Holding & Trading Co. (5.77%)

Asian Paints 5년 주가 차트. 단위 INR

'Asian Paints'는 인도 1위, 아시아 2위, 세계 7위의 페인트 회사입니다. 인도 페인트 시장에서는 40%의 시장 점유율을 갖고 있습니다. 세계 14개국에 진출한 글로벌 기업입니다. 페인트, 코팅, 홈 데코레이션, 욕실 설비 사업 등을 영위하고 있습니다.

1942년 설립되었습니다. 1967년에 인도 최대 페인트 업체로 등극 후, 시장을 선도하고 있습니다. 2022년에는 조명 등 홈데코 사업을 하는 'White Teak'에 투자해 사업을 다각화하고 있습니다.

강력한 인도 페인트 수요에 힘입어 아시아 1위를 목표로 합니다. 특히 아시아, 중동, 아프리카, 남아메리카로 확장 중입니다. 17개의 해외 공장을 갖고 있으며, 고품질 페인트를 저가로 공급하며 시장 점유율을 높이고 있습니다. 또한 기술력 있는 선진 기업과의 제휴로 방수제 등 건축용 화학제 산업으로도 진출했습니다.

2023 회계연도 매출은 5.5조, 영업이익은 8,876억 원, 순이익은 6,639억 원을 기록했습니다. 페인트 산업은 인도 경제와 함께 갑니다. 도로와 항만 등 인프라 구축과 자동차 수요 증가 등 산업용 뿐만 아니라 도시화, 핵가족화, 농촌 개발 등으로 가정용 페인트 수요도 꾸준히 증가합니다. 인도 페인트 산업 부동의 1위로서 수혜가 기대됩니다.

손익계산

(단위 : 백만 루피)

	FY19	FY20	FY21	FY22	FY23
매출	192,485	202,113	217,128	291,013	344,886
원화 환산(조 원)	3.08	3.23	3.47	4.66	5.52
매출성장률	11.50%	5.00%	7.40%	34.00%	18.50%
영업이익	31,553	33,837	40,675	38,758	54,460
원화 환산(조 원)	0.50	0.54	0.65	0.62	0.88
영업이익성장률	11.20%	7.20%	20.20%	-4.70%	40.50%
영업이익률	16.39%	16.74%	18.73%	13.32%	15.79%
세후순이익	21,559	27,052	31,393	30,306	41,065
원화 환산(조 원)	0.34	0.43	0.50	0.48	0.66
세후순이익성장률	5.70%	25.50%	16.00%	-3.50%	35.50%
순이익률	11.20%	13.38%	14.46%	10.41%	11.91%

(단위 : 루피)

	FY19	FY20	FY21	FY22	FY23
자기자본이익률	22.76%	26.70%	24.51%	21.94%	25.68%
주당순이익	22.48	28.2	32.73	31.6	42.82
주당배당금	10.5	12	17.85	19.15	25.65

재무상태

(단위 : 백만 루피)

	FY19	FY20	FY21	FY22	FY23
자산	162,781	161,548	203,696	229,845	257,980
원화 환산(조 원)	2.60	2.58	3.26	3.68	4.13
자본	94,706	101,302	128,063	138,116	159,922
원화 환산(조 원)	1.52	1.62	2.05	2.21	2.56
부채	68,076	60,246	75,633	91,729	98,058
원화 환산(조 원)	1.09	0.96	1.21	1.47	1.57

현금흐름

(단위 : 백만 루피)

	FY19	FY20	FY21	FY22	FY23
영업현금흐름	24,695	26,319	36,834	9,865	41,934
원화 환산(조 원)	0.40	0.42	0.59	0.16	0.67
투자현금흐름	-9,445	-5,214	-5,478	-3,217	-12,746
원화 환산(조 원)	-0.15	-0.08	-0.09	-0.05	-0.20
재무현금흐름	-11,175	-24,652	-6,504	-18,076	-21,401
원화 환산(조 원)	-0.18	-0.39	-0.10	-0.29	-0.34

Ultratech Cement (NSE: ULTRACEMCO)

홈페이지

인도 최대 시멘트 기업

현재주가	10,426 INR
시가총액	3조 INR
P/E	52.82
P/B	5.35
배당수익률	0.36%

주요 주주:
Grasim Industries (52.27%)

Ultratech Cement 5년 주가 차트. 단위 INR

'Ultratech Cement'는 인도 시멘트 최대 기업입니다. 전국 85개 도시에 185개의 레미콘 공장을 갖고 있습니다. 연간 1억 3,800만 톤의 설치 용량을 보유하며, 연간 판매량은 1억 571만 톤으로 세계 5번째 시멘트 제조업체입니다.

1980년 'Vikram Cement'로 출범했습니다. 1998년에는 850만 톤 생산 시설을 갖습니다. 2006년 5월 'Narmada Cement'와 합병하여 1,700만 톤 생산 용량을 확보합니다. 2006년에는 'Samruddhi Cement'와 합병, 인도에서 가장 큰 시멘트 회사가 됩니다. 2010년에는 아랍에미리트, 바레인, 방글라데시에 진출한 'ETA Star Cement'를 인수합니다. 2013년과 2017년에는 'Jaypee Group'의 시멘트 공장을 순차적으로 매입합니다. 2018년 Binani Cement를 인수합니다.

적극적인 인수합병을 통해 2023년 연간 생산능력은 1억 3,800만 톤을 넘깁니다. 인도 +85개 도시에 185개 이상의 RMC(Ready Mix Concrete) 공장을 보유하고 있으며, 인도 전역에 +9,000개의 대리점 네트워크를 구축했습니다.

FY2023년 10조원의 매출, 1.26조원의 영업이익과 8,250억원의 순이익을 기록했습니다. 인도 시멘트 산업은 좋은 전망을 갖고 있습니다. 인프라 개발, 부동산 활황으로 꾸준한 수요가 예상됩니다. 아직 인도 시멘트 생산량은 중국의 25% 수준으로, 잠재력이 큽니다.

손익계산

(단위 : 백만 루피)

	FY19	FY20	FY21	FY22	FY23
매출	416,088	424,296	447,256	525,986	632,395
원화 환산(조 원)	6.66	6.79	7.16	8.42	10.12
매출성장률	30.50%	2.00%	5.40%	17.60%	20.20%
영업이익	47,823	65,195	86,073	88,674	77,317
원화 환산(조 원)	0.77	1.04	1.38	1.42	1.26
영업이익성장률	21.00%	36.30%	32.00%	3.00%	−12.80%
영업이익률	11.49%	15.37%	19.24%	16.86%	12.23%
세후순이익	24,035	57,553	54,631	73,443	50,640
원화 환산(조 원)	0.38	0.92	0.87	1.18	0.82
세후순이익성장률	8.20%	139.45%	−5.10%	34.40%	−31.00%
순이익률	5.78%	13.56%	12.21%	13.96%	8.01%

(단위 : 루피)

	FY19	FY20	FY21	FY22	FY23
자기자본이익률	7.12%	14.74%	12.37%	14.56%	9.32%
주당순이익	84	199.49	189.33	254.53	175.54
주당배당금	11.5	13	37	38	38

재무상태

(단위 : 백만 루피)

	FY19	FY20	FY21	FY22	FY23
자산	765,374	792,198	861,835	838,278	913,870
원화 환산(조 원)	12.25	12.68	13.79	13.41	14.62
자본	337,507	390,438	441,747	504,353	543,245
원화 환산(조 원)	5.40	6.25	7.07	8.07	8.69
부채	427,868	401,760	420,088	333,925	370,624
원화 환산(조 원)	6.85	6.43	6.72	5.34	5.93

현금흐름

(단위 : 백만 루피)

	FY19	FY20	FY21	FY22	FY23
영업현금흐름	59,561	90,180	125,371	92,832	90,685
원화 환산(조 원)	0.95	1.44	2.01	1.49	1.45
투자현금흐름	11,138	−42,010	−81,187	22,570	−71,871
원화 환산(조 원)	0.18	−0.67	−1.30	0.36	−1.15
재무현금흐름	−67,572	−51,129	−43,887	−115,965	−16,310
원화 환산(조 원)	−1.08	−0.82	−0.70	−1.86	−0.26

TATA Motors (NSE: TATAMOTORS)

홈페이지

인도 전기차 1위

현재주가	753.9 INR
시가총액	2.76조 INR
P/E	15.60
P/B	5.15
배당수익률	0.27%

주요 주주:
Tata Sons (43.71%)

Tata Motors 5년 주가 차트. 단위 INR

'Tata Motors'는 인도를 대표하는 종합 자동차 제조사입니다. 2023년 기준 인도 승용차 시장점유율 3위, 상용차 시장 1위입니다. 인도 최대 재벌 Tata 그룹이 운영하고 있습니다.

1945년 설립되었습니다. 1954년 '다임러-벤츠'와 제휴로 첫 상용차를 출시했습니다. 1991년 승용차 시장에 진출했습니다. 2004년 한국 대우상용차를 인수했고(현 '타타대우상용차'), 2005년 미니 트럭 'Ace'를 출시하였습니다. 2008년에는 영국 럭져리 브랜드 'Jaguar Land Rover'를 인수했습니다. 2017년 전기차 사업에 진출해, 2020년 Nexon EV를 선보였습니다. 현재 인도 전기차 시장 1위입니다.

인도는 세계 3대 자동차 시장으로, 성장 잠재력이 큽니다. 타타모터스는 상용차(버스, 트럭)시장에서는 39%의 점유율로 1위를 차지하고 있습니다. 특히 2톤 미만 트럭은 시장의 2/3을 차지하고 있습니다. 승용차 시장에서도 점유율이 증가하는 추세입니다.

2023 회계연도 총매출은 55조원, 영업이익은 1.7조원, 순이익은 3,935억원을 기록했습니다. 'International Conference on Robotics and Automation(ICRA)'에서는 2024년 인도 자동차 시장이 최소 7%에서 10%까지 성장하리라 전망합니다. 높은 시장 지배력과 정부 지원을 받는 타타모터스는 시장보다 빠르게 성장할 수 있으리라 기대합니다.

손익계산

(단위 : 백만 루피)

	FY19	FY20	FY21	FY22	FY23
매출	3,019,384	2,610,680	2,497,948	2,784,536	3,459,670
원화 환산(조 원)	48.31	41.77	39.97	44.55	55.35
매출성장률	2.20%	-13.50%	-4.30%	11.50%	24.20%
영업이익	-293,791	-41,802	-81,697	-7,026	106,404
원화 환산(조 원)	-4.70	-0.67	-1.31	-0.11	1.70
영업이익성장률	-233.19%	85.80%	-95.40%	91.40%	1,614.34%
영업이익률	-9.73%	-1.60%	-3.27%	-0.25%	3.08%
세후순이익	-288,262	-120,709	-134,514	-114,415	24,143
원화 환산(조 원)	-4.61	-1.93	-2.15	-1.83	0.39
세후순이익성장률	320.69%	58.10%	-11.40%	14.90%	121.10%
순이익률	-9.55%	-4.62%	-5.38%	-4.11%	0.70%

(단위 : 루피)

	FY19	FY20	FY21	FY22	FY23
자기자본이익률	-47.90%	-19.14%	-24.35%	-25.68%	5.33%
주당순이익	-84.89	-34.88	-36.99	-29.88	6.3
주당배당금	–	–	–	–	2

재무상태

(단위 : 백만 루피)

	FY19	FY20	FY21	FY22	FY23
자산	3,071,945	3,221,213	3,431,258	3,306,199	3,360,814
원화 환산(조 원)	49.15	51.54	54.90	52.90	53.77
자본	601,796	630,785	552,467	445,612	453,218
원화 환산(조 원)	9.63	10.09	8.84	7.13	7.25
부채	2,470,150	2,590,427	2,878,791	2,860,587	2,907,596
원화 환산(조 원)	39.52	41.45	46.06	45.77	46.52

현금흐름

(단위 : 백만 루피)

	FY19	FY20	FY21	FY22	FY23
영업현금흐름	191,347	266,329	290,005	142,828	353,880
원화 환산(조 원)	3.06	4.26	4.64	2.29	5.66
투자현금흐름	-197,111	-341,702	-261,263	-47,751	-168,042
원화 환산(조 원)	-3.15	-5.47	-4.18	-0.76	-2.69
재무현금흐름	88,304	33,896	99,042	-33,802	-262,429
원화 환산(조 원)	1.41	0.54	1.58	-0.54	-4.20

Adani Green Energy (NSE: ADANIGREEN)

인도 최대 신재생에너지 기업

홈페이지

| 현재주가 | 1,561 INR |
| 시가총액 | 2.47조 INR |

P/E	197.87
P/B	31.29
배당수익률	0%

주요 주주:
Adani Trading Services (29.94%)

녹색채권(Green Bond) : 친환경 사업 자금 조달을 위해 발행되는 특수 채권

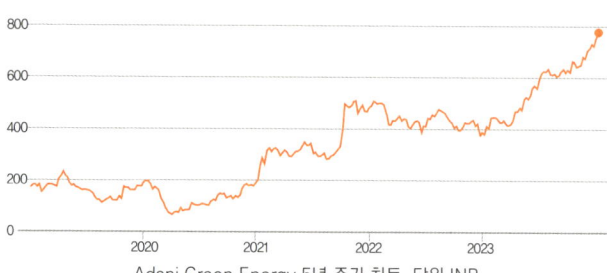

Adani Green Energy 5년 주가 차트. 단위 INR

'Adani Green Energye'는 인도 최대 신재생에너지 기업입니다. 태양광 및 풍력 에너지를 위한 발전소를 건설, 소유 및 운영합니다. 아시아 부자 1위로 등극했던, 'Gautam Adani'가 이끌고 있습니다.

2015년에 설립되었으며, 2016년 라자스탄 정부와 태양광 발전소 합작 투자 계약을 체결했습니다. 2017년 인도 증시에 상장했습니다. 2018년 'Kodangal Solar Parks Private', 2019년 'Essel group'의 태양광 발전 사업을 인수합니다. 이후 2020년 인도 정부로부터 60억 달러 규모의 세계 최대 태양광 발전소 프로젝트를 수주 받았으며, 2021년 소프트뱅크로부터 'SB Energy Holdings'를 인수했습니다.

인도 신재생에너지 산업을 이끌고 있습니다. 탄소배출을 최소화하고, 그린 에너지 생산을 늘이려는 모디 정부와 가장 밀접한 기업입니다. 정부 프로젝트 수주에 확실한 강점이 있습니다. 대규모 프로젝트를 수행하다 보니 자금 수요가 커, 부채비율이 높습니다. 하지만 2019년 인도 최초로 녹색 채권을 발행해 자금을 유치했습니다. 매출과 영업이익이 빠르게 증가하고 있으며, 2021년부터 흑자전환 했습니다.

2023 회계연도 매출 1.25조원, 영업이익 6,577억원, 순이익 1,586억원을 기록했습니다. 인도는 2040년까지 탄소배출 제로를 달성하려 하고, 2030년까지 재생에너지로 450GW의 전력을 생산하려 합니다. 아다니그린에너지는 정부 정책을 수행하는 민간 기업입니다.

손익계산

(단위 : 백만 루피)

	FY19	FY20	FY21	FY22	FY23
매출	20,580	25,486	31,240	51,330	77,920
원화 환산(조 원)	0.33	0.41	0.50	0.82	1.25
매출성장률	39.00%	23.80%	22.60%	64.30%	51.80%
영업이익	4,638	8,646	16,710	27,270	40,350
원화 환산(조 원)	0.07	0.14	0.27	0.44	0.65
영업이익성장률	54.50%	86.40%	93.30%	63.20%	48.00%
영업이익률	22.54%	33.92%	53.49%	53.13%	51.78%
세후순이익	−4,739	−232	2,100	4,890	9,730
원화 환산(조 원)	−0.08	−0.00	0.03	0.08	0.16
세후순이익성장률	−244.62%	95.10%	1,003.90%	132.86%	98.97%
순이익률	−23.03%	−0.91%	6.72%	9.53%	12.49%

(단위 : 루피)

	FY19	FY20	FY21	FY22	FY23
자기자본이익률	−24.51%	−0.98%	9.55%	18.71%	13.32%
주당순이익	−3.03	−0.15	1.34	3.13	6.15
주당배당금	0	0	0	0	0

재무상태

(단위 : 백만 루피)

	FY19	FY20	FY21	FY22	FY23
자산	146,580	184,251	287,210	591,670	673,610
원화 환산(조 원)	2.35	2.95	4.60	9.47	10.78
자본	19,333	23,566	22,000	26,140	73,040
원화 환산(조 원)	0.31	0.38	0.35	0.42	1.17
부채	127,247	160,686	265,210	565,530	600,570
원화 환산(조 원)	2.04	2.57	4.24	9.05	9.61

현금흐름

(단위 : 백만 루피)

	FY19	FY20	FY21	FY22	FY23
영업현금흐름	16,246	19,651	16,010	36,780	72,650
원화 환산(조 원)	0.26	0.31	0.26	0.59	1.16
투자현금흐름	−26,663	−37,432	−91,370	−192,810	−38,570
원화 환산(조 원)	−0.43	−0.60	−1.46	−3.08	−0.62
재무현금흐름	10,452	21,613	70,830	159,860	−29,730
원화 환산(조 원)	0.17	0.35	1.13	2.56	−0.48

Wipro (NYSE: WIT)

홈페이지

인도 IT서비스 4위 기업

현재주가	5.55 USD
시가총액	29.41B USD
P/E	21.74
P/B	3.49
배당수익률	4.99%

주요 주주:
Azim Premji (62.41%)

 미국상장

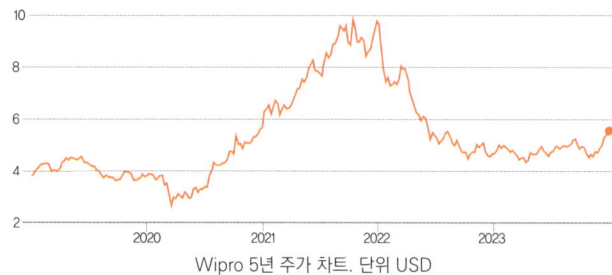

Wipro 5년 주가 차트. 단위 USD

'Wipro'는 인도를 대표하는 IT서비스 회사입니다. Tata Consultancy Services, Infosys와 함께 오랫동안 인도 3대 IT서비스 기업으로 거론되었습니다. 클라우드 컴퓨팅, 사이버 보안, AI, 데이터 분석 등 IT기술 컨설팅 서비스 전반을 제공합니다.

1945년 'Western India Vegetable Products'라는 이름의 식용유 제조업으로 시작했습니다. 1966년 창업주 사망으로 아들 '아짐 프렘지'가 대표로 취임 후, 사업 영역이 비누, 샴푸, 유압설비 등 소비재 산업으로 확장됩니다. 1970년 후반 PC 제조 사업에 진출합니다. 1990년대 부터 IT 서비스 산업에 뛰어듭니다. 1999년 뉴욕증권거래소(NYSE)에 상장합니다. 2012년 비 IT서비스 사업을 'Wipro Enterprises'로 분할합니다. 2021년 금융 산업에 특화된 영국 IT 서비스 기업 'Capco'를 1.7조원에 인수합니다. 2023년 미국에 국제 본사를 설립합니다.

Wipro는 매출의 60%가 미국에서 발생합니다. Cisco, Oracle, EMC, Microsoft 등 여러 빅테크 기업들을 고객사로 보유하고 있습니다. 13만명의 다양한 인력이 고객사의 문제를 해결하기 위한 솔루션을 제공하고 있습니다. 직원의 숙련도와 서비스 품질 대비 저렴한 비용이 강점입니다. 최근에는 빠르게 변하는 IT기술 속도에 맞춰 광범위한 연구/개발 서비스를 제공하고 있습니다.

2023 회계연도 매출 15조원, 영업이익 2.3조원, 순이익 1.8조원을 기록했습니다. 최근 경기 악화로 고객사들의 IT 컨설팅 계약 발주가 지연되며, 매출이 소폭 감소했습니다.

손익계산

(단위 : 백만 루피)

	FY19	FY20	FY21	FY22	FY23
매출	585,845	610,232	619,430	790,934	904,876
원화 환산(조 원)	9.37	9.76	9.91	12.65	14.48
매출성장률	7.50%	4.20%	1.50%	27.70%	14.40%
영업이익	99,910	105,730	123,053	140,286	139,606
원화 환산(조 원)	1.60	1.69	1.97	2.24	2.30
영업이익성장률	18.50%	5.80%	16.40%	14.00%	−0.50%
영업이익률	17.05%	17.33%	19.87%	17.74%	15.43%
세후순이익	90,031	97,218	107,946	122,191	113,500
원화 환산(조 원)	1.44	1.56	1.73	1.96	1.82
세후순이익성장률	12.40%	8.00%	11.00%	13.20%	−7.10%
순이익률	15.37%	15.93%	17.43%	15.45%	12.54%

(단위 : 루피)

	FY19	FY20	FY21	FY22	FY23
자기자본이익률	15.85%	17.44%	19.52%	18.57%	14.53%
주당순이익	14.95	16.62	19.07	22.29	20.68
주당배당금	0.75	1	1	6	1

재무상태

(단위 : 백만 루피)

	FY19	FY20	FY21	FY22	FY23
자산	833,171	817,062	831,434	1,079,182	1,175,822
원화 환산(조 원)	13.33	13.07	13.30	17.27	18.81
자본	568,116	557,458	553,095	658,158	781,164
원화 환산(조 원)	9.09	8.92	8.85	10.53	12.50
부채	265,055	259,604	278,339	421,024	394,658
원화 환산(조 원)	4.24	4.15	4.45	6.74	6.31

현금흐름

(단위 : 백만 루피)

	FY19	FY20	FY21	FY22	FY23
영업현금흐름	116,316	100,643	147,550	110,797	130,601
원화 환산(조 원)	1.86	1.61	2.36	1.77	2.09
투자현금흐름	50,126	34,012	7,739	−224,495	−84,065
원화 환산(조 원)	0.80	0.54	0.12	−3.59	−1.35
재무현금흐름	−49,369	−150,998	−128,840	46,586	−60,881
원화 환산(조 원)	−0.79	−2.42	−2.06	0.75	−0.97

Adani Ports and Special Economic Zone(NSE: ADANIPORTS)

인도 최대 항만 운영사

현재주가	1,017 INR
시가총액	2.19조 INR
P/E	32.35
P/B	4.52
배당수익률	0.72%

주요 주주:
Adani Trading Services (29.94%)

홈페이지

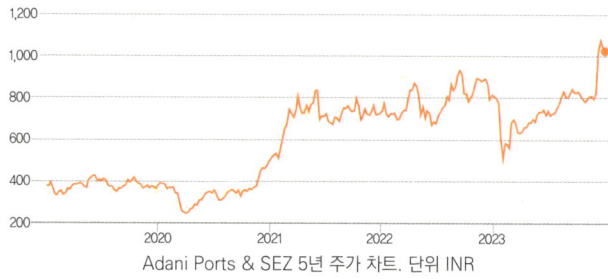

Adani Ports & SEZ 5년 주가 차트. 단위 INR

'Adani Ports and Special Economic Zone'은 13개 항구와 터미널을 가진 인도 최대 항만 인프라 기업입니다. 인도 전체 항만 설비의 24%를 차지합니다. 'Special Economic Zone'은 '경제특구'로 입주 기업에 인프라, 세금 등 인센티브를 제공합니다. 아다니 그룹은 이곳에 물류 설비, 공항, 철도, 발전소, 공장 등을 만들어 그룹의 거점을 구축했습니다.

아다니 포트& SEZ는 1998년에 설립되었습니다. 2001년 부터 30년 간 구자라트주 'Mundra' 항구의 개발/운영권을 취득했습니다. 문드라항은 2013년 부터 인도에서 가장 큰 민간 항구가 되었습니다. 세계 최대의 석탄 수입 터미널로 유명합니다. 2014년에는 'Larsen' & Toubro'와 'TATA Steel'로부터 'Dhamra' 항구를 인수합니다. 이후 육상 터미널과 도로, 철로, 공항까지 갖추며 물류 시너지를 내고 있습니다.

인도 항만 물류 산업을 지배하고 있다고 이야기 할 수 있습니다. 인도 화물 물동량 1~20위 항구 중 정부 소유를 제외한 75%를 독점하고 있습니다. 인도 수출의 90%가 해양 무역을 통하므로, 아다니포트&SEZ의 수익은 인도의 수출입량과 큰 상관관계를 가집니다.

2023 회계연도 매출은 3.4조원, 영업이익은 1.3조원, 순이익 8,655억 원으로 역대 최고 실적을 경신했습니다. 연간 화물 처리량은 3억4천만 톤에 달했습니다. 이를 2030년까지 10억 톤으로 늘리려는 계획이며, 해외 항만 건설도 추진 중입니다.

손익계산

(단위 : 백만 루피)

	FY19	FY20	FY21	FY22	FY23
매출	109,254	118,731	125,496	171,188	208,519
원화 환산(조 원)	1.75	1.90	2.01	2.74	3.42
매출성장률	-3.50%	8.70%	5.70%	36.40%	21.80%
영업이익	56,292	58,390	59,719	69,552	81,389
원화 환산(조 원)	0.90	0.93	0.96	1.11	1.30
영업이익성장률	-3.20%	3.70%	2.30%	16.50%	17.00%
영업이익률	51.52%	49.18%	47.59%	40.63%	39.03%
세후순이익	39,902	37,631	49,943	48,860	53,102
원화 환산(조 원)	0.64	0.60	0.80	0.78	0.86
세후순이익성장률	8.60%	-5.70%	32.70%	-2.20%	8.70%
순이익률	36.52%	31.69%	39.80%	28.54%	25.47%

(단위 : 루피)

	FY19	FY20	FY21	FY22	FY23
자기자본이익률	16.26%	14.69%	16.32%	11.64%	11.65%
주당순이익	19.27	18.35	24.58	22.62	24.58
주당배당금	0.2	3.2	5	5	5

재무상태

(단위 : 백만 루피)

	FY19	FY20	FY21	FY22	FY23
자산	565,275	622,037	754,637	996,858	1,149,051
원화 환산(조 원)	9.04	9.95	12.07	15.95	18.38
자본	245,382	256,235	306,083	419,882	455,836
원화 환산(조 원)	3.93	4.10	4.90	6.72	7.29
부채	319,893	365,802	448,554	576,976	693,216
원화 환산(조 원)	5.12	5.85	7.18	9.23	11.09

현금흐름

(단위 : 백만 루피)

	FY19	FY20	FY21	FY22	FY23
영업현금흐름	60,855	74,033	76,343	102,088	145,981
원화 환산(조 원)	0.97	1.18	1.22	1.63	2.34
투자현금흐름	-44,242	-7,504	-141,427	-52,818	-196,036
원화 환산(조 원)	-0.71	-0.12	-2.26	-0.85	-3.14
재무현금흐름	23,133	-42,556	35,139	-5,858	-27,338
원화 환산(조 원)	0.37	-0.68	0.56	-0.09	-0.44

JSW STEEL (NSE: JSWSTEEL)

홈페이지

인도 시가총액 1위 민간 철강사

현재주가	881 INR
시가총액	2.14조 INR
P/E	23.00
P/B	2.88
배당수익률	0.39%

주요 주주:
JFE Steel Corp. (15.07%)

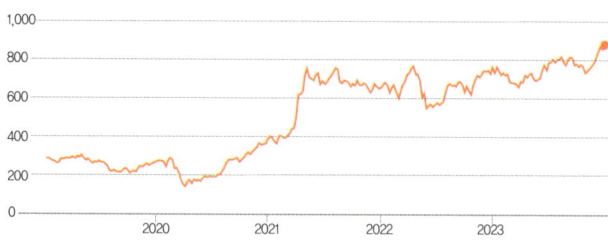

JSW STEEL 5년 주가 차트. 단위 INR

'JSW STEEL'은 인도 대표 민간 철강사입니다. 생산량으로는 인도 민간 2위이자, 세계 9위입니다. 공격적인 인수합병으로 민간 철강 생산량 1위인 'Tata Steel'의 시가총액을 넘겼습니다. 2022년 태풍 힌남노 침수 피해로 포스코 공장 가동이 중단되었을 때 설비를 지원해준 것으로 알려졌습니다.

1982년 소형 제철소 'Piramal Steel Limited'를 인수하며 'JISCO'로 출범했습니다. 2005년 'JVSL'를 합병하며 'JSW Steel'로 사명을 바꾸었습니다. 2023년 인도에 14개의 생산 공장과 연 1,700만 톤의 생산량을 출하하는 대기업으로 성장했습니다. 인도와 미국을 합하면 연 최대 2,970만 톤의 생산 용량을 보유했습니다. 13개의 철광석 광산과 3개의 코크스 탄광을 보유해 원자재 가격 리스크도 관리합니다.

빠르게 증가하는 철강 수요에 힘입어, 2024년 말까지 생산 용량을 3,850만 톤으로 증대할 계획입니다. 증설되는 설비는 친환경 설비(NGOFP 철강 생산, 가스를 포집하는 VTD 설비)입니다. 2030년까지 EU의 '탄소국경조정체제'를 준수하는 친환경 철강 기업이 되고자 합니다.

2023 회계연도 매출 26.5조원, 영업이익 2.2조원, 순이익 6,754억원을 기록했습니다. 매출은 지난 5년간 연평균 14.9% 증가했습니다. 지역적 이점을 활용해 인도의 동남부, 서부 지역, 중동과 아프리카, 남미 지역에서 시장 점유율을 확대하고 있습니다. 인도는 세계 7위의 철강 수출국이지만, 아직 중국의 30% 수준에 미치지 못합니다. 철강 수요가 본격화되고 있어 성장 가능성이 큽니다.

손익계산
(단위 : 백만 루피)

	FY19	FY20	FY21	FY22	FY23
매출	847,570	733,260	798,390	1,463,710	1,659,600
원화 환산(조 원)	13.56	11.73	12.77	23.42	26.55
매출성장률	15.80%	-13.50%	8.90%	83.30%	13.40%
영업이익	149,110	76,530	152,770	327,720	138,930
원화 환산(조 원)	2.39	1.22	2.44	5.24	2.22
영업이익성장률	33.10%	-48.70%	99.62%	114.52%	-57.60%
영업이익률	17.59%	10.44%	19.13%	22.39%	8.37%
세후순이익	76,390	40,300	79,110	206,650	41,440
원화 환산(조 원)	1.22	0.64	1.27	3.31	0.66
세후순이익성장률	22.90%	-47.20%	96.30%	161.22%	-79.90%
순이익률	9.01%	5.50%	9.91%	14.12%	2.50%

(단위 : 루피)

	FY19	FY20	FY21	FY22	FY23
자기자본이익률	21.95%	11.01%	16.92%	30.71%	6.31%
주당순이익	31.6	16.67	32.73	85.49	17.14
주당배당금	4.1	2	6.5	17.35	3.4

재무상태
(단위 : 백만 루피)

	FY19	FY20	FY21	FY22	FY23
자산	1,149,140	1,318,200	1,483,170	1,964,850	2,110,780
원화 환산(조 원)	18.39	21.09	23.73	31.44	33.77
자본	347,950	365,990	467,640	672,970	656,950
원화 환산(조 원)	5.57	5.86	7.48	10.77	10.51
부채	801,190	952,210	1,015,530	1,291,880	1,453,830
원화 환산(조 원)	12.82	15.24	16.25	20.67	23.26

현금흐름
(단위 : 백만 루피)

	FY19	FY20	FY21	FY22	FY23
영업현금흐름	146,940	127,880	192,060	275,090	233,040
원화 환산(조 원)	2.35	2.05	3.07	4.40	3.73
투자현금흐름	-114,480	-195,860	-81,190	-159,870	-107,110
원화 환산(조 원)	-1.83	-3.13	-1.30	-2.56	-1.71
재무현금흐름	17,530	51,890	-31,100	-146,570	-59,770
원화 환산(조 원)	0.28	0.83	-0.50	-2.35	-0.96

Hindustan Aeronautics (NSE: HAL)

인도 최대 항공우주 기업

홈페이지

현재주가	2,806 INR
시가총액	1.87조 INR
P/E	31.08
P/B	7.46
배당수익률	0.98%

주요 주주:
Government of India
(71.64%)

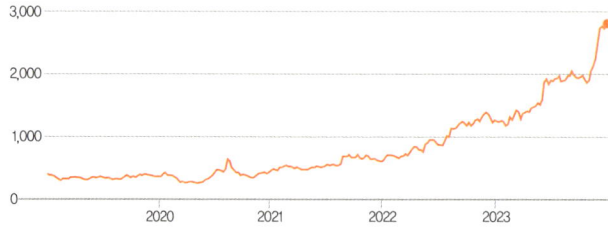

Hindustan Aeronautics 5년 주가 차트. 단위 INR

'Hindustan Aeronautics'는 인도 최대 항공우주 기업입니다. 비행기, 에어로엔진, 헬리콥터, 항법 시스템 등 항공 부품과 프레임을 만드는 아시아 최대 규모의 항공기 메이커입니다. 방위 산업과 벵갈루루 국제 공항도 운영하고 있습니다.

1940년 벵갈루루에서 설립되었습니다. 1942년 인도 공군 항공기 제조를 시작했습니다. 1988년 항공우주 부서가 신설되어, 우주 발사체 및 위성 기술을 연구하고 있습니다. 인도 정부와 국방부 관리하에 11개의 연구개발센터와 21개의 제조부서가 운영됩니다.

인도 방위비 지출은 크게 증가하고 있습니다. 2021년부터 100조원을 넘겼습니다. 우주 기술의 중요성이 부각되고, 신식 무기 경쟁이 촉발되며, 힌두스탄 애어로노틱스가 수혜를 받고 있습니다. 2020년 자체 생산한 4세대 전투기 '테자스 MK1A' 83대를 인도 공군에 판매해 50억 달러의 매출을 올렸습니다. 2023년에는 미국이 인도의 전투기 엔진 제조를 승인하며, 'GE'와 기술 이전 및 파트너십을 맺게 됩니다. 인도 공군이 80억 달러를 들여 MK.1A 100여 대를 추가 발주할 것이라는 소식도 전해지고 있습니다.

2023 회계연도 매출은 4.4조원, 영업이익은 8,177억원, 순이익은 9,498억원을 기록했습니다. 러시아-우크라이나 전쟁, 이스라엘-팔레스타인 전쟁, 미국과 중국과의 갈등이 지속되며 우주항공, 방산 산업이 주목받고 있습니다. 적극적인 첨단 기술 확장과 정부 혜택으로 이익 성장이 기대됩니다.

손익계산

(단위 : 백만 루피)

	FY19	FY20	FY21	FY22	FY23
매출	200,082	214,452	227,545	246,200	269,275
원화 환산(조 원)	3.20	3.43	3.64	3.94	4.41
매출성장률	7.40%	7.20%	6.10%	8.20%	9.40%
영업이익	35,260	41,857	41,731	42,980	50,168
원화 환산(조 원)	0.56	0.67	0.67	0.69	0.81
영업이익성장률	39.00%	18.70%	0.30%	3.00%	16.70%
영업이익률	17.62%	19.52%	18.34%	17.46%	18.63%
세후순이익	23,286	28,828	32,395	50,800	58,277
원화 환산(조 원)	0.37	0.46	0.52	0.81	0.95
세후순이익성장률	17.00%	23.80%	12.40%	56.80%	14.70%
순이익률	11.64%	13.44%	14.24%	20.63%	21.64%

(단위 : 루피)

	FY19	FY20	FY21	FY22	FY23
자기자본이익률	19.27%	21.76%	21.02%	26.30%	24.72%
주당순이익	69.64	86.21	96.88	151.92	174.28
주당배당금	19.8	33.25	30	50	55

재무상태

(단위 : 백만 루피)

	FY19	FY20	FY21	FY22	FY23
자산	507,138	532,774	519,459	583,920	672,038
원화 환산(조 원)	8.11	8.52	8.31	9.34	10.75
자본	120,821	132,485	154,123	193,131	235,722
원화 환산(조 원)	1.93	2.12	2.47	3.09	3.77
부채	386,317	400,289	365,336	390,789	436,317
원화 환산(조 원)	6.18	6.40	5.85	6.25	6.98

현금흐름

(단위 : 백만 루피)

	FY19	FY20	FY21	FY22	FY23
영업현금흐름	−77,003	15,274	151,170	101,731	88,297
원화 환산(조 원)	−1.23	0.24	2.42	1.63	1.41
투자현금흐름	52,941	−13,389	−11,800	−127,852	−57,280
원화 환산(조 원)	0.85	−0.21	−0.19	−2.05	−0.92
재무현금흐름	23,261	639	−70,702	−14,637	−17,313
원화 환산(조 원)	0.37	0.01	−1.13	−0.23	−0.28

Tata Steel (LSE: TTST)

홈페이지

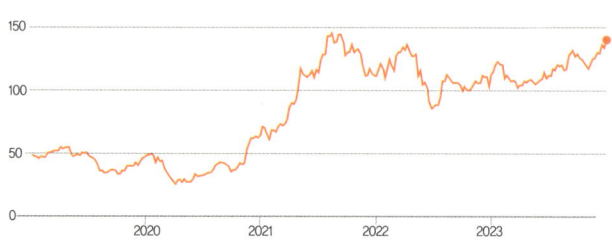
인도 최대 민간 철강

현재주가	16.95 USD
시가총액	20.64B USD
P/E	27.11
P/B	1.90
배당수익률	2.11%

주요 주주:
Tata Sons (32.23%)

TATA STEEL 5년 주가 차트. 단위 INR

'Tata Steel'은 인도를 대표하는 철강 회사입니다. 조강생산량 3,400만 톤으로 인도 1위입니다. 인도 최대 재벌 Tata 그룹의 자회사입니다.

1907년 'Tata Iron and Steel Company'로 설립되었습니다. 영국 식민지 시기, 인도와 영국을 통틀어 가장 큰 제철소였습니다. 제 1차, 2차 세계대전을 거치며 수혜를 받았습니다. 1997년 R&D ISO 9000 인증을 획득합니다. 2004년 'Natsteel' 철강 사업부를 인수(6억 달러)했습니다. 2005년에는 'Tata Steel'로 이름을 바꿨습니다. 이후 2018년에는 자동차용 강판을 주력으로 하는 'Bhushan Group'을 인수(51억 9천만 달러)했습니다.

철광석 광산을 보유하여, 원자재 조달 가격에서 우위를 갖고 있습니다. 'Tata Motors'라는 안정적인 판매처도 확보하고 있습니다. 인도에는 중국을 잇는 철강 수요 슈퍼사이클이 오고 있습니다. 건설, 자동차, 철도, 도로, 수도 등 인프라, 신재생에너지 모두 철이 필요합니다.

2023 회계연도 실적은 전년 대비 저조했습니다. 전년과 평이하게 39조원 수준의 매출을 유지했지만 영업이익은 4조원, 순이익은 1.4조원을 기록했습니다. 내수 비중이 54%, 수출 비중이 46%이며 철강 가격 상승 국면에서 좋은 성과가 기대됩니다.

영국상장

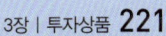

손익계산

(단위 : 백만 루피)

	FY19	FY20	FY21	FY22	FY23
매출	1,576,690	1,489,717	1,564,774	2,439,592	2,433,527
원화 환산(조 원)	25.23	23.84	25.04	39.03	38.94
매출성장률	27.00%	-5.50%	5.00%	55.90%	-0.20%
영업이익	227,064	51,624	221,724	555,060	247,050
원화 환산(조 원)	3.63	0.83	3.55	8.88	3.95
영업이익성장률	-16.30%	-77.30%	329.49%	150.34%	-55.50%
영업이익률	14.40%	3.47%	14.17%	22.75%	10.15%
세후순이익	102,183	15,565	74,902	401,539	87,604
원화 환산(조 원)	1.63	0.25	1.20	6.42	1.40
세후순이익성장률	-23.90%	-84.77%	381.21%	436.08%	-78.20%
순이익률	6.48%	1.04%	4.79%	16.46%	3.60%

(단위 : 루피)

	FY19	FY20	FY21	FY22	FY23
자기자본이익률	13.89%	2.10%	6.54%	38.95%	7.65%
주당순이익	8.77	1.19	6.38	33.21	7.17
주당배당금	1.3	10	2.5	5.1	3.6

재무상태

(단위 : 백만 루피)

	FY19	FY20	FY21	FY22	FY23
자산	2,335,824	2,504,195	2,454,872	2,854,456	2,880,217
원화 환산(조 원)	37.37	40.07	39.28	45.67	46.08
자본	735,763	742,388	1,144,430	1,030,821	1,144,430
원화 환산(조 원)	11.77	11.88	18.31	16.49	18.31
부채	1,646,573	1,768,432	1,712,484	1,710,026	1,849,396
원화 환산(조 원)	26.35	28.29	27.40	27.36	29.59

현금흐름

(단위 : 백만 루피)

	FY19	FY20	FY21	FY22	FY23
영업현금흐름	253,360	201,687	443,267	443,810	216,831
원화 환산(조 원)	4.05	3.23	7.09	7.10	3.47
투자현금흐름	-292,109	-145,304	-93,229	-108,812	-186,798
원화 환산(조 원)	-4.67	-2.32	-1.49	-1.74	-2.99
재무현금흐름	-6,727	-16,946	-370,897	-234,011	-69,807
원화 환산(조 원)	-0.11	-0.27	-5.93	-3.74	-1.12

Zomato (NSE: ZOMATO)

홈페이지

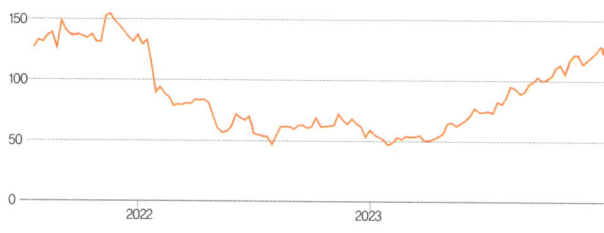
인도판 '배달의 민족'

현재주가	123.2 INR
시가총액	1.05조 INR
P/E	--
P/B	5.35
배당수익률	0%

주요 주주:
Info Edge Ltd. (13.97%)

Zomato 상장 후 주가 차트. 단위 INR

'Zomato'는 인도 1위의 온라인 음식 배달 플랫폼입니다. 음식 배달, 퀵 커머스, 식자재 B2B에서 수익을 창출하고 있습니다.

2008년 'Deepinder Goyal'과 'Pankaj Chaddah'가 'Foodie Bay'라는 이름으로 시작한 스타트업입니다. 식당 목록과 추천 서비스로 시작했습니다. 2010년 'Zomato'로 이름을 바꾸었습니다. 2011년 인도 전역에 서비스를 시작했으며, 2012년 부터 중동, 유럽으로 서비스 지역을 확장합니다. 2015년 부터 인도에서 음식 배달 서비스를 시작합니다. 2021년 인도 증시에 상장합니다.

조마토는 온라인 마케팅에 강점이 있으며, 트위터, 인스타그램, 페이스북 등에 300만 명의 팔로워를 보유하고 있습니다. 음식 배달 외에도 영양제와 FMCG 등 다양한 일상제품도 배송하고 있습니다. 월평균 이용 고객 수(MAU)는 2,400만 명 수준입니다.

2023 회계연도 매출은 1.15조원, 영업손실 2,674억원, 순손실은 1,583억원을 기록했습니다. 5천8백만 고객에게 음식 배달 서비스를 제공했습니다. 인도 식품 배달 시장은 성장가능성이 큽니다. 'ResearchAndMarkets'는 인도의 식품 배달 사업이, 향후 4년간 연평균 28%로 성장할 것으로 전망합니다. 우리나라 '배달의 민족'이 음식 배달앱으로 고객을 모은 후, '배민B마트' 등 다른 서비스로 확장하는 것처럼, 조마토에도 사업 기회가 있을 것으로 전망합니다.

손익계산

zomato

(단위 : 백만 루피)

	FY19	FY20	FY21	FY22	FY23
매출	13,126	26,047	19,938	41,924	70,794
원화 환산(조 원)	0.21	0.42	0.32	0.67	1.15
매출성장률	181.66%	98.40%	−23.50%	110.27%	68.90%
영업이익	−19,418	−25,344	−6,961	−20,165	−16,472
원화 환산(조 원)	−0.31	−0.41	−0.11	−0.32	−0.26
영업이익성장률	−1,539.86%	−30.50%	72.50%	−189.68%	18.30%
영업이익률	−147.94%	−97.30%	−34.91%	−48.10%	−23.27%
세후순이익	−9,652	−23,672	−8,128	−12,087	−9,713
원화 환산(조 원)	−0.15	−0.38	−0.13	−0.19	−0.16
세후순이익성장률	−830.99%	145.24%	65.70%	−48.70%	19.60%
순이익률	−73.53%	−90.88%	−40.77%	−28.83%	−13.72%

(단위 : 루피)

	FY19	FY20	FY21	FY22	FY23
자기자본이익률	−37.12%	−333.50%	−10.04%	−7.32%	−4.99%
주당순이익	−1.23	−3.02	−1.04	−1.67	−1.2
주당배당금	0	0	0	0	0

재무상태

(단위 : 백만 루피)

	FY19	FY20	FY21	FY22	FY23
자산	34,134	29,004	87,035	173,270	215,987
원화 환산(조 원)	0.55	0.46	1.39	2.77	3.46
자본	25,999	7,098	80,987	165,055	194,598
원화 환산(조 원)	0.42	0.11	1.30	2.64	3.11
부채	8,135	21,906	6,048	8,215	21,389
원화 환산(조 원)	0.13	0.35	0.10	0.13	0.34

현금흐름

(단위 : 백만 루피)

	FY19	FY20	FY21	FY22	FY23
영업현금흐름	−17,429.50	−21,436.20	−10,172.70	−7,268.00	−5,050.00
원화 환산(조 원)	−0.28	−0.34	−0.16	−0.12	−0.08
투자현금흐름	−12,742.50	17,352.20	−52,436.20	−79,378.00	−4,573.00
원화 환산(조 원)	−0.20	0.28	−0.84	−1.27	0.07
재무현금흐름	31,305.50	3,589.00	64,019.00	87,498.00	−1,274.00
원화 환산(조 원)	0.50	0.06	1.02	1.40	−0.02

GAIL (LSE: GAID)

홈페이지

인도 천연가스 1위

현재주가	10.7 USD
시가총액	12.41B USD
P/E	19.53
P/B	1.08
배당수익률	3.19%

주요 주주:
Government of India (51.52%)

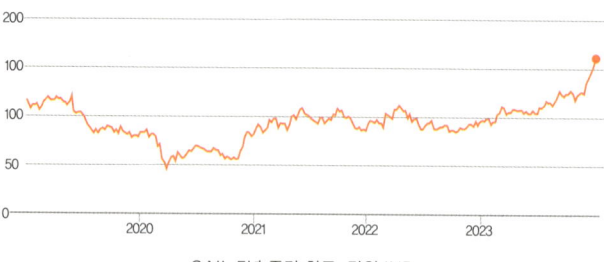

GAIL 5년 주가 차트. 단위 INR

'GAIL'은 인도 천연가스 시장 1위입니다. 천연가스 탐사, 채굴, 생산, 유통 전 영역을 담당하고 있고, 시장점유율 95%를 차지합니다. 국영기업으로, 우리나라 '한국가스공사'와 비슷합니다.

1984년 'Gas Authority of India Limited'라는 이름으로 파이프라인 천연가스(PNG) 사업을 시작했습니다. 1991년에는 액화 천연가스(LNG) 사업으로 확장하고, 1997년 압축 천연가스(CNG) 시설을 구축했습니다. 같은 해, 수도 뉴델리에서 도시가스 서비스를 시작했습니다. 2023년 11월 세계 최초로 선박 간 LNG 이전을 성공하며 기술력을 인정 받고 있습니다.

인도 전역에 15,600km의 천연가스 파이프라인 네트워크를 갖고 있습니다. 인도 서쪽 해안을 따라 여러 가스전을 확보했으며, 해외 탐사도 적극적입니다. 천연가스 외에도 발전, 비료 등 석유화학, 액화탄화수소, LPG 유통 등으로 사업을 다각화했습니다. 최근 에너지 트렌드에 맞게 풍력, 태양광 등 친환경에너지 사업에도 투자했습니다.

2023 회계연도 매출 23조원, 영업이익 7,700억원, 순이익 9,153억원을 발표했습니다. 국제 가스 가격 하락과 인도 가스 수요의 강세가 호재가 되었습니다. 인도 가스 생산량도 증가되며, 2024년에 4,200km의 파이프라인이 완공될 예정으로 매출 성장이 기대됩니다.

영국상장 ↑

손익계산

(단위 : 백만 루피)

	FY19	FY20	FY21	FY22	FY23
매출	762,342	725,677	574,283	928,738	1,458,750
원화 환산(조 원)	12.20	11.61	9.19	14.86	23.34
매출성장률	39.40%	-4.80%	-20.90%	61.70%	57.10%
영업이익	82,735	69,448	50,755	127,435	48,078
원화 환산(조 원)	1.32	1.11	0.81	2.04	0.77
영업이익성장률	31.80%	-16.10%	-26.90%	151.08%	-62.30%
영업이익률	10.85%	9.57%	8.84%	13.72%	3.30%
세후순이익	65,457	94,221	61,364	122,561	56,160
원화 환산(조 원)	1.05	1.51	0.98	1.96	0.91
세후순이익성장률	36.40%	43.90%	-34.90%	99.73%	-54.20%
순이익률	8.59%	12.98%	10.69%	13.20%	3.85%

(단위 : 루피)

	FY19	FY20	FY21	FY22	FY23
자기자본이익률	14.23%	19.12%	11.54%	19.12%	8.65%
주당순이익	9.68	13.93	9.07	18.4	8.52
주당배당금	2.67	4.27	3.33	6.67	0

재무상태

(단위 : 백만 루피)

	FY19	FY20	FY21	FY22	FY23
자산	684,074	749,142	810,099	965,594	1,077,808
원화 환산(조 원)	10.95	11.99	12.96	15.45	17.24
자본	460,041	492,683	531,823	641,143	649,274
원화 환산(조 원)	7.36	7.88	8.51	10.26	10.39
부채	224,033	256,459	278,276	324,451	428,533
원화 환산(조 원)	3.58	4.10	4.45	5.19	6.86

현금흐름

(단위 : 백만 루피)

	FY19	FY20	FY21	FY22	FY23
영업현금흐름	79,842	83,454	89,934	96,286	32,047
원화 환산(조 원)	1.28	1.34	1.44	1.54	0.51
투자현금흐름	-57,066	-74,446	-46,930	-56,455	-76,401
원화 환산(조 원)	-0.91	-1.19	-0.75	-0.90	-1.22
재무현금흐름	-33,643	2,812	-34,706	-39,159	29,721
원화 환산(조 원)	-0.54	0.04	-0.56	-0.63	0.48

Vedanta (NSE: VEDL)

인도 최대의 천연자원 기업

현재주가	257.55 INR
시가총액	0.96조 INR
P/E	18.55
P/B	3.03
배당수익률	17.86%

주요 주주:
Twin Star Holdings
(59.36%)

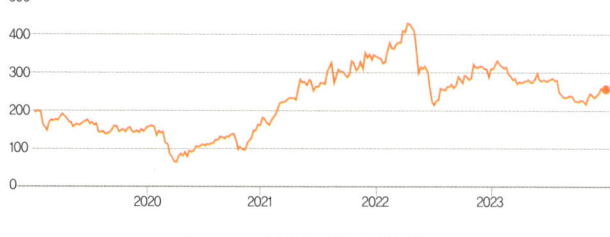

Vedanta 5년 주가 차트. 단위 INR

'Vedanta'는 인도 최대의 천연 자원(원자재) 회사입니다. 아연, 납, 은, 구리, 석유/가스, 알루미늄, 철광석, 니켈 등 천연자원을 생산/가공합니다. 최근 반도체 사업에도 진출했습니다.

1979년 설립되었습니다. 철광석 채굴과 무역업으로 시작하여, 다른 천연자원으로 사업 포트폴리오를 다각화합니다. 1990년대 인도 정부가 부실 공기업을 매각하기 시작하면서 기회를 잡았습니다. 인도 최대 아연 회사 'Hindustan Zinc'와 알루미늄 회사 'Bharat Aluminum(Balco)'를 이때 인수합니다. 2007년에는 인도 최대의 철광 업체 'Sesa Goa'를 인수하며 사업 규모를 확장했습니다. 2011년에는 당시 최대 민간 석유/가스 회사인 'Cairn India'를 인수합니다.

인도 카르나타카, 오디샤, 라자스탄주에 광산을 보유하고 있습니다. 베단타가 소유한 3개 주에 매장된 광물은 인도 전체의 71%라고 알려져 있습니다. 해외 자원 개발에도 적극적입니다. 호주, 잠비아, 남아공에도 광산을 갖고 있습니다.

2023 회계연도 매출은 23.6조 원, 영업이익은 3.9조 원, 순이익 1.7조 원을 기록했습니다. 철광석, 아연, 석유, 가스, 구리, 알루미늄 판매가가 상승해, 전년 대비 16% 매출이 성장했습니다. 경제 성장은 곧 자원 수요의 증대로 이어지기에 전망이 밝습니다. 인도에 시작되는 반도체 사업의 리더로써 행보도 기대됩니다.

손익계산

(단위 : 백만 루피)

	FY19	FY20	FY21	FY22	FY23
매출	920,480	844,470	880,210	1,327,320	1,473,080
원화 환산(조 원)	14.73	13.51	14.08	21.24	23.57
매출성장률	-0.90%	-8.30%	4.20%	50.80%	11.00%
영업이익	161,170	-50,030	190,670	353,170	242,130
원화 환산(조 원)	2.58	-0.80	3.05	5.65	3.87
영업이익성장률	-30.80%	〈 (99%)	〉99%	85.20%	-31.40%
영업이익률	17.51%	-5.92%	21.66%	26.61%	16.44%
세후순이익	70,650	-66,640	116,020	188,020	105,740
원화 환산(조 원)	1.13	-1.07	1.86	3.01	1.69
세후순이익성장률	8.60%	-5.70%	32.70%	-2.20%	8.70%
순이익률	7.68%	-7.89%	13.18%	14.17%	7.18%

(단위 : 루피)

	FY19	FY20	FY21	FY22	FY23
자기자본이익률	11.34%	-12.20%	18.63%	28.76%	26.82%
주당순이익	18.98	-18	31.13	50.38	28.32
주당배당금	18.85	3.9	9.5	76.5	70

재무상태

(단위 : 백만 루피)

	FY19	FY20	FY21	FY22	FY23
자산	2,020,430	1,836,220	1,857,110	1,983,820	1,963,560
원화 환산(조 원)	32.33	29.38	29.71	31.74	31.42
자본	622,970	546,350	622,780	653,830	394,230
원화 환산(조 원)	9.97	8.74	9.96	10.46	6.31
부채	1,397,460	1,289,870	1,234,330	1,329,990	1,569,330
원화 환산(조 원)	22.36	20.64	19.75	21.28	25.11

현금흐름

(단위 : 백만 루피)

	FY19	FY20	FY21	FY22	FY23
영업현금흐름	237,540	192,980	239,800	349,630	330,650
원화 환산(조 원)	3.80	3.09	3.84	5.59	5.29
투자현금흐름	-105,300	-58,940	-67,500	-22,530	-6,930
원화 환산(조 원)	-1.68	-0.94	-1.08	-0.36	-0.11
재무현금흐름	-102,420	-155,470	-175,650	-289,030	-341,420
원화 환산(조 원)	-1.64	-2.49	-2.81	-4.62	-5.46

Dr. Reddy's Laboratories(NYSE: RDY)

홈페이지

인도 4위 제약사

현재주가	68.17 USD
시가총액	11.72B USD
P/E	18.58
P/B	3.76
배당수익률	0.71%

주요 주주:
APS Trust (20.59%)

Dr.Reddy's 5년 주가 차트. 단위 USD

'Dr. Reddy's Laboratories'는 인도를 대표 제약사 중 하나입니다. 시가총액 기준 4번째입니다. 의약원료물질(API), 제네릭(복제약), 바이오시밀러, 등을 만듭니다. 주 치료 분야는 위장, 심혈관, 당뇨, 종양, 진통제, 피부입니다.

1984년 'Kallam Anji Reddy' 박사에 의해 설립되었으며, 원료의약품(API) 제조로 시작했습니다. 1987년 자체 브랜드로 약품 판매를 개시합니다. 1992년 러시아에 첫 해외 수출을 시작했습니다. 1999년 'American Remedies' 인수로 인도에서 세번째로 큰 제약사가 됩니다. 2002년에는 영국 제약사 'Meridian Healthcare'를 인수하여 유럽 영업으로 영향력을 넓힙니다. 2001년에는 인도 최초의 '바이오시밀러'를 출시하였고, 뉴욕증권거래소에 상장했습니다. 2020년에는 러시아와 제휴해 스푸트니크V 백신 임상을 수행하고, 1억명 분의 COVID-19 백신을 유통했습니다.

2022년 세계 제네릭 매출 9위로, 54개국에 진출했습니다. 북미 41%, 인도 20%, 신흥국 19%, 유럽 7%의 비중을 두고 있습니다. 지난 5년간 연 평균 9.8%의 매출 성장세를 이어 오고 있습니다.

2023 회계연도 매출은 4조원, 영업이익은 8,500억원, 순이익은 7,346억원을 기록했습니다. 세계 고령화에 따라 제네릭 약품에 대한 수요는 증가할 것입니다. 제네릭과 API 매출을 발판 삼아 신약 개발과 바이오시밀러 등 고부가가치 사업으로 확장이 기대됩니다.

미국상장 ↑

손익계산
(단위 : 백만 루피)

	FY19	FY20	FY21	FY22	FY23
매출	154,482	175,170	190,475	215,452	246,697
원화 환산(조 원)	2.47	2.80	3.05	3.45	3.95
매출성장률	8.20%	13.40%	8.70%	13.10%	14.50%
영업이익	20,434	13,140	26,453	26,025	52,199
원화 환산(조 원)	0.33	0.21	0.42	0.42	0.8
영업이익성장률	60.40%	−35.70%	101.32%	−1.60%	100.57%
영업이익률	13.23%	7.50%	13.89%	12.08%	21.16%
세후순이익	19,503	20,219	19,203	21,781	45,073
원화 환산(조 원)	0.31	0.32	0.31	0.35	0.3
세후순이익성장률	81.60%	3.70%	−5.00%	13.40%	106.52%
순이익률	12.62%	11.54%	10.08%	10.11%	18.27%

(단위 : 루피)

	FY19	FY20	FY21	FY22	FY23
자기자본이익률	13.91%	12.96%	10.89%	11.34%	19.36%
주당순이익	117.33	121.99	117.34	131.21	270.89
주당배당금	20	25	25	30	40

재무상태
(단위 : 백만 루피)

	FY19	FY20	FY21	FY22	FY23
자산	224,656	232,253	266,168	297,469	322,851
원화 환산(조 원)	3.59	3.72	4.26	4.76	5.17
자본	140,236	155,988	176,417	192,124	232,861
원화 환산(조 원)	2.24	2.50	2.82	3.07	3.73
부채	84,420	76,265	89,751	105,345	89,990
원화 환산(조 원)	1.35	1.22	1.44	1.69	1.44

현금흐름
(단위 : 백만 루피)

	FY19	FY20	FY21	FY22	FY23
영업현금흐름	28,704	29,841	35,703	28,108	58,875
원화 환산(조 원)	0.46	0.48	0.57	0.45	0.94
투자현금흐름	−7,727	−4,923	−22,660	−26,387	−41,373
원화 환산(조 원)	−0.12	−0.08	−0.36	−0.42	−0.66
재무현금흐름	−21,326	−25,159	−298	−2,422	−26,861
원화 환산(조 원)	−0.34	−0.40	0.00	−0.04	−0.43

Apollo Hospitals (NSE: APOLLOHOSP)

인도 최대 병원 체인

홈페이지

현재주가	5,761 INR
시가총액	0.83조 INR
P/E	118.73
P/B	12.70
배당수익률	0.26%

주요 주주:
PCR Investments
(18.93%)

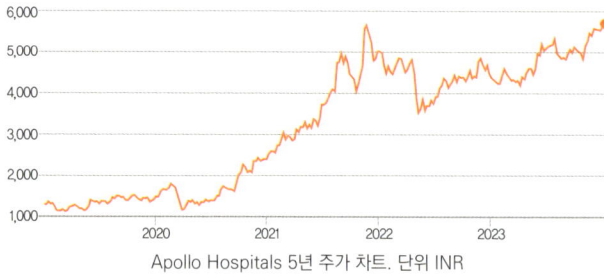

Apollo Hospitals 5년 주가 차트. 단위 INR

'Apollo Hospitals'은 인도에서 가장 큰 병원 체인입니다. 73개 병원을 갖고 있으며, 4,500개의 약국, 200개의 1차 진료 시설과 500개 이상의 원격 의료 센터를 갖추고 있습니다. 의료 서비스 분야를 수직 계열화 했습니다. 대규모 종합병원으로 최신 시설을 갖추고 있어, 인도에 있는 한국 교민들도 찾는 병원입니다. 저도 가봤습니다.

1983년 인도 최초의 의료 서비스 기업으로 출범했습니다. 2000년 원격 의료 서비스를 개발하였습니다. 2007년 건강 보험 사업 진출했습니다. 2014년에는 320개의 점포를 가진 약국 체인 'Hetero Med Solutions' 인수합니다. 2015년 'Apollo Homecare'를 출범하며 디지털 헬스케어 플랫폼을 구축했습니다. 2020년 보험 부문 지분의 51%를 HDFC에 매각합니다. 2022년 3월에는 'NIFTY50' 지수에 편입됩니다.

인도 의료 서비스 산업은 성장 잠재력이 큽니다. 인도인의 평균 수명은 67세로, 의료 인프라 및 건강관리의 공급이 부족한 상태입니다. GDP 대비 의료비 지출 역시 3%이하로, OECD 평균인 8.8%에 미치지 못합니다. 아폴로 하스피탈은 인도 의료 서비스 산업의 강력한 지배자입니다. 의료 서비스 기업 TOP 10 전체 매출의 57%를 차지합니다.

2023 회계연도 매출은 2.6조원, 영업이익은 2,362억원, 순이익 1,335억원을 기록했습니다. 최근 5개년 연평균 12%씩 매출이 증가했습니다. 인도의 의료 서비스 산업을 이끄는 리더로서, 성장이 기대됩니다.

손익계산

(단위 : 백만 루피)

	FY19	FY20	FY21	FY22	FY23
매출	96,174	112,468	105,600	146,626	166,125
원화 환산(조 원)	1.54	1.80	1.69	2.35	2.66
매출성장률	16.70%	16.90%	−6.10%	38.90%	13.30%
영업이익	6,774	11,696	6,278	18,825	14,344
원화 환산(조 원)	0.11	0.19	0.10	0.30	0.23
영업이익성장률	52.30%	72.70%	−46.30%	199.86%	−23.80%
영업이익률	7.04%	10.40%	5.95%	12.84%	8.63%
세후순이익	2,360	4,548	1,504	10,556	8,191
원화 환산(조 원)	0.04	0.07	0.02	0.17	0.13
세후순이익성장률	101.03%	92.70%	−66.90%	601.86%	(22.4%)
순이익률	2.45%	4.04%	1.42%	7.20%	4.93%

(단위 : 루피)

	FY19	FY20	FY21	FY22	FY23
자기자본이익률	7.08%	13.62%	3.27%	18.77%	13.22%
주당순이익	16.97	32.69	10.74	73.42	56.97
주당배당금	6	6	3	11.75	15

재무상태

(단위 : 백만 루피)

	FY19	FY20	FY21	FY22	FY23
자산	91,831	113,384	114,167	132,693	144,277
원화 환산(조 원)	1.47	1.81	1.83	2.12	2.31
자본	33,335	33,391	46,025	56,231	61,971
원화 환산(조 원)	0.53	0.53	0.74	0.90	0.99
부채	58,496	79,993	68,142	76,462	82,306
원화 환산(조 원)	0.94	1.28	1.09	1.22	1.32

현금흐름

(단위 : 백만 루피)

	FY19	FY20	FY21	FY22	FY23
영업현금흐름	9,049	12,928	12,569	17,964	13,908
원화 환산(조 원)	0.14	0.21	0.20	0.29	0.22
투자현금흐름	−7,106	−2,888	−8,723	−8,471	−8,706
원화 환산(조 원)	−0.11	−0.05	−0.14	−0.14	−0.14
재무현금흐름	−2,145	−9,095	−3,401	−7,915	−6,333
원화 환산(조 원)	−0.03	−0.15	−0.05	−0.13	−0.10

MakeMyTrip (NASDAQ: MMYT)

홈페이지

인도 여행 중개업 1위

현재주가	46.94 USD
시가총액	4.99B USD
P/E	--
P/B	5.93
배당수익률	0%

주요 주주:
FIL Investments (7.14%)

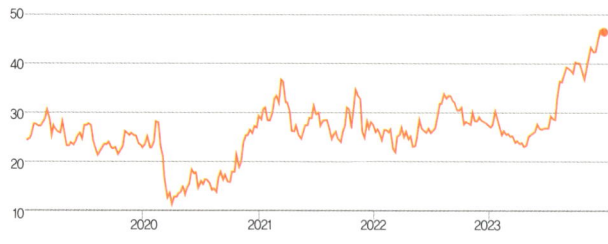

Makemytrip 5년 주가 차트. 단위 USD

'MakeMyTrip'은 인도 1위 온라인 여행사입니다. 50% 이상의 시장 지배력을 갖고 있습니다. 항공권 발권, 호텔, 패키지 여행, 버스 발권 사업을 합니다.

2000년 미국에서 인도인을 대상으로 항공권 발권 서비스로 시작했습니다. 2010년 NASDAQ에 상장했습니다. 2016년에는 중국 최대 여행사 Trip.com으로부터 1,980억원의 투자를 받았습니다. 2017년에는 동종업계 2위 'Ibibo'와 합병하여 업계 1위가 되었습니다.

2022년 세계 GDP의 7.6%를 여행 산업이 기여했습니다. 인도 여행산업의 GDP 기여율은 4.5%로 성장의 여지가 큽니다. 인도는 주요국 중 여행 산업이 가장 빠르게 성장할 것이라 기대됩니다. 리서치 기업 '맥킨지'는 2030년 인도의 여행 지출액이 4,100억 달러에 도달해, 세계 4위의 여행 지출국이 될 것으로 전망합니다. 여행 산업은 경쟁이 치열해지고 있으며, 메이크마이트립 또한 '구글', '에어비앤비' 등 대형사들과 맞붙고 있습니다.

2023년 매출은 7,760억원, 영업이익은 309억원, 순손실은 14억원을 기록하였습니다. 지속적인 적자입니다. 하지만 매출이 전년 대비 95% 성장해, 흑자 전환을 기대할만합니다.

미국상장 ↑

손익계산

FY2019~2022 (1USD = 1,200KRW)
FY2023 (1USD = 1,300KRW)

(단위 : 백만 달러)

	FY19	FY20	FY21	FY22	FY23
매출	486	512	163	304	593
원화 환산(조 원)	0.58	0.61	0.20	0.36	0.77
매출성장률	-28.00%	5.30%	-68.00%	86.00%	95.10%
영업이익	-162.9	-429.4	-67.7	-30.4	23.6
원화 환산(조 원)	-0.20	-0.51	-0.08	-0.04	0.03
영업이익성장률	25.80%	-263.60%	84.20%	55.10%	177.63%
영업이익률	-33.52%	-83.95%	-41.43%	-10.00%	3.98%
세후순이익	-167.8	-447.8	-55.6	-45.4	-11.3
원화 환산(조 원)	-0.20	-0.54	-0.07	-0.05	-0.01
세후순이익성장률	23.20%	-266.87%	87.60%	18.40%	75.10%
순이익률	-34.53%	-87.55%	-34.03%	-14.94%	-1.91%

(단위 : 달러)

	FY19	FY20	FY21	FY22	FY23
자기자본이익률	-12.36%	-52.18%	-6.26%	-5.08%	-1.30%
주당순이익	-1.61	-4.26	-0.52	-0.42	-0.1
주당배당금	0	0	0	0	0

재무상태

(단위 : 백만 달러)

	FY19	FY20	FY21	FY22	FY23
자산	1,570	1,083	1,309	1,322	1,359
원화 환산(조 원)	1.88	1.30	1.57	1.59	1.76
자본	1,357	858	887	894	869
원화 환산(조 원)	1.63	1.30	1.06	1.07	1.13
부채	213	225	421.5	428.6	490.3
원화 환산(조 원)	0.25	0.27	0.51	0.52	0.63

현금흐름

(단위 : 백만 달러)

	FY19	FY20	FY21	FY22	FY23
영업현금흐름	-78.93	-112.73	64.53	6	32.07
원화 환산(조 원)	-0.09	-0.14	0.08	0.01	0.04
투자현금흐름	70.01	73.83	-118.86	-77.6	46.78
원화 환산(조 원)	0.08	0.09	-0.14	-0.10	0.06
재무현금흐름	-0.34	-10.99	219.4	-9.57	-6.21
원화 환산(조 원)	-0.00	-0.01	0.26	-0.01	-0.01

WNS(Holdings) (NYSE: WNS)

인도 IT서비스 기업

홈페이지

현재주가	63.75 USD
시가총액	3.02B USD
P/E	20.25
P/B	3.78
배당수익률	0%

주요 주주:
Fidelity Management & Research (7.68%)

미국상장 ↑

WNS(Holdings) 주가 차트. 단위 USD

'WNS(Holdings)'는 '비즈니스 프로세스 관리(BPM)'에 특화된 IT서비스 기업입니다. 콜센터, IT 지원 등 기업의 비핵심 업무를 대행하고 있습니다. 특히 여행, 보험, 의료 산업에 특화되어 있습니다. 매출의 대부분이 해외 선진국에서 발생합니다. 미국, 영국 등 13개국에 진출했고, 67개의 서비스 거점을 가지고 있습니다.

1996년 'British Airways'의 업무 지원 부서에서 분사되어, 'Speedwing World Network Services'로 시작했습니다. 2002년 사모 펀드에 인수되며 모회사와 완전 분리됩니다. 2006년 미국 뉴욕증권거래소에 상장되었습니다. 2008년에는 'BizAps'를 인수했으며, 2022년에는 기업 자동화 서비스 기업 'Vuram'을 인수합니다. 최근 인공 지능(AI)과 생성형 AI(Generative AI) 서비스에 역량을 집중하고 있습니다.

IT기술을 적용해 고객사의 업무 효율을 높이는 것이 사업의 본질입니다. 마이크로소프트 애저, AWS(아마존 웹 서비스) 등 클라우드 서비스 메이저 기업과 파트너십을 맺고 있습니다. 업무 자동화, 데이터 분석, 챗봇 등에 활용되는 생성형 AI로 서비스를 고도화 합니다.

2023 회계연도 실적은 매출 1조6천억, 영업이익 2,180억과 순이익 1,797억을 기록했습니다. 정보 통신 기술 발달로 운영 효율이 개선되고, 서비스 이용료가 낮아지고 있습니다. 더 많은 산업에서 BPM 이용이 증가할 것으로 예상합니다.

손익계산

FY2019~2022 (1USD = 1,200KRW)
FY2023 (1USD = 1,300KRW)

(단위 : 백만 달러)

	FY19	FY20	FY21	FY22	FY23
매출	809.1	928.3	912.6	1,109.8	1,224.3
원화 환산(조 원)	0.97	1.11	1.10	1.33	1.60
매출성장률	6.80%	14.70%	-1.70%	21.60%	10.30%
영업이익	119.8	146.6	135.1	164.1	167.3
원화 환산(조 원)	0.14	0.18	0.16	0.20	0.22
영업이익성장률	26.20%	22.40%	-7.90%	21.50%	2.00%
영업이익률	14.81%	15.79%	14.80%	14.79%	13.66%
세후순이익	105.4	116.8	102.6	132.1	137.3
원화 환산(조 원)	0.13	0.14	0.12	0.16	0.18
세후순이익성장률	22.00%	10.80%	-12.10%	28.70%	3.90%
순이익률	13.03%	12.58%	11.24%	11.90%	11.21%

(단위 : 달러)

	FY19	FY20	FY21	FY22	FY23
자기자본이익률	19.08%	19.89%	15.00%	17.52%	17.14%
주당순이익	2.02	2.24	1.97	2.58	2.7
주당배당금	0	0	0	0	0

재무상태

(단위 : 백만 달러)

	FY19	FY20	FY21	FY22	FY23
자산	785.6	1,012.30	1,106.10	1,164.50	1,504.40
원화 환산(조 원)	0.94	1.21	1.33	1.40	1.96
자본	552.4	587.1	684.1	754	801.1
원화 환산(조 원)	0.64	0.70	0.82	0.90	1.04
부채	233.2	425.2	422.1	410.5	703.3
원화 환산(조 원)	0.30	0.51	0.51	0.50	0.91

현금흐름

(단위 : 백만 달러)

	FY19	FY20	FY21	FY22	FY23
영업현금흐름	149.7	228.6	213.7	187.5	205
원화 환산(조 원)	0.18	0.27	0.26	0.22	0.27
투자현금흐름	-71.3	-97	-92.8	-48.8	-233.2
원화 환산(조 원)	-0.09	-0.13	-0.1	-0.06	-0.30
재무현금흐름	-83.3	-111.7	-117.8	-127.1	63
원화 환산(조 원)	-0.10	-0.13	-0.14	-0.15	0.08

Sify Technologies (NASDAQ: SIFY)

홈페이지

인도 IT서비스 기업

현재주가	2.12 USD
시가총액	0.36B USD
P/E	60.72
P/B	1.75
배당수익률	0%

주요 주주:
Infinity Satcom Universal (76.31%)

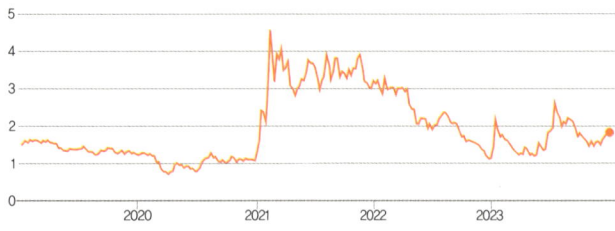

Sify Technologies 5년 주가 차트. 단위 USD

'Sify Technologies'는 통신 서비스, 데이터 센터, 소프트웨어 등 기업용 ICT 솔루션을 제공하는 IT서비스 기업입니다. 최근에는 클라우드 이전 컨설팅 서비스에 집중하고 있습니다.

1995년 인도 최초 인터넷 서비스 공급자(ISP)로 시작했습니다. 2000년에는 인도 최초로 상용 데이터 센터 서비스를 출시했습니다. 2005년 IT 서비스 산업으로 확장하였고, 2012년 나스닥에 상장했습니다. 이후 2013년 'AWS(아마존 웹 서비스)'의 인도 파트너로 지정되었고, 2019년에는 구글 클라우드의 파트너 기업이 되었습니다. 메이저 IT 서비스 기업들에 비해 규모와 실적이 작아 주목 받지 못하다가, 2020년 말 유명 사모펀드 '르네상스 테크놀로지'의 투자를 받아 이슈가 되었습니다.

인도의 주요 IT 서비스 기업들은 북미와 유럽에 주요 고객을 확보하고 있는 반면, Sify의 매출 대부분이 인도 시장에서 발생합니다. 인도 내 8개의 데이터 센터를 보유하고 있으며, 5천 개 이상의 기업을 고객으로 두고 있습니다. 인도 기업들 역시 디지털 환경 구축이 강제되고 있는 상황입니다. 이로 인해 클라우드 이전(migration) 수요가 증가하고 있어 매출이 증가할 것으로 보입니다.

2023 회계연도 매출 5,447억원, 영업이익 399억원, 순이익 110억원을 기록했습니다. IT 인프라 구축, 클라우드 이전 등의 다양한 사업 기회가 늘어날 것으로 기대합니다.

(단위 : 백만 루피)

손익계산

	FY19	FY20	FY21	FY22	FY23
매출	21,547	22,952	24,320	27,026	33,404
원화 환산(조 원)	0.34	0.37	0.39	0.43	0.54
매출성장률	4.20%	6.50%	6.00%	11.10%	23.60%
영업이익	1,753	1,880	2,391	2,873	2,451
원화 환산(조 원)	0.03	0.03	0.04	0.05	0.04
영업이익성장률	35.80%	7.20%	27.20%	20.20%	−14.70%
영업이익률	8.14%	8.19%	9.83%	10.63%	7.34%
세후순이익	1,069	705	1,532	1,258	675
원화 환산(조 원)	0.02	0.01	0.02	0.02	0.01
세후순이익성장률	15.70%	−34.00%	103.52%	−17.90%	−46.40%
순이익률	4.96%	3.07%	6.30%	4.65%	2.02%

(단위 : 루피)

	FY19	FY20	FY21	FY22	FY23
자기자본이익률	9.92%	6.21%	11.64%	8.69%	3.94%
주당순이익	6.86	3.9	8.45	6.73	3.63
주당배당금	1.21	1.31	−	−	−

재무상태

(단위 : 백만 루피)

	FY19	FY20	FY21	FY22	FY23
자산	29,936	34,255	36,665	47,068	57,404
원화 환산(조 원)	0.48	0.55	0.59	0.75	0.92
자본	10,779	11,351	13,165	14,476	17,146
원화 환산(조 원)	0.17	0.18	0.21	0.23	0.27
부채	19,157	22,904	23,499	32,592	40,258
원화 환산(조 원)	0.31	0.37	0.38	0.52	0.64

현금흐름

(단위 : 백만 루피)

	FY19	FY20	FY21	FY22	FY23
영업현금흐름	1,441.40	5,042.80	6,966.70	2,244.70	8,338.20
원화 환산(조 원)	0.02	0.08	0.11	0.04	0.13
투자현금흐름	−3,973.70	−4,326.30	−3,618.60	−7,593.30	−13,592.30
원화 환산(조 원)	−0.06	−0.07	−0.06	−0.12	−0.22
재무현금흐름	3,054.40	3.9	618.4	4,169.90	4,944.40
원화 환산(조 원)	0.05	0.00	0.01	0.07	0.08

Yatra Online (NASDAQ: YTRA)

인도 여행중개업

홈페이지

현재주가	1.62 USD
시가총액	0.10B USD
P/E	--
P/B	--
배당수익률	--

주요 주주:
Thcl Travel Holding Cyprus (57.40%)

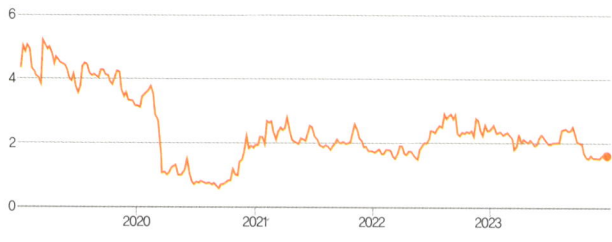

Yatra Online 5년 주가 차트. 단위 USD

'Yatra Online'은 인도 온라인 여행사입니다. 항공권, 호텔, 패키지여행, 버스, 철도, 택시 부킹까지 다양한 여행 서비스를 제공하고 있습니다. 한 때 시장점유율이 2위까지 갔지만, 현재는 5위권 수준입니다.

2006년 설립되었습니다. 2012년 'Travelguru' 인수로 인도 2위 온라인 여행사가 되었습니다. 2016년에는 뭄바이 기반 여행사 'Travel-logs.in'을 인수했고, 나스닥(NASDAQ)에 상장했습니다. 2020년에는 코로나19 봉쇄를 기회로 인도 최대 기업 여행 서비스 제공 업체 'Air Travel Bureau'를 인수했습니다. 추가 영업자금과 M&A 자금 조달을 위해 2023년 인도 NSE와 BSE에 상장하였습니다.

야트라는 700만명 이상의 고객에게 항공권을 중개했고, 700개 이상의 기업 고객을 보유하고 있는 인도 대표적인 온라인 여행 사입니다. 여행 산업은 GDP 성장과 밀접한 관련이 있습니다. 지난 10년 동안 인도 여행 산업은 GDP 성장률의 1.5배 이상 커졌습니다. 하지만 그만큼 경쟁도 치열해지고 있습니다.

2023 회계연도 매출은 620억원, 영업이익은 9억원, 순손실은 47억원입니다. 적자가 지속되고 있지만, 손실 크기가 줄고있는 추세입니다. 여행 산업 성장으로 흑자 전환되기를 기대합니다.

손익계산

(단위 : 백만 루피)

	FY19	FY20	FY21	FY22	FY23
매출	9,359	7,259	1,271	1,989	3,827
원화 환산(조 원)	1,491	1,210	199	312	624
매출성장률	-23.60%	-22.40%	-82.50%	56.50%	92.40%
영업이익	-2,578.20	-625.1	-1,470.20	487.3	56.1
원화 환산(조 원)	-410	-104	-230	76	9
영업이익성장률	23.30%	75.80%	-235.19%	66.90%	111.51%
영업이익률	-27.55%	-8.61%	-115.65%	-24.49%	1.47%
세후순이익	-1,148.20	-833.8	-1,177.30	-477.9	-289.2
원화 환산(조 원)	-183	-139	-184	-75	-47
세후순이익성장률	71.20%	-27.40%	-41.20%	59.40%	39.50%
순이익률	-12.27%	-11.49%	-92.63%	-24.03%	-7.56%

(단위 : 루피)

	FY19	FY20	FY21	FY22	FY23
자기자본이익률	-48.65%	-55.88%	-101.67%	-53.70%	-40.85%
주당순이익	-26.37	-17.94	-20.38	-7.66	-4.59
주당배당금	0	0	0	0	0

재무상태

(단위 : 백만 루피)

	FY19	FY20	FY21	FY22	FY23
자산	12,552	8,758	5,747	5,465	6,737
원화 환산(조 원)	0.20	0.14	0.09	0.09	0.11
자본	2,360	1,492	1,158	890	708
원화 환산(조 원)	0.04	0.02	0.02	0.01	0.01
부채	10,192	7,266	4,589	4,574	6,029
원화 환산(조 원)	0.16	0.12	0.07	0.07	0.10

현금흐름

(단위 : 백만 루피)

	FY19	FY20	FY21	FY22	FY23
영업현금흐름	-3,542.10	-550.4	765.4	-972.2	-1,962.30
원화 환산(조 원)	-0.06	-0.01	0.01	-0.02	-0.03
투자현금흐름	-650.3	96.6	-230.4	-86.5	-146
원화 환산(조 원)	-0.01	0.00	0.00	0.00	0.00
재무현금흐름	2,904.60	-333.5	535.3	135.3	1,751.80
원화 환산(조 원)	0.05	-0.01	0.01	0.00	0.03

2. 인도 ETF

ETF는 'EXCHANGE TRADED FUND'의 약자로, '상장지수펀드'라 부릅니다. 주식을 사고 파는 것과 동일한 방식으로 거래되는 '펀드'입니다. '펀드'는 남이 내 돈을 '수수료를 받고' 대신 운용해주는 상품이며, 그 펀드를 쉽게 거래할 수 있게 주식시장에 올려놓아(상장) 거래 편의성을 높인 것이 ETF입니다. 인도에 투자할 수 있는 ETF는 한국에 5개와 미국에 15개가 있습니다.

	한국상장 인도 ETF (5개)	미국상장 인도 ETF (15개)
운용수수료	평균 0.3% 수준	평균 0.7% 수준
매매수수료	증권사별 상이(0.001%~)	증권사별 상이(0.2%~)
매매차익발생 시 세금	배당소득세 15.4% 연 2,000만원 초과 시 종합과세	양도소득세 22% (연 250만원 공제 연단위 손실상계)
배당수령 시 세금	배당소득세 15.4% 연 2,000만원 초과 시 종합과세	배당소득세 15.4% 연 2,000만원 초과 시 종합과세
시장대응	실시간	실시간

1) 한국상장 인도 ETF

코드	운용사	이름	운용규모	스타일	비중	벤치마크	총보수율
453810	삼성자산운용	KODEX 인도 Nifty50	1,092억	대형주	시가총액	CNX NIFTY INDEX	0.19%
453820	삼성자산운용	KODEX 인도 Nifty50레버리지(합성)	396억	레버리지2X	시가총액	CNX NIFTY INDEX	0.39%
200250	키움자산운용	KOSEF 인도 Nifty50(합성)	1,931억	대형주	시가총액	CNX NIFTY INDEX	0.29%
453870	미래에셋자산운용	TIGER 인도 Nifty50	2,128억	대형주	시가총액	CNX NIFTY INDEX	0.19%
236350	미래에셋자산운용	TIGER 인도 Nifty50 레버리지(합성)	331억	레버리지2X	시가총액	CNX NIFTY INDEX	0.58%

다섯 개 ETF 모두 Nifty50을 벤치마크로 추종합니다.

 Nifty50은 우리나라 KOSPI200과 같은 인도 대표지수입니다. 인도 메이저 증권거래소 NSE(National Stock Exchange of India)에서 만든 지수로 인도를 대표하는 13개 산업의 50개 대표 기업이 유동 시가총액 비중으로 편입됩니다.

모두 Nifty50 지수 가격의 변동에 따라 수익률이 결정됩니다. 'KOSEF인도Nifty50(합성)', 'TIGER인도니프티50', 'KODEX인도Nifty50' ETF는 인덱스펀드로, 장기 투자하기 좋은 상품입니다. 반면 'TIGER인도니프티50레버리지(합성)'과 'KODEX인도Nifty50레버리지(합성)' ETF는 Nifty50의 수익률의 2배로 움직입니다. Nifty50가 2% 오르면, 4% 오르고, 5% 빠지면, 10% 빠지도록 설계되어 있습니다. 변동성을 두 배로 키운 파생상품입니다. 기대 수익이 높은 만큼 위험도 높습니다.

벤치마크: 운용성과를 평가하기 위해 비교대상으로 삼는 기준

유동시가총액 비중: 대주주 보유지분 등 묶여 있는 주식을 빼고, 자유롭게 거래되는 주식의 시가총액으로 비중을 결정하는 방식

인덱스펀드 (Index Fund): 지수를 똑같이 따라가는 펀드. 지수를 구성하는 주식들을 각 비율대로 편입하여 지수 수익률을 복제함.

2) 미국상장 인도 ETF

심볼	운용사	이름	운용규모 (백만달러)	스타일	비중	벤치마크	수수료
INDA	Blackrock	iShares MSCI India ETF	7,040	대형주	시가총액	MSCI India	0.64%
EPI	WisdomTree	WisdomTree India Earnings Fund	1,830	대형주	수익	WisdomTree India Earnings Index	0.84%
INDY	Blackrock	iShares India 50 ETF	749	대형주	시가총액	Nifty 50	0.89%
FLIN	Franklin Templeton	Franklin FTSE India ETF	600	대형중형주	시가총액	FTSE India RIC Capped Index	0.19%
SMIN	Blackrock	iShares MSCI India Small-Cap ETF	546	중소형주	시가총액	MSCI India Small Cap	0.74%
PIN	Invesco	Invesco India ETF	195	대형주	시가총액+수익 등	FTSE India Quality and Yield Select Index (Net)	0.78%
INCO	Ameriprise Financial	Columbia India Consumer ETF	144	30개 소비재	시가총액	INDXX India Consumer Index	0.75%
NFTY	First Trust	First Trust India NIFTY 50 Equal Weight ETF	118	대형주	50종목 동일	NIFTY 50 Equal Weight Index	0.80%
GLIN	VanEck	VanEck India Growth Leaders ETF	91	성장주	시가총액	MarketGrader India All-Cap Growth Leaders Index	0.77%
INDL	Rafferty Asset Management	Direxion Daily MSCI India Bull 2X Shares	70	레버리지 2X	시가총액	MSCI India	1.26%
INQQ	Exchange Traded Concepts	India Internet & Ecommerce ETF	12	인터넷/ 전자상거래	시가총액	INQQ The India Internet & Ecommerce Index	0.86%
NDIA	Mirae Asset Global Investments	Global X India Active ETF	9	액티브	운용사 재량	No Underlying Index	0.75%
INDF	Exchange Traded Concepts	Nifty India Financials ETF	8	금융주	상위 20개 금융서비스 기업	Nifty Financial Services 25/50 Index	0.75%
INDE	gement	Matthews India Active ETF	6	액티브	운용사 재량	No Underlying Index	0.79%
DGIN	VanEck	VanEck Digital India ETF	5	디지털 전환	시가총액	MVIS Digital India Index	0.71%

※ 미국상장 인도 ETF 표 보는 법

① 심볼	② 운용사	③ 이름	④ 운용규모 (백만달러)	⑤ 스타일	⑥ 비중	⑦ 벤치마크	⑧ 수수료
INDA	Blackrock	iShares MSCI India ETF	7,040	대형주	시가총액	MSCI India	0.64%

미국에 상장된 ETF들은 ③이름이 너무 길기 때문에 보통 ①심볼로 부릅니다. 이름에서는 운용사와 운용 대상을 알 수 있습니다. 위에 예시된 'iShares'는 ②운용사 'Blackrock'의 ETF 브랜드이고, 'MSCI India'는 이 펀드의 ⑦벤치마크입니다.

> **MSCI India** Morgan Stanly Capital Interntational에서 만든 지수로 인도 11개 산업을 구성하는 96개 대표기업으로 구성되었습니다.

④운용 규모는 ETF의 운용자산 크기입니다. ETF가 크다는 것은 많은 투자자들의 선택을 받아, 돈이 많이 모였다는 의미입니다. 일반적으로 성과가 좋아야 돈이 몰립니다. 운용자산이 크다면, 과거 운용 성과가 좋았다고 유추할 수 있습니다. 운용자산 규모가 클수록 펀드의 지속 가능성도 높습니다. 운용자산이 적으면, 펀드가 없어지기도 합니다(강제 청산).

⑦벤치마크는 운용성과를 평가받기 위한 기준이 됩니다. 벤치마크 보다 장기 수익률이 나쁜 펀드는 투자하면 안 됩니다. ETF는 대개 벤치마크 수익률을 따라가기만 하는 인덱스펀드입니다. 잘 따라가기만 하면 운용이 잘 된 것입니다.

⑤스타일은 어떤 성격의 펀드인지 말해줍니다. 보통 대형주에 투자합니다. 중소형주 또는 특정 산업에 투자하는 펀드도 있습니다.

⑥비중은 펀드에 편입하는 종목의 비중을 정하는 방식입니다. 인덱스 펀드의 경우 중요한데, 시가총액 기준이 가장 많습니다. 주식이 시가총액에서 차지하는 비중만큼 펀드 내 비중이 결정되는 겁니다. 만약 '릴라이언스 인더스트리스'의 시가총액이 전체 시장의 9%라면 펀드 내 비중도 9%를 배분하는 거죠.

⑧수수료는 연간 기준으로, 운용사가 가져가는 운용보수입니다. 수수료는 적을 수록 좋습니다. 상대적으로 '패시브 펀드'는 수수료가 적고, '액티브 펀드'는 높습니다.

미국상장 인도 ETF는 각기 특징이 분명하기 때문에, 투자 목적에 맞게 다양한 선택을 할 수 있습니다. 운용 스타일 별로 분류하고 각각의 성격을 알아보겠습니다. 아주 간단히 정리하였습니다. 자세한 ETF 정보는 ETF 전문 정보 사이트에서 얻을 수 있습니다. ▶ ETF 정보 찾는 법. 284페이지

- 주가지수(대형주)

심볼	운용사	이름	운용규모 (백만달러)	스타일	비중	벤치마크
INDA	Blackrock	iShares MSCI India ETF	7,040	대형주	시가총액	MSCI India
EPI	WisdomTree	WisdomTree India Earnings Fund	1,830	대형주	수익	WisdomTree India Earnings Index
INDY	Blackrock	iShares India 50 ETF	749	대형주	시가총액	Nifty 50
FLIN	Franklin Templeton	Franklin FTSE India ETF	600	대형, 중형주	시가총액	FTSE India RIC Capped Index
PIN	Invesco	Invesco India ETF	195	대형주	시가총액	FTSE India Quality and Yield Select Index (Net)
NFTY	First Trust	First Trust India NIFTY 50 Equal Weight ETF	118	대형주	50종목동일	NIFTY 50 Equal Weight Index

패시브 펀드 (Passive Fund) : 지수를 추종하는 인덱스 펀드처럼 벤치마크와 동일한 수익을 추구하는 수동적인 운용을 하는 펀드.

액티브 펀드 (Active Fund) : 시장수익률 이상의 수익을 추구하는 펀드, 펀드매니저의 판단에 따라 보다 공격적인 운용을 하는 펀드.

가장 많은 선택을 받는 인도 ETF는 'INDA'입니다. 시가총액 비중으로 대형주를 사는 인덱스 펀드로 미국상장 인도 ETF의 대명사가 되는 상품입니다. INDA의 운용자산은 9조원 이상으로, 나머지 인도 ETF를 다 합친 것보다 훨씬 큽니다.

다음으로 인기가 많은 인도 ETF는 'EPI'로 수익이 큰 순서로 종목 편입 비중을 결정합니다. 보다 적극적인 운용을 합니다.

'INDY'는 INDA와 같은 운용사 상품으로 같은 인덱스 펀드이지만, 벤치마크가 다릅니다. INDY는 'Nifty50'을 추종합니다. '한국상장 인도 ETF'들과 같은 벤치마크를 갖고 있는거죠.

'FLIN'은 대형주에 중형주도 더합니다. 최근 중소형주가 대형주보다 더 수익률이 좋았기 때문에 펀드 판매액이 증가했습니다.

'PIN'은 시가총액에 수익 그 외 다른 평가 지표를 반영하여 편입 비중을 결정합니다. 보다 적극적인 운용을 한다고 볼 수 있습니다.

'NFTY'는 시가총액 상관없이 50개 기업을 2%씩 나누어 투자합니다.

- 액티브

심볼	운용사	이름	운용규모 (백만달러)	스타일	비중	벤치마크	수수료
GLIN	VanEck	VanEck India Growth Leaders ETF	91	성장주	시가총액	MarketGrader India All – Cap Growth Leaders Index	0.77%
NDIA	Mirae Asset Global Investments	Global X India Active ETF	9	액티브	운용사재량	No Underlying Index	0.75%
INDE	Matthews International Capital Management	Matthews India Active ETF	6	액티브	운용사재량	No Underlying Index	0.79%

위 세 ETF는, 펀드 매니저의 판단에 따라 보다 적극적인 운용을 합니다. 지수 대비 추가 수익을 노리면서, 보다 높은 변동성도 괜찮다 하시는 분께 좋은 선택일 수 있습니다.

'GLIN'은 성장성이 큰 기업에 투자합니다. 성장성이 높은 기업을 선택한 후, 시가총액 비중으로 펀드를 운용합니다.

'NDIA'는 '미래에셋자산운용'에서 만든 액티브 ETF입니다.

'INDE'도 액티브 ETF입니다.

두 액티브 ETF 모두 2023년 하반기에 출시되어, 장기 성과를 평가할 수 없습니다. 일반적으로 시장이 좋을 때는 인덱스에 비해 액티브 펀드의 수익률이 좋고, 하락장에서는 하락폭이 더 큰 것이 일반적입니다. 액티브 펀드는 인덱스 펀드 보다 적은 수의 기업에 집중 투자하는 경향이 있기 때문입니다.

- 주가지수 레버리지 2배

심볼	운용사	이름	운용규모 (백만달러)	스타일	비중	벤치마크	수수료
INDL	Rafferty Asset Management	Direxion Daily MSCI India Bull 2X Shares	70	레버리지 X2	시가총액	MSCI India	1.26%

'INDL'은 벤치마크의 2배로 변동되는 상품입니다. 본래 레버리지 3배로 움직이는 상품이었으나 지난 2020년 COVID-19 펜데믹 때 큰 손실이 발생했고, 2배 변동하는 것으로 조정하였습니다. 레버리지 투자는 상승장에는 기대 수익률이 높지만, 시장이 큰 폭으로 하락한다면, 손실이 증폭될 수 있기에 조심해야 합니다.

- 중소형주

심볼	운용사	이름	운용규모 (백만달러)	스타일	비중	벤치마크	수수료
ISMIN	Blackrock	iShares MSCI India Small-Cap ETF	546	중소형주	시가총액	MSCI India Small Cap	0.74%

'SMIN'은 인도 중소형주에 투자합니다. 직접 투자하기 힘든 중소형주 투자를 원하시는 분께 좋은 상품입니다. 중소형주 역시 기대수익은 높지만, 그만큼 안정성은 떨어집니다.

- 소비재

심볼	운용사	이름	운용규모 (백만달러)	스타일	비중	벤치마크	수수료
INCO	Ameriprise Financial	Columbia India Consumer ETF	144	30개 소비재	시가총액	INDXX India Consumer Index	0.75%

'INCO'는 인도 소비재 산업에 투자합니다. FMCG, 자동차 등 내구소비재와 유통 기업 30개를 시가총액 비중대로 편입합니다. 현재 한국 투자자들이 인도 소비재 기업 주식을 직접 사지 못하기 때문에, 소비재 기업 투자를 원하시는 분께 좋은 대안이라 생각합니다.

- 금융

심볼	운용사	이름	운용규모(백만달러)	스타일	비중	벤치마크	수수료
INDF	Exchange Traded Concepts	Nifty India Financials ETF	8	금융주	상위20개금융서비스기업	Nifty Financial Services 25/50 Index	0.75%

'INDF'는 인도 금융 산업에 집중 투자합니다. 개도국에서 금융 산업은 수익성과 성장성이 높아 시가총액이 큽니다.

- 디지털

심볼	운용사	이름	운용규모(백만달러)	스타일	비중	벤치마크	수수료
INQQ	Exchange Traded Concepts	India Internet & Ecommerce ETF	12	인터넷/전자상거래	시가총액	INQQ The India Internet & Ecommerce Index	0.86%
DGIN	VanEck	VanEck Digital India ETF	5	디지털	시가총액	MVIS Digital India Index	0.71%

'INQQ'는 인도 인터넷 기업과 전자상거래 기업에 집중 투자합니다.
'DGIN'는 '디지털 전환' 테마에 수혜 받는 IT기업에 집중 투자합니다.

3. 인도 펀드

'인도 펀드'는 우리나라에서 인도 주식에 투자하는 상품 중 가장 오래되었습니다. '해외투자 = 펀드'였던 시절이 있었죠. 허나 시간이 지나며 해외 시장에 직접 투자할 수 있게 되고, ETF도 등장하며 펀드의 불편함이 부각됩니다. 펀드는 내가 주가를 보면서, 직접 컨트롤 할 수 없습니다. 매수, 매도(환매) 주문을 넣더라도 실시간 가격이 반영되지 않습니다. 환금성도 좋지 않습니다. 보통 환매 후 현금으로 받기까지 며칠이 걸립니다. 수수료도 상대적으로 높구요. 직접 투자의 인기가 늘어날수록, 펀드의 인기는 줄어들었습니다.

하지만 펀드는 나보다 더 전문성이 있는 사람이 운용을 대신해줍니다. 잘 모르는 시장에 투자할수록 큰 도움되지요. 또 '자동이체'를 통해, 별도 주문 없이 매달 자동으로 투자할 수 있다는 장점도 있습니다. 생업이 바빠 투자에 시간 쓰기 힘든 분께 큰 도움됩니다. 잊고 있어도 알아서 꾸준히 투자할 수 있습니다. 뭐든 꾸준히 하는 것이 중요하잖아요.

그래서 저는 펀드 투자를 좋아합니다. 바빠서 주식 시간 열리는 시간 맞춰 투자하기 힘들거든요. 알아서 자동으로 사주는 자동이체로 매달 꾸준히 분할 투자하고 있습니다.

제가 정리한 인도 펀드는 20여 종입니다. 리스트에 없는 다른 인도 펀드가 있을 수 있습니다. 간단히 펀드 특성만 소개 드립니다. 더 궁금한 내용은 자산운용사 또는 판매사(증권사, 은행 등)를 통해 찾으시기 바랍니다.

▶ 인도 펀드 정보 찾기. 286 페이지

- 우리나라에서 판매 중인 주요 인도 펀드(2023년 12월말)

운용사	펀드 이름	스타일	운용규모 (억원)	주요 비교 지수
미래에셋	미래에셋 인도 중소형 포커스 증권투자 신탁1호(주식)	중소형주	3,449	NIFTY Midcap 100 Index
	미래에셋 인디아디스커버리증권투자신탁1호(주식)	대형주	611	MSCI India Index
	미래에셋 인디아인프라섹터증권자투자신탁1호(주식)	인프라	108	MSCI India Industrials
	미래에셋 연금 인디아 업종대표 증권자 투자 신탁11호(주식)	대형주	937	MSCI India Index
	미래에셋 인디아 솔로몬 증권투자 신탁1호(주식)	대형주	478	MSCI India Index
	미래에셋 연금인디아인프라증권자투자신탁1호(주식)	인프라	230	MSCI India Industrials
삼성	삼성 인도 중소형 FOCUS 증권자 투자신탁 UH(주식)	중소형주	374	S&P BSE MidSmallcap Index
	삼성 클래식 인도 중소형 FOCUS 연금증권 투자신탁UH(주식)	중소형주	117	S&P BSE MidSmallcap Index
	삼성 인도중소형 FOCUS 연금증권자 투자신탁H(주식-파생형)	중소형주	75	S&P BSE MidSmallcap Index
	삼성 인도중소형 FOCUS 증권자 투자신탁H(주식-파생형)	중소형주	224	S&P BSE MidSmallcap Index
	삼성 클래식 인디아연금 증권투자신탁 UH(주식)	대형주	125	NSE S&P CNX Index
	삼성 인디아 증권자 투자신탁 제2호(주식)	대형주	1,573	NSE S&P CNX NIFTY Index
	삼성 클래식 인디아연금 증권자투자신탁H(주식-파생형)	대형주	70	NSE S&P CNX NIFTY Index
	삼성 인디아 증권자 투자신탁 제3호(주식-파생형)	대형주	187	NSE Nifty 50 Index
피델리티	피델리티 인디아 증권자 투자신탁(주식)	대형주	1,214	MSCI India Index
	피델리티 인디아 포커스	대형주	2 Billion USD	MSCI India Index
신한	신한 인디아 증권자 투자신탁(주식)	대형주	128	MSCI India Index
KB	KB 인디아 증권자 투자신탁(주식)	대형주	274	MSCI India Index
NH-Amundi	NH-Amundi 인도 증권투자신탁(주식 재간접형)	대형주	176	MSCI India Index
	NH-Amundi 인디아 포르테 증권자 투자신탁(주식)	대형주	14	MSCI India Index
우리	우리 프랭클린 인디아 증권자 투자신탁(UH) [주식-재간접형]	대형주	112	MSCI India KRW Based Index
IBK	IBK 인디아인프라증권투자신탁 [주식-재간접형]	인프라	80	MSCI India Industrials

- 대형주

운용사	펀드 이름	스타일	운용규모 (억원)	주요 비교 지수
미래에셋	미래에셋 인디아 디스커버리 증권투자 신탁1호(주식)	대형주	611	MSCI India Index
	미래에셋 연금 인디아 업종대표 증권자 투자 신탁1호(주식)	대형주	937	MSCI India Index
	미래에셋 인디아 솔로몬 증권투자 신탁1호(주식)	대형주	478	MSCI India Index
삼성	삼성 클래식 인디아연금 증권자투자신탁UH[주식]	대형주	125	NSE S&P CNX Index
	삼성 인디아 증권자 투자신탁 제2호[주식]	대형주	1,573	NSE S&P CNX NIFTY Index
	삼성 클래식 인디아연금 증권자투자신탁H[주식-파생형]	대형주	70	NSE S&P CNX NIFTY Index
	삼성 인디아 증권자 투자신탁 제3호[주식-파생형]	대형주	187	NSE Nifty 50 Index
피델리티	피델리티 인디아 증권자 투자신탁[주식]	대형주	1,214	MSCI India Index
	피델리티 인디아 포커스	대형주	2 Billion USD	MSCI India Index
신한	신한 인디아 증권자 투자신탁(H)[주식]	대형주	128	MSCI India Index
KB	KB 인디아 증권자 투자신탁(주식)	대형주	274	MSCI India Index
NH-Amundi	NH-Amundi 인도 증권투자신탁[주식 재간접형]	대형주	176	MSCI India Index
	NH-Amundi 인디아 포르테 증권자 투자신탁[주식]	대형주	14	MSCI India Index
우리	우리 프랭클린 인디아 증권자 투자신탁(UH) [주식-재간접형]	대형주	112	MSCI India KRW Based Index

우리나라에 판매되는 대부분의 인도 펀드는 대형주에 투자합니다. 대부분 주요 비교 지수로 'MSCI India' 와 'Nifty50'를 사용합니다. 이 펀드들은 지수를 따라가는 것이 목적인 인덱스 펀드가 아니라, 지수 대비 초과 수익을 노리는 액티브 펀드입니다. 대형주 펀드들은 지수 움직임과 비슷한 방향성을 갖기 때문에, 장기 투자하기 좋다고 판단합니다.

펀드는 장기 투자 상품입니다. 펀드를 고를 때 꼭 장기 운용성과를 확인하세요. 비교지수 대비 장기 수익률이 좋은 펀드가 좋습니다. 저는 장기수익률 다음으로 운용규모가 큰 것, 수수료가 적은 것을 좋아합니다. 같은 상품이라도 온라인으로 매수하면 수수료가 더 저렴합니다.

- 중소형주

운용사	펀드 이름	스타일	운용규모 (억원)	주요 비교 지수
미래에셋	미래에셋 인도중소형 포커스증권 투자신탁1호(주식)	중소형주	3,449	NIFTY Midcap 100 Index
삼성	삼성 인도 중소형 FOCUS 증권자 투자신탁UH[주식]	중소형주	374	S&P BSE MidSmallcapIndex
	삼성 클래식 인도 중소형 FOCUS 연금증권 투자신탁UH[주식]	중소형주	117	S&P BSE MidSmallcapIndex
	삼성 인도 중소형 FOCUS 연금증권자 투자신탁H[주식-파생형]	중소형주	75	S&P BSE MidSmallcapIndex
	삼성 인도 중소형 FOCUS 증권자 투자신탁H[주식-파생형]	중소형주	224	S&P BSE MidSmallcapIndex

인도 중소형주에 투자하는 펀드는 두 개가 있습니다. '미래에셋인도중소형포커스' 와 '삼성인도중소형 FOCUS'입니다. '삼성클래식인도중소형FOCUS연금증권투자신탁', '삼성인도중소형FOCUS연금증권자투자신탁'은 연금형 상품으로 세제혜택을 받을 수 있습니다.

▶ 절세 투자. 270페이지 참조

- 인프라

운용사	펀드 이름	스타일	운용규모 (억원)	주요 비교 지수
미래에셋	미래에셋 인디아 인프라섹터 증권 투자신탁 1호[주식]	인프라	108	MSCI India Industrials
	미래에셋 연금 인디아 인프라 증권자 투자신탁 1호[주식]	인프라	230	MSCI India Industrials
IBK	IBK 인디아 인프라증권 투자신탁[주식]	인프라	80	MSCI India Industrials

인도 발전의 기반이 되는 '인프라(Infrastructure) 산업'에 투자하는 펀드입니다. 인도는 도로, 철로, 항공, 항만, 송배전, 수도 등 사회기반시설 부족으로 어려움을 겪고 있습니다. 그러므로 인프라 확충은 인도 정부의 핵심 추진 사업입니다. 많은 예산이 배정되고 있으며, 민간 기업과 외국인 투자 또한 지속될 전망입니다.

4장 투자 전략

1. 주가지수 장기 분할 매수

2. 포트폴리오 전략

3. 유망 산업·기업

4. 절세 전략

1. 주가지수 장기 분할 매수

길게 쓸게 없습니다.

"인도 주가지수를 장기 분할 매수하세요."

인도 주가지수를 따라가는 '펀드'나 'ETF'에 꾸준히 분할 투자하시라는 이야기입니다.

[인도 주가지수]

인도 경제는 전망은 밝습니다. 주요 투자 대상국 중 가장 좋습니다. 인도 경제가 좋다면, 당연히 인도 주가지수는 상승할 겁니다. 많은 전망대로 2030년까지 인도 GDP가 5조 USD로 성장하면, 10년간 GDP가 두 배로 증가하는 겁니다. 지금껏 인도 주가지수는 GDP가 증가하는 이상 상승했으니, 2030년 즈음 인도 주가지수도 지금의 두 배가 될 겁니다.

장기 투자 성과에 가장 큰 영향을 미치는 것은 자산 배분입니다. 세계 최고의 투자자라 인정받는 '워렌 버핏'도 자신이 죽으면 유산의 90%를 Index 펀드에 투자하라 말했습니다. 우량 기업들로 구성된 주가 지수에 투자하는 것이 가장 현명한 투자라는 의미입니다.

저는 좋은 주식을 고르려, 너무 많은 에너지를 쓰는 것을 경계합니다. 우리는 생업에 바쁩니다. 워라밸(Work and Life Balance)도 챙겨야 합니다. 투자에 너무 많은 시간을 뺏길 수 없습니다. 잘 아는 회사에 투자해야 합니다. 많이 알수록, 투자 위험이 감소합니다. 투자 성공률도 높아질 거고요. 하지만 인도 기업은 생소하고, 분석이 쉽지 않습니다. 잘 모르는 인도 기업을 공부하는 데 너무 많은 에너지를 쓰지 마세요.

경제 성장률이 연간 6% 이상으로 나온다면, 그 보다 더 높은 투자 수익을 기대할 수 있습니다. 인도 주가지수 수익률만으로도 충분히 높은 성과가 기대됩니다. High Risk. High return. 고수익을 쫓다 보면 변동성이 큰 투자를 선택하기 십상입니다. 유동성이 풀리고, 경기가 좋아, 다 같이 오를 때야 신나지만, 주가에는 파도가 있다는 것을 기억해야 합니다. 인도 주가지수 투자는 우량 주식에 분산 투자해 위험을 줄이고, 인도 경제의 성장을 함께 누릴 수 있는 현명한 투자 대상입니다.

인도 주가지수 투자는 간단합니다. Nifty50, Sensex, MSCI India를 추종하는(벤치마크하는) 펀드 또는 ETF를 사면 됩니다. 인덱스 펀드가 좋습니다.
꼭 인덱스 펀드가 아니더라도 인도 주가지수 구성과 비슷한 포트폴리오를 갖고 있는 ETF, 펀드도 괜찮습니다.

[주요 인도 주가지수 투자 상품]

인도 펀드	한국상장 인도ETF	미국상장 인도ETF
삼성 인디아 증권 자투자신탁 미래에셋 인디아 디스커버리증권 자투자신탁 피델리티 인디아 포커스 등 대형주 펀드	KOSEF 인도NIFTY50(합성) TIGER 인도니프티50 레버리지(합성) TIGER 인도니프티50 KODEX 인도Nifty50 KODEX 인도Nifty50 레버리지(합성)	INDA EPI INDY PIN FLIN GLIN

한국상장 인도ETF 모두와 미국상장 인도ETF 대부분이 인덱스 펀드입니다. 인도 주가지수의 움직임을 추종하기 좋습니다.
미국에 상장된 PIN이나 GLIN, 그리고 인도 펀드들은 액티브 펀드로 지수 대비 초과 수익을 노립니다.
하지만 이 액티브 펀드들도 대형주에 분산 투자하고, 벤치마크로 인도주가지수를 두고 있습니다. 물론 펀드 매니저의 판단에 따라, 주가지수보다 초과 수익을 내려 노력합니다. 하지만 일반적으로 지수 움직임에서 크게 벗어나지는 않습니다. 과거 누적 수익률을 보면 주가지수 움직임과 비슷하게 움직입니다.

인도 경제가 우상향하고, 그만큼 기업들의 성과도 좋아질 거라 믿으시나요? '인도 주가지수에 투자해야겠다' 맘 먹으셨나요? 그렇다면 투자 시점을 고민하시겠군요.

[장기 분할 매수]

답은 정해져 있습니다. 느긋하게, 오래, 나누어 투자하세요. 무슨 일이든 평소 꾸준히 하지 않으면, 닥쳐서 무리하게 됩니다. 무리하면 힘들어 포기하게 되구요. 투자도 마찬가지입니다.
'장기 분할 매수'는 장기간, 매수 시점을 나누어(분할) 꾸준히 투자하는 것을 말합니다. 저는 장기 분할 매수를 최고의 저축, 투자 전략이라 생각합니다. 좋은 자산을 조금씩 사 모은다고 생각하며, 적금 붓듯, 보험료 내듯 강제 저축하시길 권합니다.

지금 바로, 여유 자금으로, 정해진 날짜에, 기계적으로 매수하면 되는데요. 앞서 말씀드린 대로, 저는 날짜만 정해 놓으면 알아서 빠져나가는 '적립식 펀드'를 좋아합니다. 솔직히 ETF 투자는 힘듭니다. 장이 열리는 시간에, 폰 꺼내서, 로그인하고, 환전하고, 매수 창 열고, 주문 넣고… 바쁘고, 귀찮아서 못하겠습니다. 물론 요즘 여러 증권사들이 적립식펀드와 마찬가지로, 정해진 날짜에 원하는 금액만큼 ETF를 사주는 서비스를 하고 있습니다. ETF로 인도 주가지수를 투자하실 분들은 해당 서비스를 알아보시길 바랍니다.

예시) 매월 21일 인도 펀드에 20만원 자동이체(적립식 펀드)
월급날마다 INDA 10주 사기(증권사 자동 매매 서비스를 이용하면 좋습니다)

[장기 분할 매수의 장점]

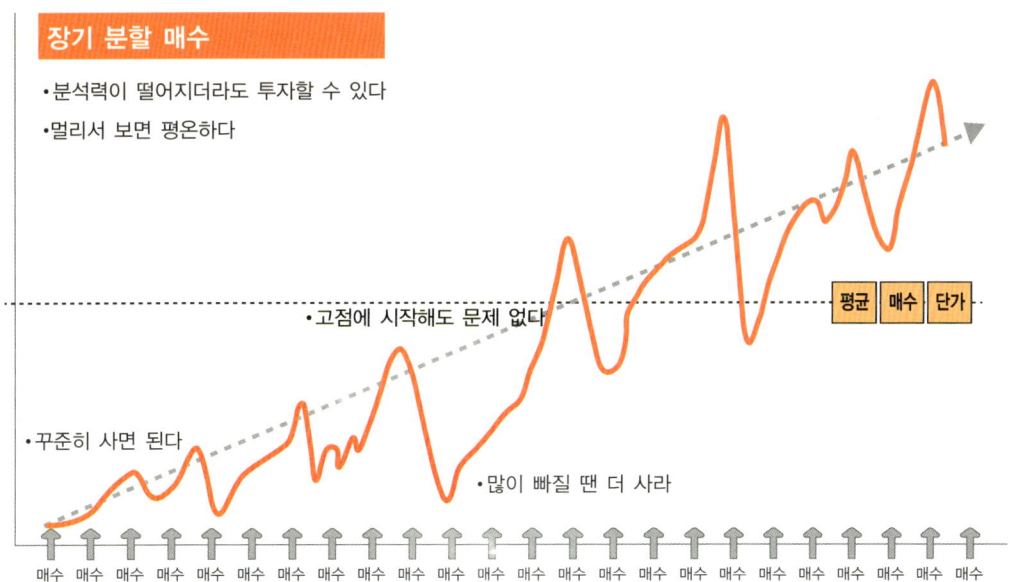

마음이 편합니다.
단기 오르내림에 일희일비할 필요 없습니다. 장기간 사 모을 것이기 때문에, 오르면 올라서 좋고, 빠지면 싸게 사서 좋습니다.

타이밍을 잡을 필요가 없습니다.
당장 시작하세요. 싸게 사기 위해 분석하고, 때를 기다리다 놓치는 투자가 많습니다. 어차피 조금씩 나누어 계속 살 것이니, 지금 바로 시작하면 됩니다. 지금 주가가 부담되더라도 시작하세요, 조금씩 나누어 계속 살 겁니다.

고점에 물릴 일이 없습니다.
최고점에 투자를 시작했다 하더라도 괜찮습니다. 계속 매수하면 됩니다. 매수 시점이 분산되면, 평균 매수 단가는 투자기간의 중간 가격에 수렴합니다.

저가 매수 타이밍을 잡기 좋습니다.

누구나 바닥에서 사고 싶어합니다. 하지만 막상 급락하면, 더 떨어질 것 같아 매수하기 힘듭니다. 장기 분할 매수 중이라면 쉽습니다. 평균 매수 가격 아래라면 추가 매수하세요.

환위험도 분산합니다.

지수는 올랐는데, 환율이 떨어져 투자 결과가 나빠지는 경우도 있습니다. 나누어 사면 환위험도 분산됩니다.

2. 포트폴리오 전략

주가지수 장기 분할 매수로 충분히 훌륭한 장기 성과를 얻을 수 있습니다. 하지만 제게도 기업 분석의 지적 즐거움을 즐기며, 초과수익을 노리고 싶은 마음이 있습니다.

다시 강조하지만, 개별 주식 투자의 장기수익률이 시장(주가지수)을 이기기는 어렵습니다. 주가지수(시장)와 개별 기업 주식으로 포트폴리오를 만드세요.

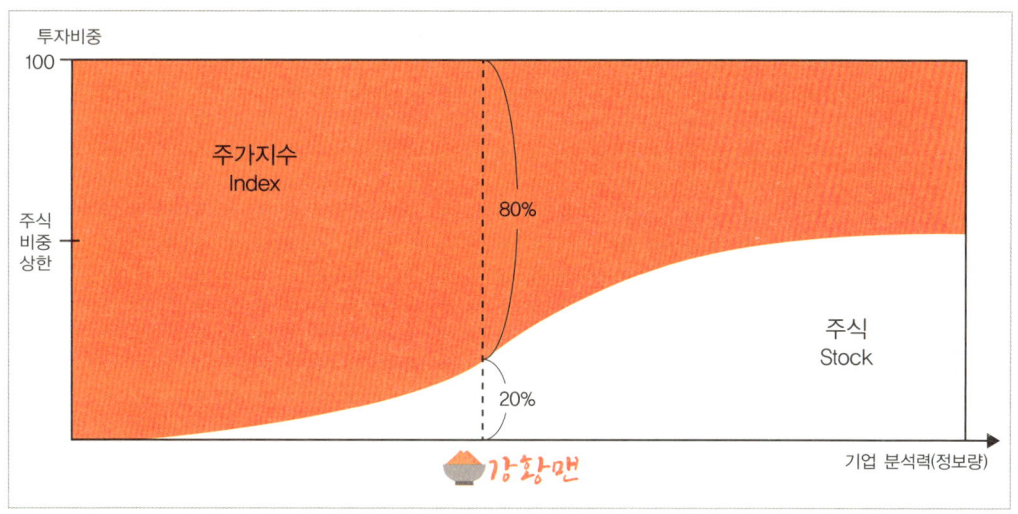

강황맨 포트폴리오

기업 분석이 힘들수록, 주가지수 투자의 매력은 커집니다. 한국 주식 분석도 어려운데, 생소한 인도 주식은 오죽할까요? 주가지수 장기 분할 매수를 주로 하고, 정보와 분석력이 늘어나는 만큼 주식 비중을 늘리는 전략을 제안합니다.

과욕을 부리지 않기 위해, 주식 비중에 상한을 두는 것도 추천 드립니다. 저는 인도 주가지수와 우량 주식을 장기 보유하는 것을 목표로 합니다. 현재 주가지수에 80%, 개별 주식에 20%를 배분하고 있습니다. 기업 분석력이 늘어나는 만큼 주식 비중을 늘려갈 계획이나, 50%로 상한을 정해두고 있습니다.

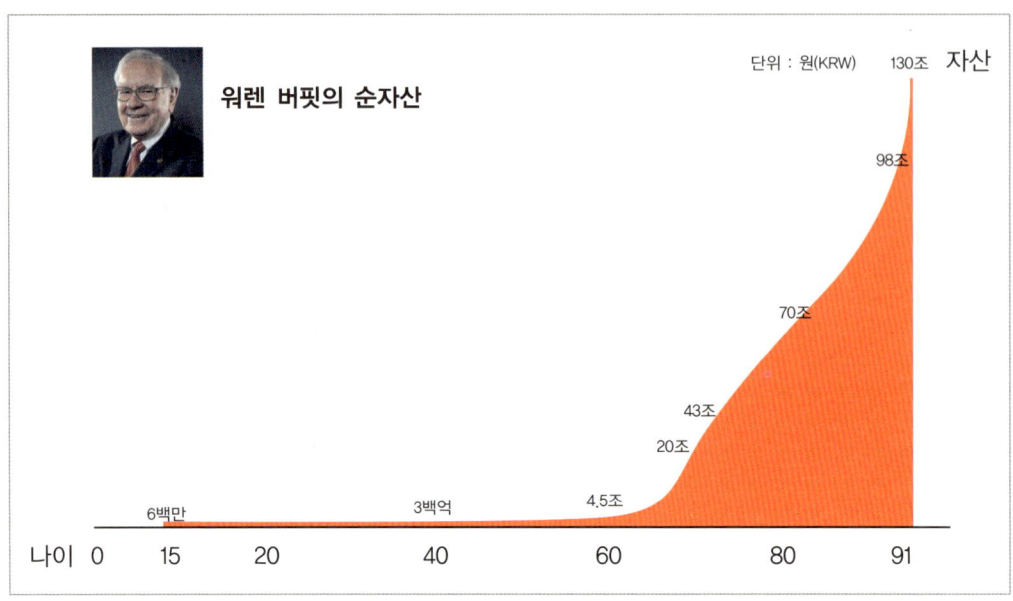

워렌처럼 복리의 마법을 누리길 기대하면서요.

워렌 버핏이 어떤 주식을 고르는지 아신다면, 따라할 수 있습니다. 10년 후에도 강한 시장 지배력을 유지할 수 있는 우량한 기업이지요. 기업 분석을 통해 얻은 정보와 상상력을 더해서 찾아봅시다. 좋은 기업을 골랐다면 꼭 저한테도 알려주세요. 같이 사야 오릅니다.

다음 장에 제가 좋아하는 산업과 기업을 먼저 제시해보겠습니다. '선빵필승'. 인도 산업과 기업을 조금 먼저 접한 사람의 의견 정도로 삼아 주시면 감사하겠습니다.

또한, 이 책은 '인도 투자하자- 인도 주식 투자 입문'이라는 이름으로 해를 달리하며 세번째 내고 있는 것임을 알려드립니다. 첫 책을 쓰고 5년여 시간이 흘렀지만, 제가 선호하는 산업과 기업은 크게 달라지지 않았습니다. 주식시장은 많이 상승했지요. 저는 보유한 인도 주식을 한 번도 팔지 않았는데요. 꾸준히 더 사 모을 생각이기 때문에, 주가가 계속 오르는 것보다 빠지는 게 더 기다려집니다.

물론 인도 지수가 그간 계속 좋았기 때문에 가능한 여유입니다. 하지만 주식 투자 역시 장기 분할 투자하고 있고, 현금 비중을 넉넉히 가져가기 때문에, 하락장에서도 큰 스트레스가 없을 것이라 믿어봅니다.

3. 유망 산업・기업

大觀小察(대관소찰)
전체를 관찰하고
부분을 살핀다.
모든 일을 큰 시야로
멀리 보되, 작은 것을
놓치지 말고 세밀하게
살펴야 한다는 뜻.

'대관소찰'하라고 배웠습니다.

낯선 인도 기업들을 분석하고, 그 중 좋은 회사를 고르기는 정말 어렵습니다. 이럴 때는, 유망 산업을 먼저 고르고 그 안에서 가장 좋은 기업을 찾는, TOP-DOWN 방식이 유용합니다.

산업을 고르는 것도 마찬가집니다. 글로벌 트렌드부터 확인합니다. 세계적으로 유망한 산업이라면, 인도에서도 그러할 것이기 때문입니다. 저는 글로벌 트렌드로 디지털, 친환경, 고령화를 꼽습니다.

인도만 가지고 있는 특성도 찾아야 합니다. 일단 성장성이 높다는 것이 특징입니다. 젊은 인구가 풍부한 개발도상국으로 성장 여력이 큽니다. 특히 '소비'와, 더 많은 소비를 하도록 돕는 '금융', 그리고 정부가 집중 투자중인 '인프라' 산업이 좋을 것이라 생각합니다.

덧붙여 이미 국제적인 경쟁력을 가지고 있는, 인도의 특화 산업도 봐야 합니다. 인도 대표 수출 산업인 'IT 서비스'와 '제약'입니다. 인도 정부의 Make in India 정책이 성공하면 많은 인도산 제품들이 글로벌 시장으로 나올 테니, 가전, 자동차 등의 제조업도 관심이 갑니다.

[소비]

산업	FMCG	내구 소비재	유통
수혜 기업	Hindustan Unilever ITC Reliance Industries	Maruti Suzuki Tata Motors Havells India	Reliance Industries Avenue Supermarts

인도의 소비는 모든 부분에서 증가할 것입니다.

가공식품, 샴푸, 세제 등을 포함하는 FMCG(필수소비재)와 자동차, 전자제품, 가구 등 내구소비재(경기소비재) 모두 성장성이 큽니다.

특히 FMCG 산업은 경기 영향을 덜 받고, 시장지배력이 큰 기업들이 많아 투자 매력이 높습니다. 그만큼 인기가 많은 주식입니다. TOP PICK은 '힌두스탄 유니레버'입니다. 인도 토종 FMCG인 'ITC' 역시 유망합니다. 또 강력한 유통 채널을 기반으로 FMCG산업에 본격 뛰어든 '릴라이언스 인더스트리스'도 강력한 경쟁력을 갖고 있다 생각합니다.

내구소비재로는 자동차 산업이 가장 큽니다. TOP PICK은 인도 자동차 시장점유율 1위의 '마루티 스즈키'입니다. 또 전기차 부분에서 두각을 나타내고 있는 'Tata Motors'도 주목하고 있습니다. 전자제품 산업에서는 인도 토종 브랜드인 'Havells India'가 가장 강력합니다.

유통 산업 역시 소비 성장의 수혜를 받습니다. 인도에는 대형마트, 슈퍼마켓 등, 신 유통 채널이 구축되고 있습니다. 온라인 거래도 빠르게 증가하고 있구요. 온-오프라인 산업을 모두 장악하고 있는 '릴라이언스 인더스트리스'가 단연 돋보입니다. 또 'D-Mart'로 경쟁 중인 'Avenue Supermarts'도 성장성이 큽니다.

소비 관련 기업에 분산 투자하고 싶다면, 소비재 섹터에 투자하는 미국상장 인도ETF 'INCO'도 좋은 선택이 될 수 있습니다.

▶ 246쪽 참조

[인프라]

산업	인프라	건설	건설자재
수혜 기업	Adani Enterprises	Larsen & Toubro	Tata Steel JSW Steel Ultratech Cement Asian Paints Vedanta

인도는 인프라 투자 슈퍼사이클의 초입에 있습니다.

인도는 주거, 도로, 에너지, 전력, 통신, 상수도, 항만, 공항 등 인프라(사회기간시설)가 부족하고, 노후화되었습니다. 중국을 대체하는 글로벌 생산 거점이 되려면, 제조업이 들어올 수 있는 환경부터 구축해야하구요. 인도의 제조업 야망은 인프라 구축에 달려있다 하겠습니다. 정부의 인프라 투자 계획인 'National Infrastructure Pipeline'은 2019년부터 5개년 동안 1.5조 달러를 투자합니다. 도로, 철도, 항만 등 대규모 인프라 투자 사업이 현재 진행 중입니다. 부족한 부분은 민간 기업의 투자로 채워져야 합니다. 민간 인프라 기업, 건설, 건설자재 산업 모두 좋을 것입니다.

인프라 기업으로는 인도 최대 인프라 투자 그룹 Adani의 지주회사이자 신사업 인큐베이터 역할을 하는 'Adani Enterprises'가 가장 경쟁력이 있다 판단합니다.

건설에서는 'Larsen & Toubro'가 TOP PICK입니다. 수주 능력, 엔지니어링 기술력 등에서 L&T를 이길 경쟁자가 없다고 생각합니다.

건설자재로는 철강 부문의 'Tata Steel, 'JSW Steel'의 성장성이 기대됩니다. 시멘트에서 'Ultratech Cement', 페인트에서 'Asian Paints', 비철금속에서 'Vedanta'가 가장 큰 시장점유율을 갖고 있는 TOP PICK들입니다.

또 인도 인프라 투자에 특화된 펀드를 통해서도 세 영역에 분산 투자할 수 있습니다.

▶ 251쪽 참조

[금융]

산업	은행	NBFC	보험
수혜 기업	HDFC Bank ICICI Bank	Bajaj Finance	HDFC Life Insurance ICICI Lombard General Insurance

인도 금융 산업은 성장성과 수익성 모두를 갖고 있습니다.

금융 산업은 소비와 인프라 투자를 지원합니다. 두 산업의 성장하면서, 금융 산업도 커지고 있습니다. 수익성도 좋습니다. 개도국은 상대적으로 금리가 높기 때문에 예대마진(은행의 주수입으로 대출이자와 예금이자의 차이)이 높습니다. 현재 'HDFC Bank'의 1년 만기 예금 이자는 6.6%, 대출 이자는 10.5%입니다.

인도 민간은행은 빠른 속도로 성장해 왔습니다. 예금과 대출이 빠르게 늘어나고, 높은 마진을 바탕으로, 공격적인 점포 확장에 투자하고 있습니다. TOP PICK은 'HDFC Bank'입니다. 주택담보대출에서 탁월한 경쟁력을 갖고 있기 때문입니다.

예금을 제외하고, 대출, 금융상품 판매 등 대부분의 금융서비스를 제공하는 NBFC(Non-Banking Financial Company)는 낮은 문턱으로 은행을 보완하고 있습니다. 역시 성장성이 큽니다. TOP PICK은 'Bajaj Finance'입니다.

생명보험 회사는 피보험자의 나이가 젊을수록 행복합니다. 보험료는 지금 들어오고, 보험금은 나중에 청구될 것이기 때문입니다. 유지율도 낮구요. 또 경제가 커지는 만큼 늘어나는 의무 가입 보험(자동차, 화재 등)을 보유한 손해보험사도 좋습니다. 'HDFC Life Insurance'와 'ICICI Lombard General Insurance'를 TOP PICK으로 제시합니다. 민간 보험사 중 가장 높은 시장 점유율을 갖고 있습니다.

인도 우량 금융주에 분산 투자하고 싶다면 미국상장 인도ETF 'INDF'도 좋은 대안이 됩니다.

▶247쪽 참조

[특화 산업]

산업	IT서비스	제약
수혜 기업	Tata Consultancy Services Infosys	Sun Pharmaceutical Industries

인도 특화 산업은 'IT서비스'와 '제약'입니다. 글로벌 트렌드와 중복됩니다. 더 매력적이네요. 이 둘은 국제적인 경쟁력을 보유하고 있는 인도 대표 수출 산업입니다. 저렴하고 우수한 인력과, 축적된 기술 경쟁력을 갖고 있다는 공통점이 있습니다.

IT서비스는 수준 높은 소프트웨어 엔지니어들이 핵심입니다. AI, 클라우드, 빅데이터, IoT등 IT 첨단 기술을 이용하여, 기업 운영에 필요한 IT솔루션을 제공하고, 비핵심 업무를 대행합니다. COVID-19 펜데믹 이후로 기업들의 디지털 전환 속도가 빨라져, IT서비스 수요가 증가했으며, AI 등 기술 속도 또한 빨라지며 디지털 서비스의 적용 범위도 급증하고 있습니다. TOP PICK은 'Tata Consultancy Services'와 'Infosys'입니다.

인도 제약 산업은 복제약(제네릭), 제약원료(API), 백신 제조에서 높은 원가 경쟁력을 갖고 있습니다. 인도 제약 산업은 '아스트라제네카'의 코로나바이러스-19 백신을 생산하며 국제적으로 주목받았습니다. 또 수준 높은 인력과 설비 경쟁력으로, 위탁 제조, R&D 대행, 신약 개발, 바이오시밀러 제조 등 고부가 가치 사업으로 확장 중입니다. TOP PICK은 'Sun Pharmaceutical Industries'입니다.

[글로벌 트렌드]

	디지털	친환경	고령화
내용	AI, 클라우드, 빅데이터, IoT 등 디지털 기술이 촉발하는 산업과 생활의 변화 디지털 전환 가속화 디지털 서비스 확대	지구온난화 및 환경오염을 막기 위한 규제와 기업의 사회적 책임 증가 기술 발달로 친환경산업의 시장 경쟁력 증가	수명 증가, 출산율 감소가 촉발하는 세계적 인구 구조 변화 생산성 하락, 의료 및 사회보장 비용 증가
수혜 산업	IT서비스 통신/디지털서비스	신재생에너지	제약/헬스케어
수혜 기업	Tata Consultancy Services Infosys Reliance Industries	Adani Green	Sun Pharmaceutical Industries

디지털, 친환경, 고령화, 세가지 트렌드 모두 Apple, Microsoft, Google, Amazon 등 미국 빅테크 기업들이 가장 관심을 갖고 있는 분야입니다. 4차산업 혁명으로 촉발되는 사회 변화이며, 인류 생존에 직접적인 영향을 주는 것들입니다. 인도 기업들도 역시 이런 인류적 숙제를 풀기 위해 노력하고 있습니다.

인도 디지털 산업은 축적된 기술 경쟁력이 있습니다. 과감한 시도를 할 수 있도록 규제도 강하지 않습니다. TOP PICK은 'Tata Consultancy Services'입니다. 미국에 상장되어 투자가 용이한 'Infosys' 역시 좋습니다. 통신 산업의 지배력을, 디지털 서비스로 확장 중인 'Reliance Industries' 또한 기대가 큽니다.

신재생에너지 산업도 기대가 큽니다. 선진국과 달리 발전원 수요가 많고, 그 대부분이 신재생에너지로 채워질 것입니다. TOP PICK은 모디 정권의 파트너인 'Adani Green Energy'입니다. 신재생에너지 산업에 새로 진출한 'Reliance Industries'도 주목하고 있습니다.

인도는 글로벌 고령화 트렌드에서 가장 자유로우며, 고령화된 다른 국가를 도울 수 있는 역량이 있습니다. TOP PICK은 제약사 Sun Pharmaceutical Industries입니다.

 인도의 특성
 Global Trend

성장성			특화산업	디지털화	친환경	고령화
소비	인프라	금융				
FMCG	건축자재	은행	IT 서비스	IT서비스	그린에너지	제약
내구소비재	인프라	NBFC	제약	통신 디지털서비스		
유통	건설	보험				

인도 유망 산업

4. 절세 전략

투자할 땐 늘 비용이 발생합니다. 거래를 돕는 대가로 금융회사에서 '거래비용'을 뗍니다. 돈을 벌면, 나라에서 '세금'을 뗍니다. 이 둘이 일반적인 투자 비용이고, 둘 다 적게 낼수록 좋습니다.

[거래 비용]

대표적인 거래 비용은 운용수수료와 매매수수료(사고파는 비용) 그리고 환전 수수료가 있습니다.

운용수수료(운용보수)는 대신 내 돈을 굴려주는 펀드나, ETF 상품에 투자할 때 발생합니다. 내가 알아서 운용하는 주식에는 해당되지 않습니다. 운용수수료는 인덱스 펀드(주로 ETF)가 액티브 펀드에 비해 더 저렴합니다. 주식 매매수수료가 적게 나가고, 운용인력에 들어가는 비용도 적기 때문이죠. 하지만 운용수수료가 높다고 수익률이 높은 것은 아닙니다.

매매수수료는 사고 파는 게 잦을수록 많이 듭니다. 매매를 최소화하세요. 좋은 자산을 사서 모은다는 생각으로 투자하면 매매를 줄일 수 있습니다. 해외투자상품은 국내보다 비싼 수수료를 내야 합니다. 신중하게 분석해서 장기 보유하는 것이 좋습니다. 저는 안 팔 생각으로 매수합니다.

환전 수수료는 해외주식이나 ETF를 투자할 때 발생합니다 증권사별로 투자 대상국가와 수수료가 다르기 때문에 본인의 투자 전략에 맞는 증권사를 선택하길 바랍니다. 이벤트를 통해 할인을 해주는 경우도 있습니다.

원화로 미국주식을 살 수 있는 증권사도 있습니다(원화주문). 매매 시 실시간 환전을 해주는 서비스입니다. 저는 달러주문을 좋아합니다. 환율이 유리할 때, 미리 환전을 해두는 편입니다.

[절세 계좌 활용]

확정기여형(DC형) 퇴직연금, 개인형(IRP), ISA, 연금펀드 제도를 통하면 세제혜택을 받으며 인도 투자를 할 수 있습니다. 모두 장기 투자 시 절세 혜택을 주기 때문에 투자 원칙과도 부합합니다. 적극 활용하세요.

	DC형 퇴직연금	IRP	ISA	연금 펀드 (연금 저축)
투자 가능 상품	한국상장 인도 ETF, 인도 펀드	한국상장 인도 ETF, 인도 펀드	한국상장 인도 ETF, 인도 펀드	인도 펀드
세제 혜택	연간 추가납입액 900만원 한도로 세액공제 12% (연금저축 납입금 합계) 연금 수령 시까지 과세 이연 연금 수령 시 연금 소득 1,200만원 이하 연금 소득세 (3.3~5.5%) 분리과세 연금 소득 1,200만원 초과 종합과세 또는 15% 분리과세	연간 900만원 납입액 한도로 16.5% 세액공제 총 급여액 5,500만원 (종합소득금액 4,000만원) 초과시 13.2% 연금 수령 시 연금 소득세 (3.3~5.5%) 분리과세 ISA만기계좌를 연금계좌로 전환한 경우 전환 금액의 10%(300만원 한도) 추가 세액공제	서민형, 농어민 경우 가입기간 중 수익금 400만원까지 비과세 그외 가입자 가입기간 중 수익금 200만원까지 비과세 계좌 해지 시까지 운용 수익 과세 이연 200만원(서민형, 농어민 400만원) 초과수익 9.9% 분리 과세	연간 납입금액 600만원 한도로 12% 세액공제 총급여액 5500만원 (종합소득금액 4000만원) 이하인 경우 15% 연금 수령 시 연금 소득세(3.3~5.5%) 분리 과세
가입 자격	소득이 있는 취업자	소득이 있는 취업자 또는 퇴직금을 받은 사람	만19세 이상 또는 만15세~만19세 미만 직전 과세기간에 근로소득이 있는 자	국내 거주자
의무 가입 기간	없음 55세 이후 10년 이상 연금으로 수령	5년 (퇴직금은 즉시 수령 가능)	3년	5년 55세 이후 10년 이상 연금으로 수령
납입 한도	연간 1,800만원 (전 금융권 합산)	연간 1,800만원 (전 금융권 합산)	연간 2200만 원	없음

* 미불입 한도는 다음 년도 이월가능

[세금]

절세 계좌 활용 외의 세금 부분은 크게 신경 쓰지 않아도 됩니다. 장기투자를 고려하신다면, 이어 나오는 내용부터는 읽지 않아도 됩니다. 2025년부터 '금융투자소득세'가 신설되어 그간 달랐던 해외 투자 상품의 과세 방식이 같아집니다. 따라서 2025년 이후로는 세금 측면에서 어떤 상품이 더 좋을지 고민할 필요가 없습니다.

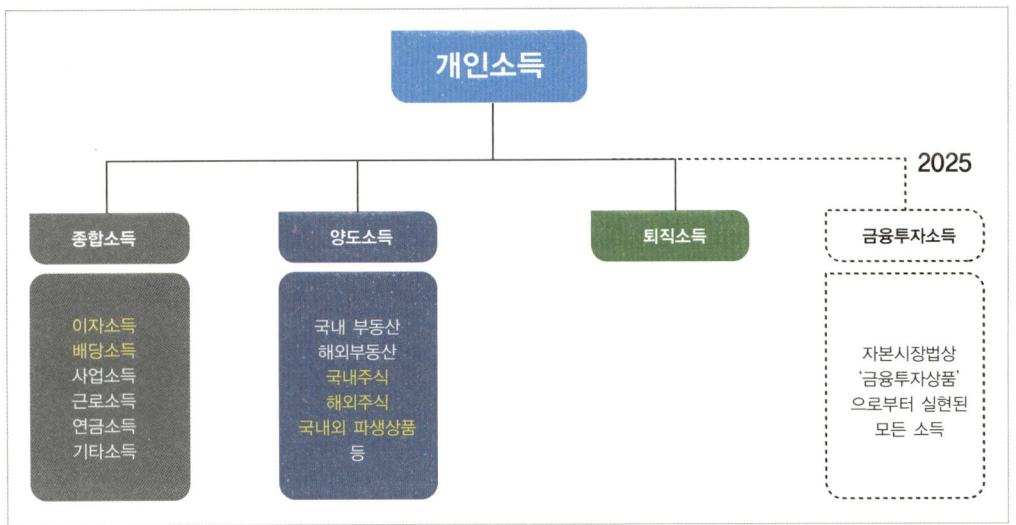

금융투자소득세 신설 2025년 시행

개정되는 세법의 주요내용은, 원금 손실 가능성이 없는 예금이자, 채권이자, 배당금 등은 현행처럼 '이자·배당소득'으로 과세되고, 나머지 금융투자로 발생하는 소득은 모두 '금융투자소득세'로 과세된다는 것입니다. 국내투자에서 발생한 소득에는 5,000만원, 해외투자에서 발생한 소득에는 250만원을 공제합니다(빼주고). 공제금액을 초과한 투자소득은 합산해 3억 이하 22%(지방소득세 포함), 3억 초과 27.5%(지방소득세 포함)로 과세합니다.

금융투자소득세 계산

※ 이어지는 세금 관련 내용은 2025년 이전 매도 시에 적용되는 내용입니다.

인도 투자 상품 거래 비용/세금 정리(현행)

	해외 펀드 인도 펀드 🇮🇳	한국상장 해외투자 ETF 한국상장 인도 ETF 🇰🇷	해외상장 해외투자 ETF 미국상장 인도 ETF 🇺🇸	해외상장 주식 미국상장 인도 주식 🇺🇸 / 영국상장 인도 주식 🇬🇧
운용 수수료	판매사별 상이 연 1~2%대	연 1% 이하	연 1% 이하	없음
사고파는 비용 (매매 수수료)	상품별 상이 (선취 수수료, 환매 수수료)	중개 수수료 증권사별 상이 0.015% ~	중개 수수료 증권사별 상이 0.2% ~ 증권거래세 국가별 상이	중개 수수료 증권사별 상이 0.2% ~ 증권거래세 국가별 상이
환전 비용 (환전 스프레드)	해당 없음	해당 없음	1% 내외 증권사별 상이	1% 내외 증권사별 상이
배당 수익 시 세금	해당 없음	배당 소득세 15.4% 연 2,000만 원 초과 시 종합과세	배당 소득세 15.4% 연 2,000만 원 초과 시 종합과세	배당 소득세 15.4% 연 2,000만 원 초과 시 종합과세
차익 실현 시 세금	배당 소득세 15.4% 연 2,000만 원 초과 시 종합과세	배당 소득세 15.4% 연 2,000만 원 초과 시 종합과세	양도 소득세 22% (연 250만 원 공제 *연 단위 손익통산)	양도 소득세 22% (연 250만 원 공제 연 단위 손익통산)

* 연단위 손익통산-지난 1년 동안 이익과 손실을 합해서 세금을 계산합니다.

[2025년 이전 절세 Tip]

현 세법상 '인도 펀드'와 '한국상장 인도 ETF'의 세금 부담이 상대적으로 큽니다. 이 둘은 차익 실현 시, 배당소득으로 분류되어 다른 금융소득과 합산하여 연 2,000만원 이하면 15.4%, 2,000만원 이상이면 종합소득으로 계산됩니다.

반면 해외상장 ETF와 주식은 차익 실현 시, 양도소득으로 분류됩니다. 연간 250만원 이하는 세금이 없고(공제), 250만원을 초과하면 22%로의 세율로 과세됩니다.

예를 들어보겠습니다. 다른 금융소득이 없다고 가정했을 때

수익 금액	세금	
	미국상장 인도 ETF 미국상장 인도 주식	미국상장 인도 ETF 인도 펀드
1,000,000	0	154,000
2,000,000	0	308,000
2,500,000	0	385,000
3,000,000	110,000	462,000
4,000,000	330,000	616,000
5,000,000	550,000	770,000
6,000,000	770,000	924,000
7,000,000	990,000	1,078,000
8,000,000	1,210,000	1,232,000
8,300,000	1,276,000	1,278,200
9,000,000	1,430,000	1,386,000
10,000,000	1,650,000	1,540,000
11,000,000	1,870,000	1,694,000
12,000,000	2,090,000	1,848,000
13,000,000	2,310,000	2,002,000
14,000,000	2,530,000	2,156,000
15,000,000	2,750,000	2,310,000
16,000,000	2,970,000	2,464,000
17,000,000	3,190,000	2,618,000
18,000,000	3,410,000	2,772,000
19,000,000	3,630,000	2,926,000
20,000,000	3,850,000	3,080,000
20,000,000 초과 시		종합 과세

'수익 금액 8백 3십만원 이하에선 '미국상장 인도 ETF'에 투자하는 것이 유리하고 8백 4십만원 이상 ~ 2천만원 이하 구간에서는 '한국상장 인도ETF'가 낫습니다.

'미국상장 인도 ETF'는 2천만원이 넘어도 22%의 동일 세율을 적용 받는데 반해 '한국상장 인도 ETF'는 근로/사업/이자/배당/연금/기타 소득을 모두 합산한 금액으로 종합소득세율을 적용 받기 때문에(금융소득 종합과세) 다른 소득과 금융자산이 많은 분은 22% 이상의 세율을 적용 받을 가능성이 큽니다.

따라서 현재 많은 분들이 해외 투자 시, '국내상장 인도 ETF'나 '인도 펀드'보다 '미국상장 인도 ETF'를 선호합니다.

과세 방법의 차이 때문에 국내상품이 인기가 없었던 것이기 때문에, 이를 바로잡기 위해 2025년부터 세금 개정안이 시행되는 것입니다.

해외투자상품 세금 개정안(2025년부터 시행)

	해외 펀드	한국 상장 해외투자 ETF	헤외 상장 해외투자 ETF	해외 상장 주식	
	인도 펀드	한국 상장 인도 ETF	미국 상장 인도 ETF	미국 상장 인도 주식	영국 상장 인도 주식
배당 수익 시 세금	해당 없음	배당소득세 15.4% 연 2,000만 원 초과 시 종합과세			
차익 실현 시 세금	금융 투자 소득세 3억 이하 22%/3억 초과 27.5% (연 250만 원 공제, *5년 단위 손익통산)				

* 5년 단위 손익통산-지난 5년 동안 이익과 손실을 합해서 세금을 계산합니다.

5장 참고 자료

1. 인도 주식 정보 찾기

2. 인도 ETF 정보 찾기

3. 인도 펀드 정보 찾기

1. 인도 주식 정보 찾기

▶기업 홈페이지

해당 기업 홈페이지가 가장 좋습니다. 공부하고 싶은 기업 홈페이지를 방문하셔서 'Investor Relations'를 찾으세요. 투자자용 보고서, 뉴스 등 공신력 있는 정보가 있습니다. 특히, 연간보고서(Annual Report)의 수준이 높습니다. 원하는 대부분의 정보가 일목요연하게 담겨 있습니다.

예) HDFC Bank의 홈페이지 www.hdfcbank.com 를 방문하여 'About us', 'Investor Relations'를 찾습니다. 'Financial Disclosures'에서 연간, 분기별 실적보고서를 볼 수 있습니다.

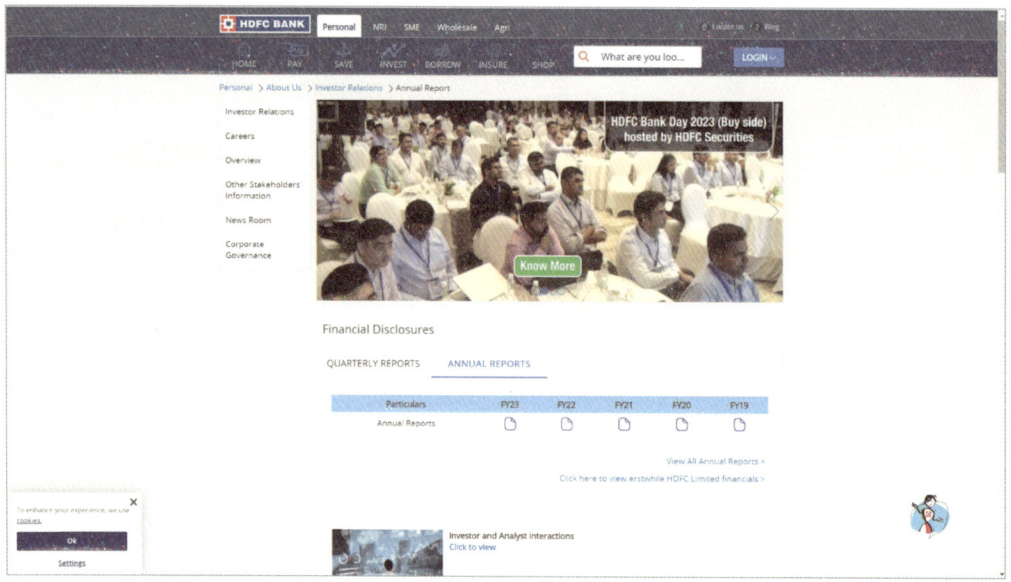

HDFC Bank FY2023 통합 연간 보고서

▶ 인도 주식 정보 사이트

재무 정보와 다양한 투자 정보를 볼 수 있습니다. 영어로 표기되어 있고, 실적은 인도 루피(INR)로 표시됩니다.

이코노믹타임즈 economictimes.indiatimes.com

우측 상단의 검색창에 알고 싶은 기업 이름을 넣고 검색하세요.

머니컨트롤 moneycontrol.com

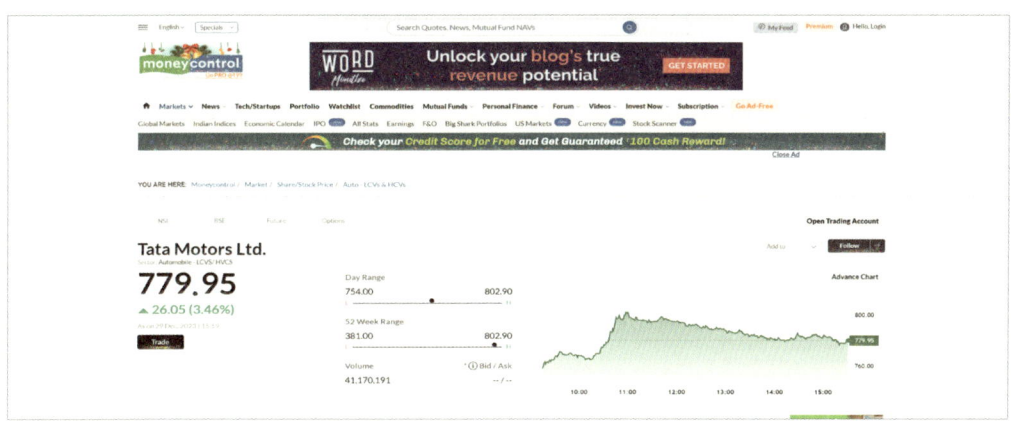

▶미국 주식 정보 사이트

미국 상장 인도 주식 정보를 찾을 때 사용합니다.

인베스팅닷컴 investing.com

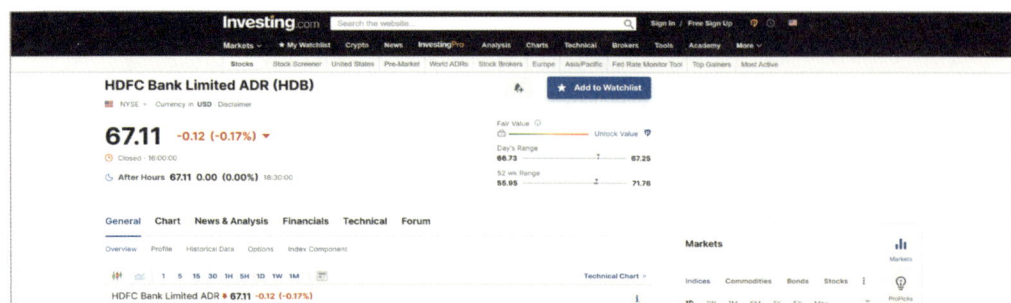

한글 지원이 되는 미국 주식 투자 정보 사이트입니다. 상단 검색창에 회사 이름이나 티커로 검색합니다. 투자정보, 재무정보, 주가차트, 뉴스 등 주식 투자를 위한 대부분의 정보를 얻을 수 있습니다.

[야후파이낸스] finance.yahoo.com

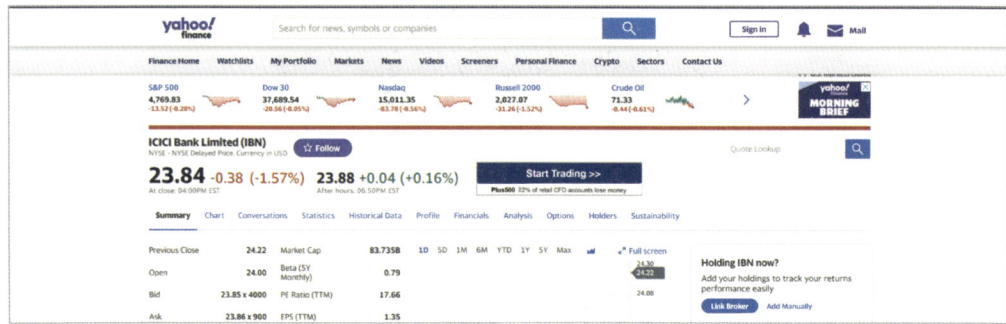

미국 주식 투자자들이라면 익숙한 사이트입니다. 기업명이나 티커로 검색해 원하는 기업을 찾을 수 있습니다. 투자정보, 재무정보, 주가차트, 뉴스 등 주식 투자를 위한 대부분의 정보를 얻을 수 있습니다.

[마켓비트] marketbeat.com

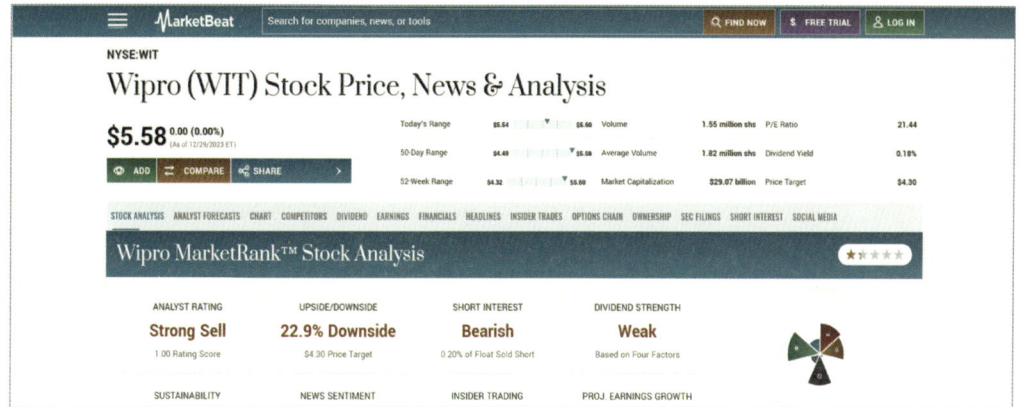

화면 상단에 있는 검색창에 기업명이나 티커로 검색해서 원하는 기업 정보를 찾을 수 있습니다. 투자정보, 재무정보, 주가차트, 뉴스 등 주식 투자를 위한 대부분의 정보를 얻을 수 있습니다. 'Analyst Forecasts' 섹션에서는 애널리스트의 투자의견과 목표주가를 볼 수 있습니다.

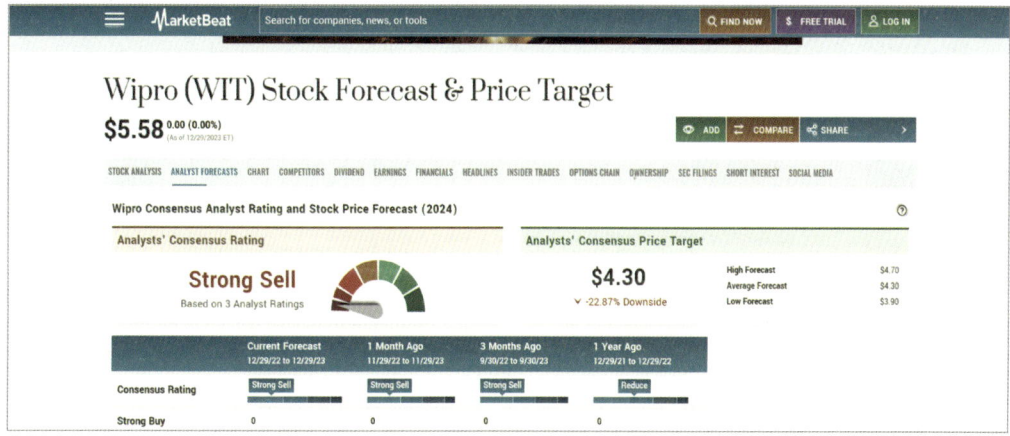

2. 인도 ETF 정보 찾기

▶한국상장 인도 ETF

기본적인 정보는 증권사앱을 통해 얻을 수 있습니다.

운용 규모, 보유 종목 등 더 많은 정보는 ETF를 운용하는 자산운용사 홈페이지에서 찾을 수 있습니다. 자산운용사 홈페이지 검색창에서 '인도'를 검색하세요.

KOSEF ETF (키움투자자산운용) www.kosef.co.kr

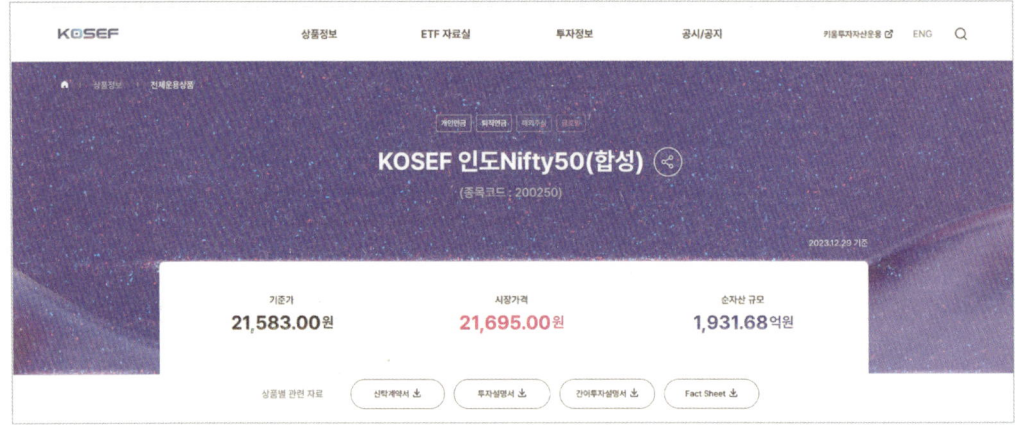

TIGER ETF (미래에셋자산운용) www.tigeretf.com

KODEX ETF (삼성자산운용) www.samsungfund.com

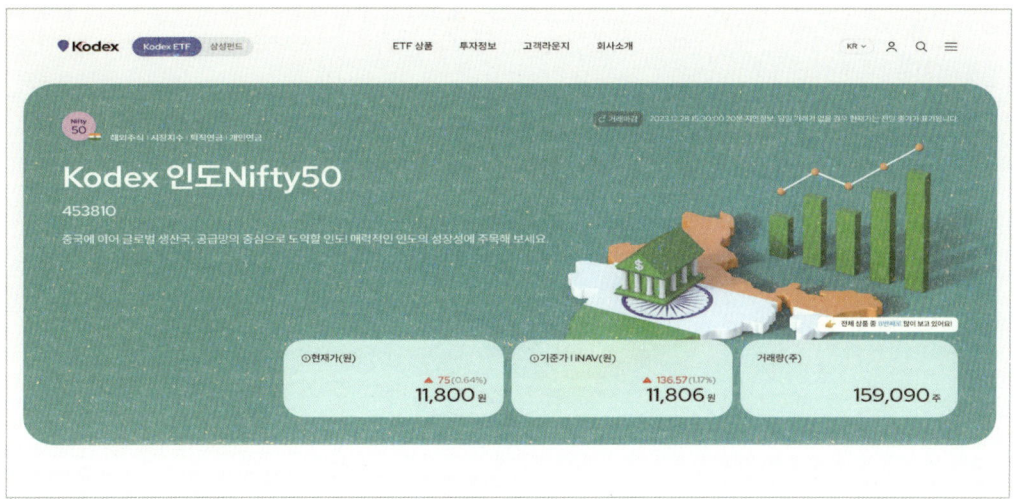

▶ 미국상장 인도 ETF

이티에프닷컴 etf.com

미국에 상장된 모든 ETF의 정보가 정리되어 있습니다. 홈페이지 상단 돋보기 모양을 누르면, 아래와 같이 큰 검색창이 뜹니다. 검색창에 심볼로 검색합니다.

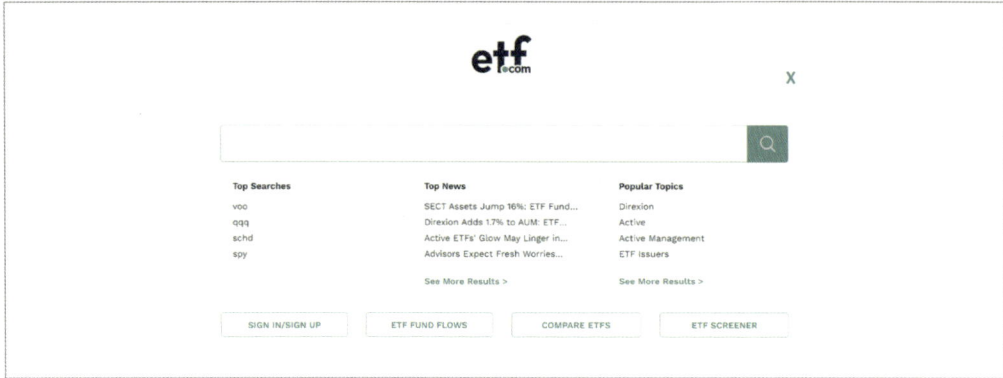

예) INDA에 대한 세부정보를 알고 싶다면, 검색창에 'INDA' 입력 후 Enter.

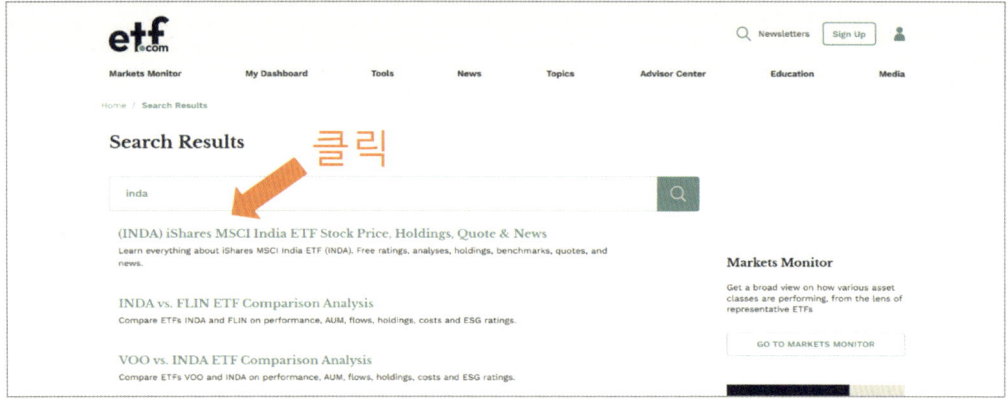

검색결과가 나오면 가장 위에 있는 것을 클릭합니다.

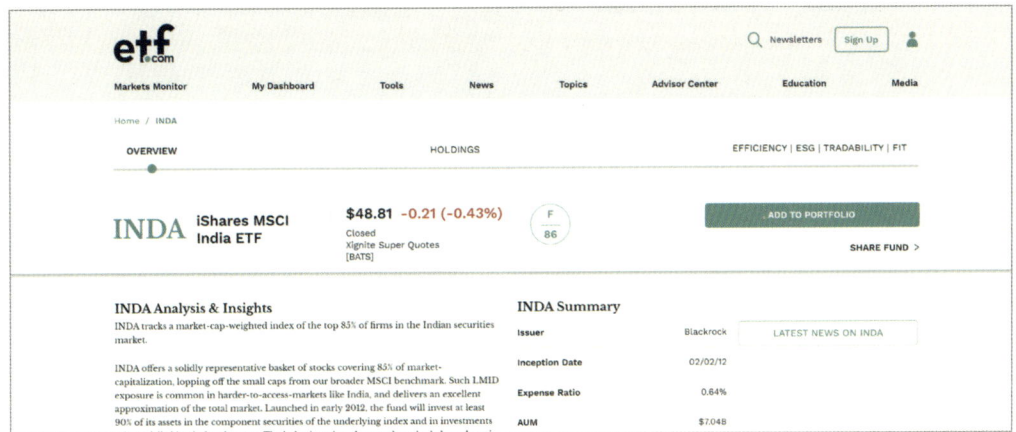

'INDA ETF Report'에서 배당, 편입 종목, 비중 등 다양하고 자세한 정보를 얻을 수 있습니다.

3. 인도 펀드 정보 찾기

▶**자산운용사 홈페이지**

각 자산운용사 홈페이지를 방문해, 상단 검색창에 '인도' 또는 '인디아'로 검색하면 운용중인 인도 펀드 목록을 볼 수 있습니다. 개별 펀드를 선택하면 상품 상세보기와 자산운용보고서를 볼 수 있습니다. 펀드가 보유한 상위 종목도 볼 수 있기 때문에 인도 주식 투자하시는 분께도 유용합니다.

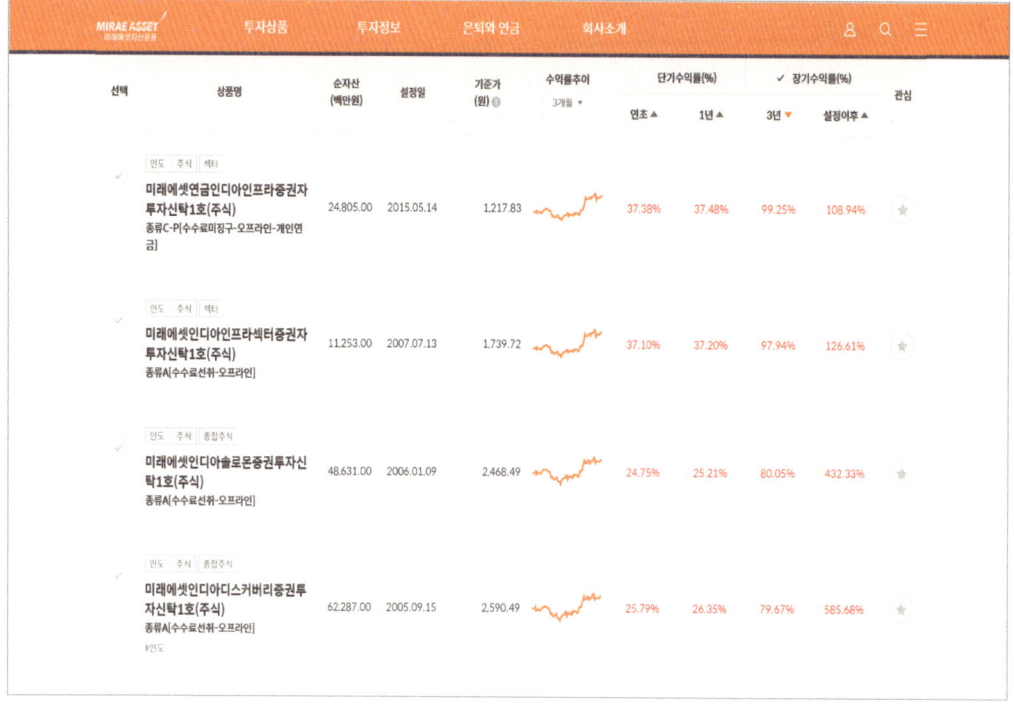

예) 미래에셋자산운용 - 인디아 검색 결과

한국 FOSS 증권(펀드슈퍼마켓) www.fosskorea.com

'인도 펀드' 관련 정보를 얻을 수 있고 가입도 가능합니다. 펀드 평가 점수, 수익률 등을 일목요연하게 볼 수 있습니다.

그리고 인도 투자정보가 필요하시면
저를 찾아주세요.

제 블로그와 유투브에서 정보를 찾으시거나, 댓글로 문의해주세요.
이메일을 바로 보내주셔도 좋습니다.

인도 투자 정보를 나누고, 교류하기 위해서 커뮤니티도 운영 중입니다.
'인도투자하자' 네이버 카페와 오픈채팅에 들어오세요.
함께 성장하는 좋은 친구 되길 바랍니다. 감사합니다.

강황맨

 infoindia@naver.com
이메일

 인도 투자하자
https://blog.naver.com/infoindia
블로그

 인도 공부하자
유튜브

 인도 투자하자
https://cafe.naver.com/indiacommunity
카페

 인도 투자하자(참여코드: infoindi)
오픈채팅